教育部人文社会科学研究项目
"城市公办小学质量的空间溢出价值度量研究"（10YJAZH084）
天津市教育科学"十三五"规划项目
"天津市基础教育'学区'布局优化与管理创新研究"（BE3253）
"十三五"天津市高等学校创新团队培养计划项目
"新型城镇化与城市可持续发展研究"（TD13-5001）

我国城市基础教育资源在住房价格中的资本化研究

王振坡　王丽艳 ◎ 著

中国财经出版传媒集团

经济科学出版社
Economic Science Press

图书在版编目（CIP）数据

我国城市基础教育资源在住房价格中的资本化研究／王振坡，
王丽艳著．—北京：经济科学出版社，2019.11

ISBN 978 - 7 - 5141 - 7721 - 3

Ⅰ.①我…　Ⅱ.①王…②王…　Ⅲ.①城市 - 基础教育 - 教育
资源 - 资源配置 - 研究 - 中国　Ⅳ.①G639.2

中国版本图书馆 CIP 数据核字（2016）第 325628 号

责任编辑：杜　鹏　刘　悦
责任校对：郑淑艳
责任印制：邱　天

我国城市基础教育资源在住房价格中的资本化研究

王振坡　王丽艳　著

经济科学出版社出版、发行　新华书店经销

社址：北京市海淀区阜成路甲 28 号　邮编：100142

编辑部电话：010 - 88191441　发行部电话：010 - 88191522

网址：www.esp.com.cn

电子邮箱：esp_ bj@ 163.com

天猫网店：经济科学出版社旗舰店

网址：http://jjkxcbs.tmall.com

固安华明印业有限公司印装

710×1000　16 开　19 印张　320000 字

2019 年 12 月第 1 版　2019 年 12 月第 1 次印刷

ISBN 978 - 7 - 5141 - 7721 - 3　定价：78.00 元

前　　言

  2013 年,《中共中央关于全面深化改革若干重大问题的决定》针对教育领域综合改革提出"试行学区制和九年一贯对口招生"的要求。2014 年全国教育工作会议进一步强调推进基本公共教育服务均等化,推行学区一体化管理。2015 年的政府工作报告中再次提到促进基础教育优质均衡发展,强调"发展更高质量更加公平的教育"。2016 年全国教育工作会议强调以新的发展理念为引领,全面提高教育质量,加快推进教育现代化。基础教育均衡发展是教育改革的战略性任务,保障城市居民享受平等优质教育资源的机会与权利,进而促进教育公平,是"十三五"期间基本公共服务均等化的重要内容。经济新常态下,我国着力加强供给侧结构性改革、提高供给体系质量和效率,教育供给侧改革同样亟待推进。推动教育供给侧改革不仅可以提高教育投入效率,优化人才培养结构,给受教育者提供更多更好的教育选择,同时,还可以通过优化优势教育资源配置,从根本上促进教育公平的实现。

  过去几十年,我国的基础教育事业获得了长足的发展,全面实现九年义务教育普及。当前,地方教育管理部门为促进基础教育高质量均衡发展,进行了基础教育体制机制等方面的创新实践。学区制作为实践模式之一,为推进基础教育均衡、受教育权利公平发挥了重要作用。随着国家及社会对教育重视程度的进一步提高以及教育对于个人发展的影响日益深刻,优质教育资源的分配成为各界关注的焦点,优质基础教育资源的稀缺性日益凸显。在此过程中,由学区刚性边界和住房产权的约束性引发了一系列问题,"学区房"概念由此产生。

从某种角度来看，"学区房"是现行教育体制下住房市场的一种特有衍生品，是体现教育资源溢出价值的形态之一。由于城市居民对优质教育资源诉求的不断提高和国家"就近入学"政策的实施，城市居民购买住房时，对优质教育资源偏好比重增大，引致了"学区房"价格的不断攀升。城市"学区房"价格高涨和住房价格的空间差异造成了城市优质基础教育的资源需求与由房价高企形成的资源供给壁垒之间的矛盾，优质基础教育资源周边住宅的高溢价率问题成为一个不可否认的事实，基础教育资源资本化问题已备受社会各界人士关注。

在基础教育资源供求不匹配的现实情况下，探究基础教育资源的空间溢出效应及价值的测度，对助推教育资源的均衡配置、提高教育供给质量和效率具有重要意义。天津、北京等地积极寻找推进教育综合改革、破解现实难题的思路与举措，通过不断的实践探索，在基础教育均衡发展方面走在全国前列，具有较强代表性。因此，基于京、津、冀三地的数据，定量估测城市基础教育资源空间溢出价值为均衡配置教育资源提供理论依据和实践指导，既是一个重要的理论前沿问题，也具有很强的公共政策含义。本书试图梳理总结国内外关于城市学校质量资本化研究的方法和内容，借鉴国外城市基础教育制度实践经验，总结我国各地不同的典型学区制实践经验。通过 Hedonic 价格模型以及 GIS 技术，构建一系列评价指标体系，实证分析京、津、冀城市居民对基础教育资源质量的偏好，测度城市学区房溢出价格和中心城区基础教育资源的溢出价值，探讨基础教育资源资本化成因及外部效应，提出基础教育资源均衡布局策略，为城市区域内规划、均衡配置基础教育资源提供科学、高效的管理思路和路径。

本书各章撰写分工为：第一部分为基础理论研究，包括第1章至第3章，由王振坡、薛珂、黄玉洁、杨楠负责撰写；第二部分为国内外经验研究，包括第4章与第5章，由王丽艳、朱丹、王营营、游斌负责撰写；第三部分为实证研究，包括第6章至第8章，由姜智越、黄玉洁、奚奇、郑丹负责撰写；第四部分为政策探讨，包括第9章与第10章，由王振坡、梅林、黄玉洁、任珠慧负责撰写。全书由王振坡和王丽艳负责总体框架设计、研究思路确定以及全书统稿。

本书编写过程中，参考了诸多专家学者的论著或科研成果，对引用部分文中

都一一注明，仍恐有挂万漏一之误，诚请多加包涵。限于数据、研究时间和笔者
能力的限制，书中难免有一些疏漏和不足之处，亟待进一步深入研究。因此，在
交稿之际，笔者自感诚惶诚恐，竭诚希望阅读本书的朋友们提出批评指正，以便
笔者日后开展进一步研究和不断完善，笔者将万分感激！

王振坡　王丽艳

2019 年 6 月

目　　录

第 1 章

导　　论

1.1
研究起点与目标

1.1.1　研究背景与现状

教育均衡发展是我国《义务教育法》的方向性要求，是实现教育公平的关键，是贯彻落实科学发展观的重要体现，具有重大的现实意义和深远的历史意义。中华人民共和国成立后，中央和地方各级政府高度重视基础教育的发展，投入了大量的人力和财力进行教育的普及推广。特别是 1978 年改革开放以来，中国的基础教育事业进入了一个新的发展时期。1993 年，中共中央、国务院发布《中国教育改革和发展纲要》，明确了到 21 世纪末中国基础教育的发展方向和基本方针。1999 年初，国务院批准了教育部制订的《面向 21 世纪教育振兴行动计划》，这一计划是教育战线落实"科教兴国"伟大战略的具体举措，是跨世纪教育改革和发展的施工蓝图。2010 年 7 月，党中央、国务院在北京召开了新世纪第一次全国教育工作会议，印发了《国家中长期教育改革和发展规划纲要（2010～2020 年)》，指明了未来教育事业科学发展的方向，开启了从人力资源大国向人力资源强国迈进的历史征程。

随着国家及社会对教育重视程度的提高以及教育对于个人发展的影响日益深刻，教育资源的分配成为每个家庭关注的焦点。在我国，整体基础教育水平滞后与城乡发展不平衡已成为共识，且教育资源被明确地分为不同层次和等级，直接显化了教育资源质量优劣对比。目前，在优质教育资源的分配上存在一个双选的问题，主要体现在两个方面，即成绩选择和入学地选择。在入学地选择方面，由于"就近入学"政策的实施，学校在招生过程中对于能够就读本校的学生在地域上做出了限制。然而，学区的选择不是普遍的。由于起步较晚，相关政策仍然不完善等原因，很多地区学生在选择学校时，并不完全受入学范围的限制。其次，"学区"的界定尚未明晰。"学区"这一概念最开始是从美国兴起的，在近年才被引入中国，在文化传递的过程中，"学区"的概念在我国一定程度上被泛化。最后，在学区概念泛化的基础上，出现了一种以靠近学区为优势的发展理念，这种优势不但体现在教育资源的选择上，还体现在商业的发展上。

在此基础之上引出本项研究的另一个主体——住房市场。正常情况下，住房是一种基本生活必需品，但是，受到当今众多因素的影响，住房已远远超过了它所应具有的基本价格水准。然而，颇高的房价并未能抑制大众的消费反而在一定程度上刺激了消费。很多具有一定购买力的人俨然把住房作为一种投资品。毫无疑问，投资品必须能"择机出售"，也就是说，它必须是要有需求的。结合当前学区房具有更大的需求量这一事实，我们可以认为，学区房更具有投资价值。对于不同的群体，房屋的价值不同及获得的回报也是不同的。城市居民对优质基础教育资源始终有强烈的需求，因此对于投资者来说，优质学区房可以带来较高的经济收益。对于一般家庭而言，不仅可以享有优质学区房配套的高质量基础教育资源，还可以获取其带来的较高溢出价值。教育质量通过相应的区域房价得到体现，并对房价产生影响，进而阻碍了低收入群体对优质教育资源的获得，引致教育资源配置不均衡现象。

住房市场的分析通常有两种方法：一是把住房看作一维产品，它同其他城市变量之间具有特定的、可估价的关系；二是把住房看作多维产品，重点是这些不同维度（也就是住房产品中所包含的属性或特征）之间的相互作用方式，以及由什么来决定这些不同属性要素的产出和价格以及总的均衡问题，为了较好地模拟这些属性以及分析这些属性要素之间的联系及对住房市场需求、价格和福利的影响，就产生了 Hedonic 分析方法。其核心基础理论模型即为 Hedonic 价格模型，也被称为特征价格模型或隐含价格模型等。Hedonic 分析方法的有效运用需要两个基本条件：一是完全竞争市场的均衡和 Hedonic 价格模型的凸性［少数文献对此提出了异议（Colwell and Munneke，1997）］；二是 Hedonic 分析方法是在单个家庭的决策和收入数据集（大量的统计数据）基础上进行的。由于发达国家住房市场的规范和成熟，可以获得大量统计数据，因此，30 多年来，伴随着 Hedonic 模型在理论上的不断发展，该模型在国外被广泛地应用于住房这种异质耐用消费品的定价及定量分析住房特征和环境福利设施需求的研究中。目前在我国，利用 Hedonic 方法研究住房市场虽然取得了一定进展，但是，理论与应用研究的深度和广度与西方发达国家相比尚有很大差距。适合我国城市住房市场 Hedonic 分析的理论体系、分析工具和方法尚不完善，理论与应用研究亟待拓展，许多现实问题亟待解决。随着我国住房市场的快速发展，相关数据可获得性的增强，为进一步开展相关分析提供了契机。

1.1.2　基础教育资源资本化

基础教育是一种重要的公共产品，优质基础教育资源对住房价格的影响，实际是公共产品的资本化问题。蒂伯特（Tiebout，1956）进行了地方公共产品最优供给的相关研究，其后在蒂布特模型基础上又演化出资本化这一重要理论。

1.1.2.1　公共产品供给与住房价格变动关系的理论演进

公共部门通过公共支出提供包括公共秩序、公共安全、交通、教育等在内的各种公共产品，这些公共产品又会通过改变经济活动主体的生产生活条件、抬升或降低生产要素与商品的价格、增加或减少经济活动主体的收益与成本等众多途径，在资源配置和收入分配两大方面对整体经济发挥广泛而深刻的影响。就住房市场而言，与之具有最为直接关系的，就是公共教育、卫生、交通等与民生直接相关的公共产品的供给。这些公共产品效用的发挥，极易通过人力资本培育条件的改善、生产生活基础设施建设的加强等方式，对房地产价格产生影响。在经济学理论中，有关公共产品影响房地产价格的理论早已存在。近代著名美国经济学家乔治（George）1879 年在其著作的《进步与贫穷》中明确指出，导致土地收益上升的科技与社会进步因素中，也包括了教育与公共服务所发挥的作用。公共服务的供给水平越高，土地收益的上升就越快，这也成为他提出单一土地税主张的重要依据。

将公共产品供给与房地产价格变动建立起直接理论联系的，始于 1956 年提出的 Tiebout 模型。该模型指出，不同社区（地方政府辖区）间公共产品组合的差异，是驱动人们在不同社区中作出"以脚投票"式选择的动因。或者说，人们在不同社区间的迁徙，是以各社区公共产品组合所形成的收益差异为依据的。作为 Tiebout 模型所引发的大量后续研究的重要组成部分，人们对公共产品提供与房地产价格的关系进行了不断深化的研究。

为了论证 Tiebout 模型，奥茨（Oates，1969）利用纽约 53 个社区的数据，选取作为地方政府主体税种的财产税，对公共产品的资本化现象进行了验证。其实证结果显示，公共服务确实对住房价格有着显著的正向影响，而财产税税率则显示出负的效应。考虑到财产税率、公共支出可能与扰动项存在着相关性，奥茨引入男性教育水平等一系列工具变量，采用 2SLS 进行回归，其结果与 OLS 方法基本一致。然而，奥茨的研究结果却遭到了一些学者来自计量方法、理论框架等多方面的质疑。他们认为奥茨只选择了教育作为公共支出水平的唯一指标，无法完整反映整个公共部门对地区的影响，而且采用 SF-Oakland-SJ 区域数据进行的估计显示出资本化并未显著地出现。对此，奥茨（1973）将地区公共支出水平增加到模型当中，其结果与其 1969 年的研究结果基本一致，并且新增加的地区公共支出水平也对不动产价格依然存在显著正向影响。

在奥茨等研究的基础上，汉密尔顿（Hamilton，1975）进一步提出，如果地方政府以财产税为公共服务筹资，那么，一旦辖区内因为房屋大小不等，而使居民缴纳的财产税不等，则将使购买小房者所获得的公共产品的收益大于其所支付的财产税额，于是就产生了所谓的"财政剩余"，从而成为其他居民向该辖区迁徙的激励。在此情况下，获得社区的小房屋就意味着获得稀缺的财政剩余，从而财政资本化将难以避免，辖区间的经济均衡也将难以实现。针对这一问题，汉密尔顿提出可通过在辖区内建造规整划一的房屋，迫使迁入的居民都缴纳等量的财产税，即可解决财政资本化问题。艾德尔和斯克拉（Edel and Sclar，1974）、汉密尔顿（1975，1976）还从另一方面指出，假如仅仅是公共支出或财产税被资本化到房屋价格中，那么，这种资本化在长期来说，必然因为新房屋的建造和新社区的建立而趋于消失，而这一消失过程，正是 Tiebout 机制发挥作用的过程。艾普等（Epple et al.，1978）进一步指出，从直观获得的计量经济学方程，由于缺乏一个理论模型的支持，将使计量检验呈现出相当的模糊性，从而使整个计量上的检验陷于无效。对此，英格（Yinger，1982，1995）发展了一个基于房屋竞租函数的模型，详细探讨了房屋价格、公共支出与财产税之间的关系。其模型从房屋的竞租函数出发，结合了中间投票人定理作为公共支出水平的决定机制，以说明财政资本化、群分效应的形成过程与机理。他的研究表明，当存在着大量社区，人群的偏好及收入也有所不同时，由于偏好相近的居民会自然聚集在同一社区，即使存在着弹性的房屋与社区供给，财政因素的资本化依然会出现，资本化依然是对 Tiebout 假说的一个良好检验。艾普等（1999，2005）则发展了一个一般均衡模型，同时考虑了居民的行为、各辖区收支平衡、人员迁徙等多方面的均衡，并据此模型设定了计量用的方程式，使用 GMM 等多种手段进行估计。这一系列成果为资本化的实证研究打下了坚实的基础。后来的研究者亦普遍采用更为严谨的方式，在理论模型的推导基础上，提出计量经济学方程。在此基础之上，针对 Tiebout 模型，应用不同数据集的相关实证研究陆续展开。对于如此丰富的实证文献，道丁（Dowding，1994）在综合了 200 多篇有关的实证文献后，给出了一个总体综述，将关于 Tiebout 的实证研究划分为 5 大类，并总结了检验 Tiebout 假说的 11 个推论。其中，资本化作为一个重要的推论，得到了大多数相关文献的支持。

　　国内对房地产价格的研究也开始触及了公共产品的影响问题。国内针对房价的分析，多从房屋本身的特征出发，采用房地产经济学中的 Hedonic 模型，将地方公共服务与朝向、位置等一起视为房屋的一项特征，分析其对价格的影响。李信儒等（2005）采用 Hedonic 方法，对长沙市 2004 年的基准地价进行了研究，其特征主要包括区域因素与个体因素两大类别。丁战、李晓燕（2007）同样运用 Hedonic 模型对沈阳的住房价格进行分析，就结构、环境、区位三大方面的 10 余个属性对房价的影响系数进行了估计。梁若冰、汤韵（2008）利用 Tiebut 模型，采用了 27 个城市的数据估计公共支出与地价之间的关系。总体来看，国内学者对这一问题的研究有待深入。此外，我国公共产品供给与房地产价格的关系与西方国家相比有特殊之处，需要注意这些特定制度安排对房地产市场价格的影响。

1.1.2.2 基础教育资源资本化的理论基础

蒂伯特（1956）提出了"用脚投票"的公共支出理论，解决了公共产品供给存在的偏好难以显示与效率不高的问题，更为重要的是，该理论衍生的不同推论和假说，开启了地方公共经济学、区域经济学乃至空间经济学全新的研究领域。奥茨（1969）对税收和公共服务供给资本化到房地产价值进行了开创性研究，认为公共服务供给能够增加房地产价值。所谓资本化，是指公共资源配置通过房地产市场进行，居民根据个人偏好和收入选择居住地区和相应的公共品，结果是公共品提供数量和质量体现在房地产价值中的过程。为了更好地理解公共产品资本化的全过程，可以分别从消费者和政府两个角度理解"资本化"的定义。对微观消费者而言，公共产品水平的提升会提高住房的基本属性，直接改善住房条件，增加住房价值，实现居民财产的增值。除此之外，公共产品供给会节省居民生活成本，给居民带来长期效用，实现居民财产的保值。从政府视角来讲，政府提供公共产品相当于投入一笔长期资本，该笔投资将会影响居民住房的购买行为，最终影响居民住房财产的总量和增保值。由于政府在房地产市场中不仅是公共产品的提供方更是税收的征收者，因此，居民财产增加会给政府财产税的征收提供长期稳定的税源，这就实现了"公共产品提供—财产税增加—公共产品提供—财产税增加"的良性运转。

基础教育是一种由地方政府提供的公共服务。公共经济学理论认为，地方政府提供的公共服务质量会在一定程度上被"资本化"。每个家庭的收入和对教育的偏好并不一样。尽管大多数家庭总是偏好质量更好的教育服务，但是，质量更高的教育服务意味着地方政府收取更高的税收。有的政府提供"低税收—低水平"公共服务的组合，有的政府提供"高税收—高水平"公共服务的组合。因此，在人口可以自由选择居住地点的前提下，家庭最终选择的居住区反映了自身对公共服务成本和收益的一种权衡——拥有更高收入（支付能力）以及对公共服务质量偏好更强的家庭，以选择居住在公共服务数量和质量更多更好的区位并缴纳更高的税收作为代价。随着高收入群体不断聚居在拥有良好公共服务的辖区内，该辖区的住房价格将逐渐上涨，或者说，地方政府提供的公共服务数量和质量高低在一定程度上体现在了当地的房价之中，也即形成了"资本化"（冯皓、陆铭，2010）。

高收入群体不断聚居在拥有良好公共服务的社区将进一步推升好学校周边的房价，导致低收入群体难以承担好学校周围高昂的租房或购房成本，被迫搬离社区。在入学机会按照居住地区划分的分配机制下，最终的均衡结果是一种居住空间和公共服务受益范围上的"群分"——拥有相似职业、社会经济地位的群体聚居在一起并享受类似的公共服务（张爽、陆铭，2007；冯皓、陆铭，2010）。群分效应会对社会融合产生一定的不利影响，这种社会经济地位较高的家庭通过所拥有的各种资本占据优质教育资源并逐渐垄断的行为，进一步加剧了教育机会分配的不均等和社会固化（丁维莉、陆铭，2005）。

在我们上述简化分析过程中，房地产市场与教育服务市场是高度关联互动的。教育服务质量的高低影响到房价的高低（通过公共服务资本化效应实现），房价的高低又影响到社区定居人群的类型（通过群分效应实现）。通过买房而择校是一种相对而言不受学校控制但与家庭经济能力密切相关的择校方式。在"就近入学"并且限制或者禁止其他择校方式的政策下，这将最终影响到教育机会的分配。由此我们得出一种假说：在优质教育资源分布不均并且房地产市场发育较好情况下，学校质量的高低将影响到其学区内的房价，这种资本化现象又会进一步产生群分现象，从而不利于教育机会的公平分配。

1.1.3　基础教育资源均衡配置的必要性

实现一个城市区域内基础教育均衡发展，需要教育制度与住房制度的相应变革。此外，系统构建适用于我国城市学校质量空间溢出价值度量的空间 Hedonic 分析理论、方法和模型，从方法上和经验上为该领域前沿研究提供了基于中国视角的理论与实践，对推进该领域发展有重大意义。

一方面，伴随着城镇化的进程，教育资源的均衡配置直接关系到教育公平和社会公正，且教育资源与住房市场的密切联系，使得"教育资本化"成为我国群众最关注和亟待解决的社会问题。首先，基础教育资源均衡配置是基础教育的本质要求，是教育资源短缺的必然要求，是实现教育公平和基本人权的根本途径，是提高人口素质，维护社会稳定，改变边远农村地区落后面貌的必然选择。其次，房地产业已经成为我国国民经济的支柱产业。近年来，由于我国房地产发展不平衡，局部地区和个别城市的房价增长很快，引起人们对房地产市场问题的广泛关注。住宅作为居住生活空间，是城市居民个人和家庭生活的必需品。学校质量被认为是影响住房价格的重要因素之一。在其他条件相同的情况下，高质量学校将会使邻近的住房升值，通过住房市场交易显化了学校质量的溢出价值。与此同时，对城市住宅价格问题的讨论，如房价是否合理，受到哪些因素的影响等，成为政府部门、房地产学术界和消费者关注的热点和焦点问题，也是住宅产业发展过程中值得研究的重要课题。

另一方面，城市基础设施建设对住宅价格的影响效应越来越受到国内外学者的关注，当前研究主要通过因子分析构建特征价格模型，定量地计算各类设施对住宅价格的影响，从而鉴定其对于房地产价格的贡献程度。目前在我国，住房市场的 Hedonic 分析理论与应用研究的深度和广度与西方发达国家相比有很大差距，适合我国城市住房市场 Hedonic 分析的理论体系、分析工具和方法尚不完善，许多现实问题亟待解决，Hedonic 分析方法的理论与应用研究亟待拓展。国内现有研究大多集中于城市轨道交通、道路通达度、自然环境等对住宅价格的影响。而关于教育资源对于住宅价格的影响研究较少，作为一个越来越受消费群体关注的因素，其影响效果有待进一步研究。

1.1.4 基础教育资源均衡布局总体要求

基于上述分析，我们认为，目前我国社会正处于转型期，教育理念在不断更新，对于优质教育资源的需求也越来越大。因此，教育作为个体生存和发展的作用也更加突出，受教育机会和权利方面的竞争已经演变成生存权和发展权的竞争。由此可见，教育是实现社会公平，促进社会和谐发展的重要途径。

这一目标的实现需从以下几个方面着手：

第一，随着新型城镇化的不断推进以及房地产市场的逐渐发育，基础教育等公共品对房价的影响逐渐增大。因此，需要充分考虑房地产市场在基础教育资源配置过程中的作用，以完善相关的政策体系为突破口。

第二，基础教育具有公共属性及正外部性，政府对教育的投资不仅使个人、家庭受益，也使社会和国家受益。政府作为公共生活的管理者和维护者，须明确其职责，以行政干预的形式介入基础教育领域，对基础教育资源进行统筹配置。

第三，解决我国当前基础教育资本化过程中教育资源配置失衡的问题，要求政府加大对教育发展薄弱地区的补偿和支持力度，不断提升教育水平，维护弱势群体的利益，实现社会的公平与正义。

第四，学区制的实施在一定程度上隔离了优质教育资源与弱势教育资源，这与教育的公平性相偏离。通过创新教育资源管理模式，实现教育资源的交流与共享，将有效缓解学区之间的教育差异化程度，促进实现学区制政策制定的初衷。

1.1.5 研 究 目 标

本书的研究意在完善国内相关研究领域，但又不仅仅局限于在研究文献中增加中国案例，我们将在借鉴已有文献研究基础上，拓展出不同的空间 Hedonic 住房价格模型，通过估计求解，找到表征我国城市公办小学质量的量度指标，研究其在住房价格中的资本化程度。均衡发展是我国基础教育的战略性任务，定量估测公办小学质量将为均衡配置教育资源提供理论依据和实践指导，本研究既是一个重要的理论前沿问题，也具有很强的公共政策含义。

（1）理论价值。城市公办小学质量空间溢出价值度量研究是一项基础性工作，理论意义主要在于系统构建适用于我国城市学校质量空间溢出价值度量的空间 Hedonic 分析理论、方法和模型，从方法上和经验上为该领域前沿研究提供基于中国视角的理论与实践，为应用研究提供坚实的理论基础、分析工具及经验案例。

（2）实际应用价值。本书研究将为政府更好地在一个城市区域内规划、均衡布局公办小学教育资源提供理论基础，为教育资源均衡配置提供科学、高效的管理思路和路径，本研究还可广泛应用于住房特征属性和福利设施需求结构分析和估测、消费者住房选择行为分析等诸多方面，为各市场主体的科学决策（如消费者住房选择行为）提供指导。

1.2

研究思路与路径

住户基于对公共服务质量和福利设施的偏好做出住在哪里的决定，住房价格随着由辖区提供的公共服务的质量而变化，优质的公共服务创造出需求和支付意愿并被资本化到住房价格中。在一个有效市场中，有了住户住房价格和基于单个家庭决策和收入数据集的微观住房数据（住房特征属性数据），通过 Hedonic 分析，能估测出住房特征属性（如学校质量）的隐含价格。一些学者利用美国、英国和澳大利亚等国的相关数据，基于 Hedonic 价格分析方法估测学校质量的隐含价格，研究学校质量在住房价值中的资本化程度。

我国城市公办小学实行就近入学（按学校片区入学，同时考虑户籍和居住年限，而初中入学"边界"约束性相对较弱，学生可在所在行政区内的学校流动），与美国、英国和澳大利亚等国公立学校按照居住学区入学较为类似（美国入学"边界"约束性强于英国和澳大利亚，但弱于我国城市小学入学"边界"）。鉴于我国九年义务教育中初中入学的流动性明显增强，考虑到研究的可比性和可参考性（对比国际上研究），我们拟选择"城市公办小学质量的空间溢出价值度量研究：以天津为例"作为在我们这一领域研究的开端。

因此，本书沿着"宏观图景—互动关系—关键问题—制度设计"的思路展开（见图 1-1）。

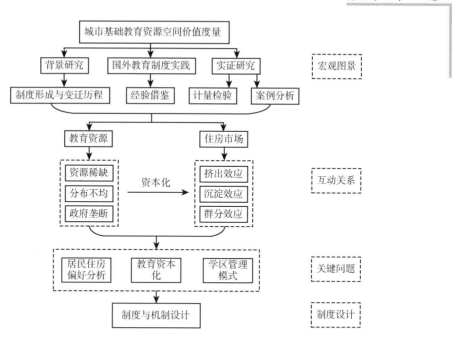

图 1－1　城市基础教育资源空间价值度量

资料来源：笔者自绘。

1.2.1　宏观图景

宏观图景分析的重点在于两个方面：一是梳理目前我国基础教育制度的沿革与现状、国外教育制度经验借鉴以及住房市场相关理论。主要从制度层面揭示教育资源空间配置对房地产市场的影响，从而阐明教育相关制度改革的必要性和紧迫性。二是梳理空间溢出价值的测度研究，探索出适用于我国城市基础教育资源价值度量的 Hedonic 模型及估计方法。

1.2.2　互动关系

我国教育资源空间配置与住房市场发展问题，并不是一个独立的问题，而是隐含在若干互动关系之中。

（1）由于教育资源的稀缺、分布不均和教育资源政府垄断所带来的"垄断溢价"通过"资本化"过程不断蕴含在房屋价格之中，使得教育由公共品逐渐转变为消费品，且教育资源丰富区域的房价上涨更快，长期更有投资价值。

（2）由于"挤出效应"引致的教育资源丰富区域房价上涨过快，进一步引起社会低收入群体从优势区位中被挤出，更多地居住在基础教育等公共品相对贫乏的区域，进而形成居住空间分异和社会分割。

（3）住房选择既选择了住房和社区本身，同时也选择了与区位相关联的教育等地方公共品，这种联合选择是地方公共品供给和需求空间匹配的微观机制。

1.2.3 关键问题

本书研究的关键问题主要包括三方面：一是居民对基础教育资源质量偏好分析。设定纳入空间依赖和空间异质性的空间 Hedonic 模型，从住房消费行为的微观视角出发，清晰把握住房需求，进而探析住房持有不均、供需失配等当下我国住房问题的核心和焦点。二是教育资源配置与住房市场的互动关系。我国教育资源配置机制如何影响房地产市场的发展；住房市场（价格和数量）对教育资源配置响应的机制是什么？三是学区管理模式问题。从制度设计和政府职能转变层面，如何有效均衡布局基础教育资源，缩小教育资源配置差距，维护弱势群体利益，进而实现教育均衡发展。

1.2.4 制度设计

我国基础教育资源配置失衡的现实，损害了弱势群体接受教育的基本权利。为了能够保证教育资源的公平分配，促进社会的和谐发展，必须要弱化甚至是斩断基础教育资源与房价之间这种非正常的关系。改变现有教育配置机制，提升政府配置层级，实行弱势教育补偿制度，是缩小教育资源配置差距，维护弱势群体利益，实现教育均衡发展的必由之路。

依照上述思路，本书研究特别关注四个方面的研究路径。

路径之一：从均衡教育资源着手，改善"学区房"空间布局不均衡。

一是变革地方教育的筹资机制和支出体制，保证地方的教育投入。一方面，在中央地方分税制的基础上，加强中央对地方财政的监督并制定相应的激励政策，保障地方政府的教育支出。另一方面，应当建立相应的回馈机制，征收房产持有税，用地方政府转移支付的方式投入教育，均衡各地教育资源的支出。二是学区管理体制创新。在学区管理模式方面，可采用例如教育集团化模式，强校并弱校模式等方式；在学区资源管理方面，搭建教师流动平台，逐步完善教师资源的填补和流动机制，并有意向薄弱学校倾斜。三是合理放松"禁止择校"政策。政府不应当"一刀切"，全面否定择校现象，需要对其进行合理引导。从招生标准角度和择校费用角度进行相关制度设计。

路径之二：转变政府在基础教育领域的职能。

一是提升教育资源配置层级。政府作为公共生活的管理者和维护者，必须明确其职责，以行政干预的形式介入基础教育领域，提升政府配置层级，由中央及省级政府承担我国基础教育资源配置的主要职责。二是政府必须革新现有的教育决策与管理体制，改变以往单一由政府进行教育决策和管理的垄断模式，通过调控和激励市场与社会各界的共同参与和管理，减少单一管理的越位与缺位，充分提升公共教育资源的使用效率。三是切实加强教育督导与问责力度。政府应从国家、省级、县级层面上确立各学校间的均衡发展目标，且不断将发展目标进行细化，并由此形成各类可进行量化测算和监控的发展指标与标准。

路径之三：实施教育补偿，保障基础教育资源均衡配置。

一是加大教育经费投入补偿，合理配置财政资源。中央和省级政府应积极承担基础教育投入责任，从"精英配置"向"弱势补偿"转变，加大对弱势地区和弱势群体的教育财政投入。二是政府在确保基础教育资源均衡配置的同时，还需维护教育弱势群体的基本权利，建立教育弱势群体补偿机制。三是强化教师在管理和待遇两方面的制度建设，重视教师资源流动与建设，缩小师资水平差距。

路径之四：创新基础教育资源管理模式，"超越"学区制。

一是借鉴现代企业的管理制度和运行机制，推行名校集团化办学，缩短新校的发展周期，成功实现优质教育资源的快速扩张。二是推进城市公办小学标准化建设，提升教育水平。三是加快私立学校建设，以此更加有效率地均衡配置资源，健全和完善制度体系来规范市场主体尤其是私立学校的行为。

1.3

研究内容安排

根据前述研究目标与研究思路，主要内容安排大体沿着"背景研究—框架构建—实证分析—政策研究"的线索进行布局（见图1-2）。

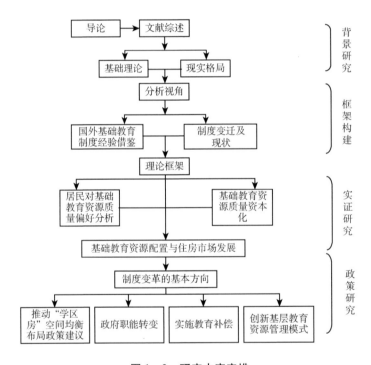

图1-2　研究内容安排

资料来源：笔者自绘。

全书后面的研究分为四部分。

第一部分是背景研究。包括第2章和第3章。

第2章是国内外研究评述。目的是根据已有的文献梳理出研究问题隐含的逻辑线索，一方面构建理解不同的观点和争论的框架；另一方面为全书提供研究的基础。

第 3 章是住房市场基础理论。主要介绍了住房市场的概念和住房需求与供给，从基础理论、需求结构和福利评估、住房特征属性体系及函数构建四个方面介绍了 Hedonic 分析方法，主要集中在理论基础及其分析工具方面。

第二部分是分析理论框架设计。包括第 4 章和第 5 章。

第 4 章是国外城市基础教育制度实践经验。我国自义务教育实行以来，基础教育取得了巨大成就，但在基础教育发展过程中也暴露出一些问题，其中比较突出的是基础教育的非均衡发展。在此背景下，借鉴国外基础教育均衡发展的经验，为我国基础教育均衡发展提供经验和参照。

第 5 章是我国基础教育制度历史沿革与现状反思。本章结合 2016 年全国教育工作会议召开的背景，以基础教育发展过程中的核心问题为线索，把基础教育制度发展历程划分为四个阶段，并以西安、黑龙江、北京、广州等地为例，梳理分析我国学区制典型模式、基础教育制度现状及问题，为全面了解我国基础教育制度提供重要的参考借鉴。

第三部分是实证研究。包括第 6 章至第 8 章。

第 6 章是住房市场中居民对教育资源质量偏好分析。选取 Hedonic 模型试图从微观层面定量分析不同群体住房需求偏好的差异，清晰把握居民住房需求，实现住房供需精准匹配，进而引导我国房地产市场健康发展。

第 7 章是基础教育资源质量资本化实证分析。选取 Hedonic 模型分析异质商品特征与其价格之间的关系。一方面，在学区视域下测度学区房溢出价格。另一方面，基于各行政区层面，研究城市内区域基础教育资源质量和房价的关系，识别基础教育资源在房价中的资本化效应，测度中心城区基础教育资源的溢出价值。

第 8 章是基于 GLS 技术的天津市基础教育资源研究。运用 GIS 强大的数据分析功能，从居民的角度出发定量对学校的可达性进行分析评价，深入分析当前基础教育资源的分布状况，并将基础教育资源分布现状以可视化方式直观地表达出来。

第四部分是政策研究。包括第 9 章和第 10 章。

第 9 章是基础教育资源均衡布局策略探讨。探讨我国基础教育资源资本化成因，并对其所产生的负外部性进行剖析，从侧面反映解决城市基础教育资源资本化问题的必要性。

第 10 章针对目前教育资源配置存在的不均衡等问题，分别从短期和长期策略针对"学区制"推行过程中如何有效均衡布局基础教育资源提出策略。

1.4

研究特色与可能的创新

与以往的研究相比，本书的主要特色与可能的创新表现在：

一是基于住房异质性和消费者显示性偏好，通过住房市场的价格反馈机制探寻城市公办小学空间溢出价值度量有效方法，系统构建适用于我国城市学校质量空间溢出价值度量的空间 Hedonic 分析理论、方法和模型；通过师生比、可达性、服务半径等可量化指标构建基于 GIS 的学区均衡布局评价指标体系，并以天津市重点学区划分为实证分析对象，寻求学区优化布局的理论基础与实践途径；分别从微观学区层面和宏观房价区域层面对城市公办小学空间溢出价值进行度量研究的同时，分析了我国城市地方公共品通过住房市场实现资源空间配置的内在规律以及住房市场对此的静态和动态响应机制。

二是其应用及社会影响。基于 GIS 工具对天津市重点学区进行评价，指出当前学区布局存在的问题，并结合天津市最新学区政策提出重构优化方案，对于天津市基础教育资源空间配置具有极高的应用价值，对于保证居民公平享受教育机会，消费者进行购房行为决策，城市"学区房"空间布局等具有很大影响。

第2章

国内外研究评述

  长期以来，准确揭示住房价格的变动规律一直是经济学家所关注的研究课题。迄今为止，两个理论模型在住房市场研究领域产生了深远影响。一个是以Alonso 的竞标地租理论为核心的 AMM 模型，即将住房视为均质商品，以住房竞租模式来分析消费者对住房区位的选择。住房价格是一个与单一就业中心或厂区距离有关的函数，房价间的差异主要取决于住房区与市中心距离的远近，反映不同区位在交通成本方面的节约。然而，与其他消费品不同，住房为典型的异质性商品，每栋房屋都具有其特质，在使用年期、结构类型、空间位置、邻里关系等方面存在差异。在消费任何一套房屋时，这些特征也必须同时被消费，因此，住房是一种不可分割的商品。Hedonic 分析方法将关注的对象从商品本身转向了商品内在的不可分割的特征，广泛应用于具有多个特征的商品价格分析中，尤其适于住房市场研究。自 20 世纪 70 年代以来，Hedonic 模型已成为分析城市住房市场的一个重要工具。

  蒂伯特（1956）首次将公共品与住房价格直接联系起来。他认为不同社区（地方政府辖区）间公共品组合的差异，是驱使人们作出"以脚投票"选择的动因。住房价格为城市家庭居民获得公共品提供了一个中间机制，其中就包括优质教育资源。从奥茨（1969）运用 Hedonic 模型研究教育资源对于房价的影响开始，国内外众多学者采用各种方法和数据，探究教育质量等因素对住房价格的影响。与本研究相关的研究成果主要集中在以下几个方面：Hedonic 模型基础理论，基于 Hedonic 模型的住房价格分析研究，Hedonic 模型的设定及其估计研究，教育资源与住房价格相关分析以及 GIS 在住房价格分析和教育资源的相关研究。

2. 1

国外研究现状

2.1.1　住房市场 Hedonic 模型基础理论

Hedonic 模型认为住房中蕴含的各特征数量和组合方式不同，带给消费者的总效用也不同，这些特征带给消费者的总效用决定了住房价格。因此，如果能够将影响住房价格的所有因素进行分解并求出每个因素的隐含价格，在控制特征数量不发生变化时，就能够将引起住房价格变动的特征因素剥离，以纯粹反映价格的变化。Hedonic 模型的理论基础主要包括两个方面的内容：一是美国学者兰开斯特（Lancaster，1966）提出的消费者理论，又被称为兰开斯特偏好理论。与萨缪尔森等经济学家考察效用和偏好的个体出发点不同，消费者理论从产品异质性出发，认为消费者对产品的需求并不是基于产品本身，而是因为产品所包含的所有特征，这些特征结合在一起就形成了影响产品效用的特征束。家庭购买这些产品就是使用这些产品的内在特征，把它们转化为效用，效用水平的高低有赖于组成这些产品的各种特征的数量和品质，从而对应一系列价格，称为 Hedonic 价格。产品的 Hedonic 价格是隐含价格，无法在市场上直接观察到。二是美国经济学家罗森（Rosen，1974）就产品特征提出的市场供需均衡模型。在完全竞争的市场条件下，罗森以生产者利润最大化和消费者效用最大化为目标，从理论上分析了产品市场的均衡，为特征价格理论的建设和函数的估计奠定了基础。由于特征价格理论认为，产品的需求是因为产品所内含的特征。效用水平的高低有赖于产品所包含的各种特征的数量，所以商品之间存在异质性。又由于每个产品由产品特征构成，产品特征对应了一个隐含市场，所以产品市场一般可以理解为由多个隐含市场构成，即市场的隐含性。商品的异质性和市场的隐含性是特征价格理论的两个基本假设。特征价格模型一般是线性函数或是可以转化为线性方程的函数，因此，参数估计基本上采用最小二乘原理的多元回归方法。构建住宅特征价格模型首先是识别影响住宅价格的各个特征，当房地产的某一方面的特征发生改变时，其价格也会随之发生变化。对函数的各个特征变量分别求偏导，就可以取得各个特征的变动对房地产价格的影响程度。

2.1.2　基于 Hedonic 模型的住房价格分析研究

在 Hedonic 模型中，房价是其内在物理属性（包括房龄、卧室数、面积等）、区位属性、邻里特征属性以及学校质量等的函数，估计的特征属性的隐含价格表征了其住房价值中的资本化程度。梳理已有文献，我们把基于 Hedonic 分析方法的研究分成以下三类：

（1）数据全覆盖法。利用研究区域内的所有住房数据（房价、住房的物理特征、区位特征、环境特征等），并包括大量邻里特征控制变量，选择适当的 Hedonic 住房价格函数形式，估测学校质量的资本化程度（Weime et al.，2001；Cheshire and Sheppard，2004；Downes et al.，2002）。切希尔和谢泼德（Cheshire and Sheppard，2004）在对英国小学和初中研究中，估计了一个全样本、标准 Hedonic 回归（包括了房价、住房特征属性和学校质量量度 Box-Cox 变换的修正），结果表明价格—质量的关系是高度非线性的。尽管切希尔和谢泼德（2004）选取涵盖了大量的地方邻里特征作为控制变量，但还是受到遗漏变量偏差影响的困扰。因此，这种方法的风险是，由于不可观测的邻里质量影响的存在，可能使得这种估测产生偏差。

（2）边界固定效应法。利用学区边界处入学权的不连续性，比较相互临近的但在不同学区的住房，保持不变的邻里特征（固定效应），从而获得学校质量对住房价格影响的精确估计。分析教育等公共品与房地产价格之间关联的实证研究往往不能很好地控制不可观测的邻里属性对于解释变量和房价的影响。为了克服这一问题，布莱克（Black，1999）利用马萨诸塞州学区边界附近的房价数据，比较同一条边界两侧的住房价格和学校教育质量，以学校参加一项全州统一的学业测试（Massachusetts Educational Assessment Program，MEAP）的学生平均成绩作为反映教育质量的核心解释变量，采用 Hedonic 住房价格模型，估计一个线性

Hedonic 价格函数，得到如下结论：学校的学生平均成绩提高5%将导致居民对优质学区边界内住房的支付意愿平均提高约2.1%，学校质量对房价的影响确实是显著的（Leech and Campos，2003；Kane et al.，2003，2006；Gibbons and Machin，2003，2006；Fack and Grenet，2007；Davidoff and Leigh，2008）。

拜尔等（Bayer et al.，2007）在边界固定效应方法基础上，通过引入辅助变量，消除住户偏好异质性对计量结果的影响。鉴于学校质量与住房价格之间呈现明显的非线性关系，这是因为：一是对学校质量和邻里特征的多种多样偏好，不同地方弹性不一样（住房供给弹性和学校质量需求弹性不同）；二是公立与私立学校的替代存在（不在好学区，也能上好学校）；三是学校质量是奢侈品（富裕居住区对学校质量的边际增加支付意愿更大），基奥多等（Chiodo et al.，2010）利用非线性边界固定效应模型尝试避开非线性影响，估测学校质量资本化程度的精确度明显提升。

（3）自然实验法。基于 Hedonic 住房价格模型，利用由实际发生事件引致的变化进行相关研究。凯恩等（Kane et al.，2006）利用了由美国北卡罗来纳州梅克伦堡县法庭发出的废除种族隔离命令引起的学校边界变化，研究了学校质量与住房价格的关系。里巴克（Reback，2005）利用美国明尼苏达州一个跨学区学校选择项目，估计了与学区边界减轻的重要性相联系的资本化效应。罗森等（2003）利用随机政府检查作为学校质量的辅助变量（通常选择一个与学校质量相关，而又独立于房价变量的辅助变量是很困难的，而恰好在研究期间，英国中学有随机政府检查的安排），研究学校质量与住房价格的关系。

2.1.3 Hedonic 模型的设定和估计研究

2.1.3.1 Hedonic 模型的研究

国外学者对 Hedonic 模型在房地产市场上应用的研究起步较早。模型建立在买方通过对自身的需求状况评定住房价格的基础上，通过统计学与计量经济学的研究方法，分析住房价格的构成，以住房的内在各种特征属性为自变量，住房价格为因变量解释住房价格空间分异的形成原因。沃（Waugh，1928）最初对商品特征与价格展开了研究，通过回归方程分析波士顿蔬菜质量差异与价格变动的联系。而后该方法被应用到汽车消费领域的研究（Court，1939）。在此之后，该方法逐渐被应用到日常用品的定价中。至此，经济学中的相关理论逐渐与此方法相结合。经济学家里德克和亨宁（Ridker and Henning，1967）正式提出 Hedonic 理论，他们通过房屋产权价值资料估算空气质量变化的经济效益，这一评价法是以公众对生活环境质量需求提高为条件的，并据此求得环境等特征的边际隐性价格。巴特勒（Butler，1982）指出 Hedonic 模型应当仅包括影响住房价格的因素。当前对住房特征的分类主要有以下三类：区位特征（Location）、建筑特征（Structure）和邻里特征（Neighborhood），此后，Hedonic 模型被逐渐应用于住房价格分析中。

2.1.3.2　空间相关性的研究

依据研究模型是否纳入空间影响（包括空间依赖性和空间异质性），可把研究文献划分成两类：传统（非空间）Hedonic 住房价格模型设定及估计和空间 Hedonic 住房价格模型设定及估计。众多学者设定了传统 Hedonic 住房价格模型（Rosen et al.，1977；Jud and Watts，1981；Brasington，1999；Black，1999；Clark and Herrin，2000；Gibbons and Machin，2003；Downes and Zabel，2002；Figlio and Lucas，2004；Clapp et al.，2008；Davidoff and Leigh，2008；Herbert and Turnbull，2009），选择多种 Hedonic 函数形式（如线性、半对数形式等）进行参数估计（如两阶段最小二乘回归、广义最小二乘回归），用于缓解遗漏变量的影响、异方差和序列相关问题，从而估计学校质量在住房价格中的资本化程度。吉本斯和梅钦（Gibbons and Machin，2003）则在对传统 Hedonic 住房价格模型估计时，应用辅助变量和半参数方法解决共线性、内生性和模型选择问题。

从迪宾（Dubin，1988，1992）和卡恩（Can，1992a，1997）分别把空间统计学和空间计量经济学方法应用到 Hedonic 价格模型中开始，对两种形式空间影响即空间依赖性（空间相互作用或空间自相关）和空间异质性（空间差异性）的识别、诊断及处理就成为 Hedonic 价格模型研究的中心议题。住房的价值和特征属性是空间—地理分布的数据，然而，传统 Hedonic 价格模型要么忽略或简化了对空间结构和过程的处理，要么把空间影响作为统计偶然或滋扰来处理。在计量和统计分析中，忽略空间数据的特殊性质必然导致模型的偏差或无效估计以及错误推论（Anselin，1988），缺乏对存在的空间影响的有效处理，影响着模型的有效性和准确性（Can，1992b；Dubin，1988）。近年来，利用纳入空间影响的Hedonic 价格模型（空间 Hedonic 模型）研究学校质量资本化的研究陆续出现。徐和西蒙斯（Seo and Simons，2009）在模型设定中考虑了空间自相关（空间依赖性），分别采用了空间滞后模型和空间误差模型，利用极大似然（ML）和二阶段最小二乘法（2SLS）估计，探讨有效地解决溢出效应、被遗漏空间相关变量以及函数形式误设等问题，显著提升了学校质量价值评价的准确性。然而，佩斯和莱萨格（Pace and LeSage，2009）指出空间滞后的存在放大了传统遗漏变量偏差，也就是说，空间 Hedonic 模型产生了与传统遗漏变量一样的偏差，最终并没有消除遗漏变量偏差。对空间 Hedonic 价格模型的应用存在一些不同意见，问题的核心是如何在模型中设定空间影响，还有如何解决空间模型中的依赖变量的内生性问题（Anselin and Gracia，2009；Anselin，2010）。

2.1.4 教育资源对住房价格影响的研究

较早的教育资源对于房价的研究主要有蒂伯特（1956），奥茨（1969）和英格（1982）等提出住房市场的变化对教育资源的配置存在影响，居民根据自身偏好与支付能力选择具备相应公共物品的居住地，从而将教育资源的价值间接转移到房价中，这就是教育资源的资本化。艾普和西格（Epple and Sieg，1998），艾普和罗马诺（Epple and Romano，1998）对于地方公共品的一般均衡分析表明：在居民偏好差异的基础上，引入住房市场和居民对居住地的选择，人员的流动产生了居住地与公共物品的质量分层，消费者更多地选择教学质量高的小区，优质资源对学校产生了双向影响，从而导致"群分效应"，即经济、文化水平相似的人群形成聚居，各阶层出现隔离的现象加剧。

2.1.4.1 学校质量与邻里效应

分析邻里特征主要有四种方法：直接总结邻里特征、引入工具变量、固定效应法和空间计量经济学。第一种方法控制可观察变量的效果，后三种方法则主要用于估计遗漏变量所带来的误差，众多研究采用了多种方法的组合。

1. 直接总结邻里特征

学校质量资本化的研究在设定模型变量时，通常会尽可能地包含邻里特征，防止遗漏变量所产生的估计偏误。但是，这些研究在邻里变量设置上有很大差别。英格（2010）在其研究中采用的邻里变量包含普通研究中少见的变量，如犯罪率、种族特征、空气质量、与废品回收站的距离、与公共保障房的距离、与湖景的距离等。基奥多等（2010），马瑟（Mathur，2008），英格（2010）等，借鉴了城市经济学领域的通勤变量，以分析住房可达性，例如与中央商务区的距离。也有少量研究采用了一些实证研究中不常见的变量，例如交通拥挤度（Bogart and Cromwell，2000）、就业剥夺指数（Cheshire and Sheppard，2004）等。

众多研究把学生的统计特征作为公立学校的控制变量，因为有一些父母在选择学校时会把该校学生质量作为一个重要的考虑因素。这类变量通常包括学生的种族构成，如黑人、西班牙裔、印第安人等（Downes and Zabel，2002；Zahirovic Herbert and Turnbull，2008），低收入家庭学生所占比例（Zahirovic Herbert and Turnbull，2008），以及有特殊需求的学生数量（Dills，2004）。与学生统计特征不同，一些研究采用的是邻里人口统计特征，例如该地区黑人或白人数量（Bayer et al.，2007；Clauretie and Neill，2000；Kane et al.，2006），以及该地区人们受教育水平（Black，1999；Brasington and Haurin，2006；Reback，2005；Barrow and Rouse，2004）。

一些研究把家庭收入水平的中位数作为反映购房需求和对宜人环境需求的替代变量（Bayer et al.，2007；Davidoff and Leigh，2008；Hilber and Mayer，2009；Kane et al.，2003）。早期，英格对此有过更为详细的讨论，认为收入会影响住房需求，因此，在包络出价函数中不可能是外生的，也就不适用于作为邻里特征的替代测度变量。

2. 工具变量

为准确衡量学校质量在住房市场的资本化效应，部分研究使用了工具变量。寻求一个恰当而又显著的工具变量并不容易，有效的工具变量必须内生于相关变量，但在整个模型中又是外生的。常见的工具变量包括学校质量的工具变量和邻里效应的工具变量。

（1）邻里效应工具变量。韦默和沃考夫（Weimer and Wolkoff，2001）使用社区内住房价格的中位数作为邻里特征和品质的指标，结果发现这个变量有内生的可能。因此，使用了包括人口特征和邻里实体特征的十个工具变量，包括邻里人群特征（例如家庭收入中位数，中等家庭的受教育程度，家庭成员中黑人、西班牙裔、贫困人口比重等），以及邻里环境的物理特征（如住房空置率），但它们总体效果的说服力一般，群分效应会使得任何需求特征内生。

（2）学校质量工具变量。一些研究采用工具变量消除学习质量和遗漏变量之间共线性所带来的偏误。这些研究中，许多工具变量的设置虽然非常巧妙，但是很难完全确定某一工具变量是否是外生的。最早描述学校质量的工具变量，是使用就读于私立小学的学生比例说明私立小学的可得性（Hayes and Taylor，1996）。此外，吉本斯和梅钦（2003）采用学校类型和学校招生年龄范围的虚拟变量来衡量学校质量。相应地，在2006年的研究中又使用"灯塔学校"的社会地位、教会学校的社会地位、幼儿园和小学生的平均年龄等变量作为描述学校教学水平和良好学风的工具变量（Gibbons and Machin，2006）。唐斯和扎贝尔（Downes and Zabel，2002）采用基于所有住房的房产税率、每个学生的评估价值、住房出租率、学校人口年龄构成等作为名义房产税率、小学生人均支出、学校测试分数的工具变量。上述因素中的学校人口年龄构成在赫伯特和特恩布尔（Herbert and Turnbull，2008）的研究中同样作为解释变量而存在。然而，不能排除这些工具变量直接影响业主对住房价值评估的可能性，此时，这些工具变量的设置则是存在问题的。相较之下，最有说服力的是罗森塔尔（Rosenthal，2003）选用的工具变量：四年内至少被视察一次的虚拟变量，视察发生的和未被观测到的邻里因素是相互独立的。

赫尔伯和迈耶（Hilber and Mayer，2009）、布伦纳等（Brunner et al.，2002）在回归过程均采用了测试分数和学校支出两个变量，且只有学校支出设置了工具变量，主要原因是学校支出是这些研究主要关注的对象。工具变量的设置是消除邻里效应的一个正确方向，但尚处于起步阶段，目前的研究并不能够完全消除内生性偏误。

3. 固定效应法

第三种控制自相关的方法是固定效应法。首先，常用的是边界固定效应法，又称为 BFE。该方法是布莱克（1999）开始使用的，通过比较学区边界线两侧一定宽度的带状区域内住房价格得出学校质量的资本化程度。假设此边界两侧除学校质量以外，所有住房的邻里特征都相同，因而不再将犯罪率、邻近景观、邻近生活和商业设施作为控制变量进入模型。布莱克（1999）分别使用距离学区边界 0.15 英里、0.25 英里、0.35 英里范围内的样本建立模型。结果表明：与学区范围内所有住房样本建立的模型相比，边界固定法得出的教育资本化系数不到后者相应系数的一半。这也就意味着，以学区内所有住房为研究对象，邻里变量设置不全面导致其他相关特征的资本化价值都体现在教育质量上，结果导致模型中的系数过大。

继布莱克之后，有大量研究使用了这种方法消除邻里效应对模型结果的影响，并得到了比较一致的结论：相比经典特征价格模型，采用边界固定法得到的回归系数较小（Kane et al.，2003；Gibbons and Machin，2003，2006；Gibbons et al.，2013；Fack and Grenet，2010）。

早期研究指出了 BFE 可能的两个潜在误差来源。凯恩等（2006）对学区边界处样本的位移连续性进行了检验，结果表明，在高质量和低质量学区的边界样本之间的特性是不同的。达哈和罗斯（Dhar and Ross，2010）研究表明由于边界样本差异引发的计量误差可达到 6% ~ 8%。拜尔等（2007）在回归过程中采用家庭人口特征（如家庭收入的中位数）来分析 BFE 的潜在误差存在的可能性。然而，这些特性可能是人们对于公共服务需求的决定因素，因此可能是内生变量。

采用 BFE 方法时很重要的一个方面是如何决定样本容量。大多数研究在选择样本范围时依据的是所有样本带最近边界的距离，而非样本之间的距离，即大多数样本来自学区边界附近。在大多数研究过程中，最大的边界距离是 2000 英尺，并且其中一些研究对不同边界距离的实证结果进行了对比分析。另外，住房数据都来自边界附近，缺乏学片或学区中心地带的样本。学区边界常常变更、边界附近的居民对学校质量重视程度不如学区中心地区等因素都会使得 BFE 方法存在系统性误差（Cheshire and Sheppard，2004；Hebert and Turnbull，2008）。

少数研究对固定效应法进行了相应改进。在第一种改进方法里，运用虚拟变量衡量学区，而非具体的学校质量测度指标（考试分数）（Leech and Campos，2003；Rehm and Filippova，2008）。如此便无法得知具体学校质量的哪个方面对学校价值产生影响。第二种改进便是充分利用"自然实验"。由于学区划定范围不断变化，某些住房所对口的学校在不断变化，通常可以采用双重差分分析法（DID）进行估计。通过自然实验，比较住房所对口学校变化前后的资本化程度。博加特和克伦威尔（Bogart and Cromwell，2000），里斯和萨默维尔（Ries and Somerville，2010）便利用"自然实验"对 Shaker Heights、Ohio and Vancouver、British Columbia 等进行了研究。一些研究采用了更加传统的固定效应方法进行了不同层次的分析。例如，固定效应法应用于人口普查层面（Clapp et al.，2008）、学区层面（Barrow and Rouse，2004）、学校聚集区层面（Fiva and Kirkeboen，2008），城市层面（Rosenthal，2003）以及国家层面（Dee，2000）。

4. 空间计量

当研究抽样具有地区性因素时，得到的数据具有空间依赖性。空间依赖是指不同区域间的事物和现象在空间上相互制约、相互影响，甚至出现一定程度的联系，导致研究对象的观测值出现区域性聚集。从计量经济学角度看，空间依赖性表现为空间自相关。住房特征的空间相关在住房市场表现为邻里效应：除了周边住房特征外，住房的销售价格和各项特征与邻近区域内其他住房价格和特征之间存在直接相关性（Sedgley et al.，2008）。目前，解决空间相关性的常用模型是使用空间滞后模型和空间误差模型。

近 30 年来，空间计量模型得到了较快发展，使用此方法研究学校资本化的文献也有了一定发展。已有的空间特征价格模型研究中，大部分都聚焦于对比不同空间计量模型和使用最小二乘法估计的经典特征价格模型，比较并解释回归系数之间的差别。经典特征价格模型和空间误差模型在布拉辛顿（1999）的研究中的结果基本一致。对比各地区特征差异的普通模型和空间滞后模型结果，布拉辛顿和豪林（Brasington and Haurin，2006）发现考试成绩在住房价格中的影响力并没有因为模型的变化而有所区别。赛芝里等（Sedgley et al.，2008）发现关键性学校质量指标在空间滞后模型中显著，不过在空间误差模型中不显著。布拉辛顿和豪林（2009），芬格尔顿（Fingleton，2006）的研究却表明使用限制较少的kelejian-prucha 模型（结合空间扩散因变量及空间自回归误差项的模型）和空间杜宾模型得到的结果优于空间滞后和误差模型。这个发现或许意味着学校资本化研究可以考虑向限制较少的空间计量模型的方向发展（Hoang and Yinger，2011）。

在估计方法上，徐和西蒙斯（2009）使用最大似然估计法检测估计量。赛芝里等（2008）选择工具变量的两阶段最小二乘法估计空间滞后项。而在芬格尔顿（2006）的研究中，最大似然估计法和两阶段最小二乘法被结合使用。此外，空间计量模型估计结果对权重矩阵十分敏感，仅有少数研究的模型结果对权重矩阵的变化是稳健的（Brasington and Haurin，2009；Sedgley et al.，2008）。

2.1.4.2　学校质量的不同量度指标研究

已有研究文献表明，学校质量和住房价格正相关，但是，学校质量的哪些量度指标（投入指标或产出指标或综合指标）最适合表达学校质量？哪些指标对住房价格影响最大？不同研究文献涉及不同的学校质量量度如投入指标（如花费在每个学生上的支出）、产出指标（如考试成绩、学区绩效指数等）以及综合指标（如增值量、综合绩效指数等）等，研究结论明显存在不一致。

哈努谢克（Hanushek，1986，1997）发现，学校投入（如生均支出）对学生成绩没有明显影响，因而不适合做学校质量的量度指标，他的研究使得基于产出的量度指标变得普遍，如标准考试成绩等。有关教育生产函数的研究认为成绩的增值量度（作为一段时间上的特殊群体绩效的边际改善）更适合估计学校质量的资本化程度。但是，布拉辛顿（1999），唐斯和扎贝尔（2002）以及布拉辛顿和豪林（2006）等研究发现在资本化模型中，很少有支持增值度量的证据。罗森和富勒顿（Rosen and Fullerton，1977），尤德和瓦茨（Jud and Watts，1981），布拉辛顿（1999），布莱克（1999），罗森塔尔（2003），吉本斯等（2003），达维多夫等（Davidoff et al.，2008）等众多研究发现，学生考试成绩是学校质量较好的量度指标，并被资本化到住房价格中。然而，海斯和泰勒（Hayes and Taylor，1996），克拉普等（Clapp et al.，2008）研究认为学校质量不应由考试成绩表征，前者认为应由传授给学生的知识增加量来衡量，或者说成绩的增量来表征；后者认为学校的种族和民族成分（人口统计属性）影响着房价。布拉辛顿和豪林（2006）进一步研究发现，花费在每个学生上的支出和水平考试成绩都有效地提升了住房价格。克拉克和赫林（Clark and Herrin，2000）研究表明，投入指标和产出指标同样重要，并且房价对投入指标的弹性高于对产出指标弹性。菲利奥和卢卡斯（Figlio and Lucas，2004），赫伯特和特恩布尔（2009），徐和西蒙斯（2009）研究认为，作为学校综合量度的学区等级和绩效指数是最适合的量度指标，并且易于资本化到住房价格中。费瓦和柯克布森（Fiva and Kirkebsen，2008）利用边界固定效应法的研究表明，先前没有发布的有关学校质量的信息会引起房价的显著变化。

2.1.4.3 学校质量在住房价格中的资本化程度研究

达维多夫和利（Davidoff and Leigh，2008）通过对学校量度指标的标准化处理，比较了10个先期研究文献的结果（1个来自澳大利亚，4个来自英国，6个来自美国），见表2-1。

表2-1 学校质量对房价影响估计的研究

国家	研究	影响（%）	样本	学校质量量度
澳大利亚	Davidoff and Leigh（2007）	3.5	澳大利亚首都区域中学	中位年12次测验分数
英国	Cheshire and Sheppard（2002）	2.1	英国雷丁市小学	通过关键2阶段标准评估考试的学生比例（数学、英语和科学考试平均分）
	Cheshire and Sheppard（2002）	0.05	英国雷丁市中学	通过5门或更多中学教育科目的通用证书（c级或更好）的15岁学生比例
	Gibbons and Machin（2003）	3~10	英国小学	关键阶段2标准评估考试中达到目标水平的学生比例（数学、英语和科学考试平均）
	Gibbons and Machin（2006）	4	大伦敦区的小学	关键2阶段标准评估考试中达到目标水平的学生比例（数学、英语和科学考试平均）
	Rosenthal（2003）	2	英国中学	通过5门或更多中学教育科目的通用证书（c级或更好）的15岁学生比例

续表

国家	研究	影响（%）	样本	学校质量量度
美国	Bayer et al （2007）	2.4	加利福尼亚旧金山海湾地区	数学、文学和写作的 4 级、8 级、10 级学生的考试平均分
	Black （1999）	2.5	马萨诸塞州波士顿小学	4 级马萨诸塞州教育评估项目测试中的数学和阅读分数的 3 年平均分
	Downes and Zabel （2002）	14	伊利诺伊州中学	伊利诺伊目标评估项目测试平均的区级/学校 8 级阅读部分
	Kane et al （2006）	10	北卡来罗纳小学	基于数学和阅读表现（3 ~ 5 级），学校固定效应 7 年平均
	Reback （2005）	3.8 ~ 7.7	明尼苏达州的小学、初中和高中	基于 7 个区级水平测试，涵盖 3 ~ 10 级指数
	Weimer and Wolkoff （2001）	1.0 ~ 8.3	纽约门罗县小学	四级英语语言艺术考试

注：学校质量增加 1 个标准偏差对住房价格的影响。
资料来源：笔者整理。

为便于比较，把所有研究结果标准化为一个共同尺度，即学校质量的一个标准偏差增量引起的房价效应百分率，这一简化没有考虑一些研究中识别出的非线性（Cheshire and Sheppard，2004；Bayer et al.，2007），但是便于直接比较。总体上，英国中学的估计值更小些（0.05% ~ 2%），但小学的估计值在 2.1% ~ 10%，中位置为 4%。美国学校的估计在 1% ~ 14%，集中在 5%，澳大利亚学校的估计值为 3.5%。资本化程度的高低反映了各国教育制度的背景。如英国和澳大利亚的入学边界约束性弱于美国，因此，整体上资本化程度较美国偏低。我国城市公办小学实行就近入学（同时考虑户籍和居住年限），与美国、英国和澳大利亚等国公立学校按照居住学区入学较为类似，我国城市小学入学"边界"约束性强于美国，但中学的入学边界约束性弱于美国。基于此，我们可以初步推论，我国小学质量的资本化程度会比美国的高，但是，中学学校质量的资本化程度会低一些，这都需要进一步的研究给予回答。

2.1.5 基于 GIS 的住房价格分析研究

目前地理信息系统（GIS）已经被应用到社会生活的方方面面，它最早由加拿大的汤姆森（Roger·Tomlinson）于 20 世纪 60 年代中期提出，经过 50 多年的发展现今已经相当成熟，被作为很多学科解决空间问题的有效手段，除了资源管理、城市规划等传统领域外，在服务业和商业以及宏观经济管理等许多部门都广泛应用。

2.1.5.1 住房价格空间分布差异研究

国外学者运用 Hedonic 价格模型结合空间区位特征或者运用克里金（Kriging）插值法进行较系统的研究。若热（Jorge，1995）通过研究 Granada 的区位特征价格的趋势，采用残差迭代克里金法对房价特征价格模型进行了估计。勒纳（Roehner，1999）通过分析不同空间位置住房价格变化，进行了住房价格与住房投机的研究。佩斯等（Pace et al.，2000）采用相关的空间和时间变量，建立了满足空间限制要求的住房价格预测模型。由于 GIS 具有强大的空间数据管理及分析能力，常用于住房空间特征的提取及量化，如在后来的许多研究中，丁等（Ding et al.，2000）利用 GIS 技术获取住房的空间特征变量，分析了投资效应对周边房价的影响。奥福德（Orford，2000）将距市中心距离、周边是否有公园等空间特征变量引入 Hedonic 价格模型，探讨住房市场的主要影响因素。布朗等（Brown et al.，2001）在构建住房价格特征模型中，利用 GIS 提取了空间变量，分析空间变量的依赖性或异质性。

2.1.5.2 GIS 在教育资源配置中的应用

可达性理论的研究和 GIS 的产生年代在同一时期，最早是应用在交通领域，后来被用到公共设施的研究当中。1970 年，英国学者莫斯利（Moseley）出版了名为《可达性：乡村的挑战》的研究专著，该书探讨了乡村范围内公共设施的供需问题。1979 年，诺克斯（Knox）利用可达性研究了城市病人对医疗中心的需求情况。

20 世纪末，越来越多的学者开始尝试把 GIS 技术引进教育领域研究中。从"资源配置"的角度上，GIS 可以用来解决城市中各种公用设施的布局、救灾减灾物资的分配等实际问题，其目标是发挥资源的最大效益和保证资源的最合理分配，而基础教育的公平配置问题正是最基本的城市公共服务设施配置问题。GIS 的空间分析功能也可以用于"选址分析"的解决，根据综合某区域的地理环境，考虑地形特征、市场潜力、资源配置、交通条件、环境影响等因素，在区域范围内选择最佳位置。GIS 在教育方面最初的应用方向是中小学学校布局调整和可达性分析，也是迄今为止最成熟的应用领域。泰勒等（Taylor et al.，1999）利用 GIS 对北卡罗来纳州约翰斯顿县的学校和社区进行整体规划，成功缩小了交通的影响力，降低了上学的交通成本，而且解决了学校学区调整的问题。帕森斯等（Parsons et al.，2008）采用 GIS 空间分析技术对学校位置和服务界线进行研究，利用案例分析的方法对学校的生源和学生的择校情况进行了研究。

2.2

国内研究现状

2.2.1　关于公共产品资本化的研究

鉴于国内教育质量资本化研究的文献尚不多见，我们把评述范围拓展至公共产品的价值度量研究。对于公共产品有无资本化进住房价格问题的认识，国内学者在该问题上观点已经达成一致，普遍认为公共产品供给已经资本化进住房价格。胡洪曙（2007）认为政府财政支出资本化到房地产价值的大小，取决于财产税与地方公共支出的转换系数以及地方公共支出的效率系数。张涛等（2007）认为地方政府通过土地供给影响住房供给，通过提供公共设施影响住房需求，当居民对公共设施价值的判断存在异质性时，地方政府有可能利用信念差异投入过多的公共设施，这使得房地产价格可能超过基本价值，出现房价泡沫。上述研究，尽管在研究方法、研究设计、数据来源、模型设定等方面存在种种差异，但研究结论充分表明公共产品资本化理论在中国是存在和适用的，而且公共服务供给水平的确正向影响住房价格。

郑思齐（2013）通过对公共品配置与住房市场互动关系的研究进展进行分析认为，研究公共品的资本化效应关键在于借助微观数据的独特性和中国特有的制度特征选用合适的计量方法以识别资本化的微观机制。郝前进和陈杰（2007）选择上海市106个住宅板块自2004年7月到2006年6月的住宅成交数据，运用特征价格模型，证明以公共交通可达性和轨道交通可达性为代表的生产性公共产品投资的空间差异是住宅价格形成分化的主要原因。周京奎（2008）运用天津市的相关数据，同样研究了公共产品规模对住宅价格的影响效应，认为地铁对住宅价格的影响较为显著，而公共汽车线路对住宅价格的影响不显著，人文和生态环境等公共资本品变量对住宅价格影响较小。

在单个城市面板数据层面上，王轶军等（2007）利用北京市住房市场和土地市场的微观个体交易数据进行的实证研究表明，居民愿意为居住在地铁站、公交车站和公园周边一定范围内（0.8公里）分别支付住宅价格的17.1%、12.4%和6.4%，但是，这种价值并没有被资本化到土地价格中。李祥等（2012）基于南京市江南八区的微观数据，通过特征价格模型分析得出结论认为公共服务对住宅销售价格和租赁价格产生影响，并且认为教育服务所产生的影响与交通条件、生态环境、医疗条件相比是最大的。

在省际面板数据层面上，梁若冰和汤韵（2008）采用我国35个大中城市的动态面板数据建立资本化效应估计模型，认为地方公共服务供给水平与城市住宅价格水平有着显著正相关关系。邵挺和袁志刚（2010）基于Tiebout框架引入住宅用地供应量，进一步研究发现住宅供地面积的增加会显著地降低地方公共品对房价的资本化速度。范允奇和武戈（2013）利用我国省际动态面板数据进行分析，认为我国公共支出对房价和地价都有正向推动效应，对王轶军等的研究结论进行了拓展。

公共产品供给结构以及公共产品的空间配置对住房价格的影响同样亟须国内学者关注。首先，已经有一些学者关注到公共产品供给结构存在失衡问题。平新乔和白洁（2006）基于中国财政支出的现状，认为预算内和外支出结构存在差异，前者主要用于教育类的公共品，满足居民生活需要，后者主要用于满足当地基础设施项目建设，满足企业生产需求。尹恒和朱虹（2011）基于中国县级财政的支出数据进行实证检验，研究结果充分表明中国县级财政偏向生产性支出。其次，一些学者对公共产品供给结构失衡原因给予了解释。傅勇和张晏（2007）认为中国的财政分权以及基于政绩考核下的政府竞争，造成了地方政府支出结构出现明显的偏向，即重基本建设、轻人力资本投资和公共服务供给。刘京焕和王宝顺（2012）对公共支出水平及公共支出间的配置问题进行了研究，认为公共支出具有正向路径依赖特征，同时，不同类型的公共支出间存在显著的"互补"或"替代"动态互动关系。最后，相关学者开始研究公共产品供给结构失衡造成的危害。乔宝云等（2005）则从小学义务教育的角度给予了说明，发现财政分权没有增加小学义务教育的有效供给，财政分权的结果导致地方政府忽视了社会福利供给，根源在于居民投票机制的缺乏，导致政府只是片面追求资本投资和经济增长，而不是增加公共品供给，进而造成财政支出结构出现扭曲，公共服务供给被挤占。而关于公共产品供给结构影响住房市场问题，郑思齐（2013）给出了定性判断，认为城市公共产品供给水平不足和不平衡会影响住房市场的发展质量和城市竞争力，并最终影响居民福利。

2.2.2　关于教育资本化的研究

国内学者研究了公共产品中的公共服务对住房价值的影响，尤其以关注教育供给为主。冯皓和陆铭（2010）利用上海市 52 个区域的房价与学校分布（中小学）的月度面板数据，给出了区间学校（中小学）数量和质量差异引致的空间住房价格差异，量化地分析了城市内部区域间在基础教育资源数量和质量上的差异如何影响住房价格，研究结果表明，我国城市教育资源的资本化现象是确实存在的。在宏观区域层面上，周京奎和吴晓燕（2009）基于省级面板数据分析公共投资对房地产市场的价格溢出效应，其中，度量教育投资的指标是每个省的大学、中学、小学数量和专任教师人数，发现在省级水平上中学数量对各类房产和土地的溢价是显著的。大学数量对商品房、住宅、办公楼的价格影响为正，但是对土地和商业用房的价格影响为负。在微观学区层面上，Zheng and Kahn（2008）在对北京房地产市场微观交易数据的分析中度量了楼盘到优质学校的距离，发现离优质学校更近的住房确实具有更高的价格。温海珍等（2013）通过评估杭州市六个主城区教育设施的资本化效应程度表明，小学和初中存在显著的学区效应，小学质量、初中质量每上升1个等级，将会给其学区内的住宅价格带来2.3%或2.6%的增幅。王振坡等（2014）利用天津市和平区的微观数据对公办小学的资本化效应进行实证研究表明，学校质量每升高1个等级会使住房价格上涨14.7%，并从房地产税制和学校质量指标选取等多个角度分析了城市公办小学资本化的成因。

2. 3

国内外相关研究评述

学校质量在住房价格中的资本化研究，需要基于以下假设：

第一，居民家庭处在不同收入—偏好阶层，假定同一个阶层的家庭对住房、学校质量和其他产品有相同需求。

第二，搬迁家庭可以在不同辖区之间没有成本地搬家，直到相同阶层的家庭获得相同的效用水平，达到没有再搬家激励的均衡。

第三，只有辖区内的居民从提供的学校服务中受益，且在给定辖区内所有居民获得相同服务。

第四，一个城市有很多能提供不同质量学校和有效财产税率的具有固定边界的社区。

第五，所有家庭都是房主。

基于以上假设，相关文献对学校质量价值在住房价格中的资本化进行了持续研究。

2.3.1 国外研究评述

第一，学校质量——这种公共服务产出在这些国家的许多地理区域已被资本化到住房价格中，特别是测试成绩这一产出量度指标。相关研究表明，产出指标的资本化比投入指标的资本化更能获得共识。尽管在 Hedonic 分析方法下采用了不同办法，如固定效应法、辅助变量法、空间计量经济学法等进行测度研究，但共同点是学生测试成绩一个标准偏差的增加可引起住房价格一定程度的提升（一般是 1% ~ 4%）。

第二，对于传统 Hedonic 模型，尽管大部分研究文献采用了"对数—线性"函数形式作为 Hedonic 模型函数形式，但不能为这种选择提供概念上的支持，或没有进行与其他函数形式的拟合优度对比和稳健性检验。

第三，利用 Hedonic 模型研究学校质量在住房价格中资本化，面临的一个重要挑战就是学校质量属性的内生性及其与相关特征属性共线性问题，如果不能很好地控制其他相关邻里特征的影响，对学校价值的估计将会出现偏差。布莱克（1999）边界固定效应法的尝试是最有影响的，但鉴于跨越边界的邻里质量不一致性存在的可能，许多文献利用拓展边界固定效应法（如引入辅助变量、非线性影响等），对学校质量与住房价格关系进行了精细化计量研究，这方面尚需进一步的研究和探讨。

第四，如何在传统 Hedonic 模型中纳入空间影响作用，是当前该研究面临的又一个挑战。尽管布拉辛顿和豪林（2006），徐和西蒙斯（2009）进行初步探索尝试，取得了一些经验，但更进一步的研究值得期待。

2.3.2　国内研究评述

我国的 Hedonic 住房研究始于 20 世纪 90 年代后期，早期的研究仅限于对国外经验的简单介绍，贡献主要在于对 Hedonic 价格模型的引进，直到 2003 年，国内才出现第一篇 Hedonic 住房研究的实证文献。教育资源资本化问题已经引起社会各界和专家学者的重视，但是由于相关数据获取难度较大，以及研究方法相对国外有一定的滞后，只是冯浩和陆铭（2008）实证研究结果表明，我国城市教育资源的资本化和居民通过搬迁、变更居住地来选择教育并影响房价的机制在中国是同样存在的，房价已经部分体现出教育资源质量。该研究为我们从"学区"

层面研究教育质量在住房价格中的资本化问题奠定了坚实基础。经过近半个世纪的发展，Hedonic 理论逐渐完善，但在实证研究中还有大量的问题需要解决。Hedonic 模型研究在我国仍处于初级阶段，许多问题有待于进一步深入研究。

2. 4

总　结

目前，随着我国住房市场的不断发展，已基本满足基本研究前提假设。随着相关数据可得性增强，相关理论、方法及技术也日益与国际接轨。尤其是近年来，不断提高的计算机技术和迅速普及的 GIS 技术，大量基础地理信息数据的可得性和可用性大大加强，使得住房空间特征属性的量化空间表达力大大提高，这些都有力地促进着测度基础教育资源在住房价格中的资本化研究。

鉴于国内外研究的现状：第一，不同研究文献得出的易于资本化的学校质量量度指标存在明显差异，已有文献偏重单一指标的研究，量度指标（体系）构建尚需进一步研究；第二，模型的设定、估计及检验期待新的突破，如何更好地把学校质量量度指标同其他邻里特征属性分离（共线性问题）、如何更好解决包括学校质量在内的特征属性的内生性问题、如何更好解决学校质量与住房价格之间的非线性、如何纳入空间异质性（不同学区住房市场存在空间差异性或不连续性或跨越空间的变化）和空间依赖性（邻近住房价格的自相关性）等，这些问题都需要通过拓展出新的模型设定、估计及检验方法来解决。第三，国内外研究均发现房地产税与房价呈负相关，且税收资本化效应与公共品资本化效应的相互作用共同影响房价。那么，对房地产税收资本化与学校质量资本化的互动关系进行实证分析，对更加有效地衡量城市学校质量资本化程度非常重要，这需要进一步研究。因此，探索出适用于我国城市基础教育资源价值度量的 Hedonic 模型及估计方法，从而为我国城市基础教育资源的有效均衡配置提供理论和实践指导。

第 3 章

住房市场基础理论

    中华人民共和国成立初期至 1992 年为我国计划经济时期，城市居民的住房作为一种配给品而非商品，不具有任何市场价值。我国当前处于经济转型期，市场机制不仅在工商品生产中发挥作用，在城市土地和住房分配中也开始发挥重要作用。1998 年 7 月 3 日，国家发布《国务院关于进一步深化城镇住房制度改革加快住房制度建设的通知》，以"取消福利分房，实现居民住宅货币化、私有化"为核心，使得在新中国延续了近半个世纪的福利分房制度终结，"市场化"成为住房建设的主题词。随着市场化经济改革的推进，我国住房市场逐渐开放，中国城市居民得以在各自的储蓄、单位住房补贴以及住房公积金的基础上自行进行住房消费，我国居民对住房的需求日趋增长，房地产业得以飞速发展，成为国民经济增长的新动力，并成为中国新型城市化的主要推动力。政府一直致力于从住房总量、结构、价格和市场秩序四个方面对住房市场进行调控，以推进房地产市场持续繁荣、健康稳定地发展。2003 年，在《国务院关于促进房地产市场持续健康发展的通知》中更进一步提出了住房市场的调控目标是"努力实现房地产住房市场总量基本平衡，结构基本合理，价格基本稳定"，并采取了土地、金融、行政和税收等各种可能的干预手段来实现目标，住房市场引发了社会各界热议。本章主要介绍了住房市场和住房需求与供给的概念，从基础理论、需求结构和福利评估、住房特征属性体系及函数构建四个方面介绍了 Hedonic 分析方法，主要集中在理论基础及其分析工具方面。

3.1

住房市场概述

就目前社会福利水平和宏观经济活动水平而言，住房和居住区建设是眼下最重要的问题。在众多经济制度不同的国家，住房通常代表着大多数人所拥有价值最高的资产，并且在家庭总财富中占据了非常大的份额。本节通过介绍住房基本特征和住房市场的基本特点，实现对住房市场的全面了解并总结了我国住房市场的发展历程。

3.1.1 房地产与住房

一般认为，房地产指的是地产和房产的总称，其内涵有狭义和广义之分。狭义的房地产指的是房屋和房屋所占用的土地，即只有土地和房屋结合在一起时，才能称为房地产，未建有房屋的土地，只能叫地产，不能称为房地产。广义的房地产既包括地产又包括房产，但并不是说，只有房产和地产合为一体时，才能称为房地产，单纯的土地也可以被称为房地产，地产是房地产的另一种存在形态。

通常情况下，房地产是一种重要的资源和实物资产，它是一个可供人们利用的空间；从生活与生产的角度来看，房地产是一种生活必需品和一种生产要素；对国民财富积累和市场交易而言，房地产既是一项财产又是一组权力束。从经济学概念的角度来理解，房地产可以概括为土地及土地上永久性建筑物及其衍生的权利。这一经济学概括，一是强调地和房在物态上的不可分性；二是突出房地产的经济物品特性；三是注重房地产所具有的产权性质。

房地产按地上物的类型和用途来划分，可以分为住房和非住房房地产两种形式（如图3-1所示）。住房是指供家庭或个人较长时期居住使用的房地产，包括普通住房、高档公寓、别墅、集体宿舍等（郑思齐，2006）。住房不仅仅指建筑物结构，也包括居住点的土地和上面的服务设施（水、电、垃圾回收等），以及它提供的通往外部服务（教育、医疗等）、就业和其他城市便利设施的途径（王振坡，2008）。

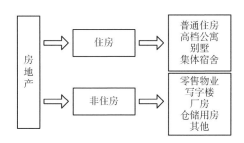

图 3 - 1　房地产分类体系

资料来源：笔者自绘。

无论是数量还是价值量上，住房都占其中的绝大部分。在美国等一些国家中，独立式住房是住房（特别是自有住房）的主要形式，但目前我国城市中的居住模式以多层或高层住宅楼为主，每栋楼由几十户甚至上百户人家组成，各户拥有独立的产权，这种形式在其他国家通常被称为"共管式自有住房"。

3.1.2　住房基本特征

3.1.2.1　住房资产特性

住房虽然具有消费品的某些特征，但本质上还是属于资产范畴。住房的资产特性主要体现在：

（1）住房作为超耐用品，价值相对较大，一次性购入所需要的资金量大，是家庭和个人的重要资产；住房的使用年限相对较长，可达 50～70 年，从物理属性来看，住房是不断折旧贬值的，每年消耗住房的实质是房屋资产的折旧、用于维修或更新住宅的成本。

（2）住宅是投资的重要载体和表现形式。房地产保值增值是商品特性之一，以我国当前的房地产市场情况看，住宅是良好的投资载体（陈伯庚，2006）。不管是出于何种主观动机和目的购买商品住宅，都会形成个人和家庭的资产，都有可能带来预期收益，其客观属性具有投资价值。

（3）住宅产权是资产的权属证明。商品住宅买卖是产权权属的转移，必须办理产权转移手续，以确保资产所有者的权益。可以初步判断，住房既是消费品，又是投资品，更是重要的资产（尹志东，2007）。

3.1.2.2　住房价格特性

住房同时具有消费品、投资品和重要资产的属性，由于其价值构成的复杂性，以及住房本身的异质性，其价格也显示出一定的特殊性。主要表现在：

（1）住宅资产价格具有上升趋势。土地购置成本作为商品住宅价格的一部分，由于近年来土地一级市场的发展，土地价格日益高企，必然引发商品住宅价格也跟着出现上涨的现象，住宅资产价格的升值实质上是土地价格增值所带来的必然规律。

（2）住宅资产价格的形成受供求关系的影响较为显著。在住房市场中，商品住宅供不应求时，住房价格可能大幅上涨，最后导致其价格可能大大超过其价值；而供过于求时，其价格可能明显跌落，造成房价大幅波动（胡磊，2008）。根源在于商品住宅需求作为一种资产性需求，购房者比较关注住宅的保值增值功能，但如果投资性需求过度参与，将对房价产生深刻影响。

（3）住宅资产价格受购房者心理预期的影响比较大。购买商品住宅是一种投资置业行为，购房者不仅关心住房的使用功能，更为关心的是住宅资产价值的增值潜力，所以其十分关注房价的走势和增值预期。

（4）住宅资产价格的地区差异极大。由于房地产的不可移动性，决定了房地产投资的收益和风险不仅受到地区社会经济发展水平和发展状况的束缚，还会受到其所处区位及周边市场环境的影响，这种影响表现为不同区域或城市住宅价格差异较大。就算是同一城市的住宅，也会由于区位、人口集中度、交通便捷度、基础设施完善程度及生态环境状况等条件的不同，引起房屋价值和使用价值的重大差异，从而造成不同地段的商品住宅价格差异显著。

3.1.2.3　住房异质性和特点

城市住房首先是一种代表性的异质商品，其特有的属性可以从区位、结构或邻里等方面进行区分。但是，住房与其他异质商品又有许多不同之处，住房的异质性和特点主要体现在以下几个方面：

第一，住房的异质性。因为每一住房都具有不同的特征或能够提供不同的服务，住房具有异质性。住房有两种特征：居住特征和位置特征。若仅考虑住房的居住特征本身的话，住房的差别则在于面积（生活空间）、结构（住房内空间的安排）、实用系统、内部设计和结构的完整性等方面。

第二，住房的固定性。由于住房是固定的，住房的位置成为其重要特征。人们购买住房的同时也选择了居住的区位。区位的第一个特征是可达性，即不同地点对工作、购物和娱乐的可达性的差异。第二个特征是对地方公共服务的拥有情况：不同的地方政府征取不同的税收并提供不同的公共服务（教育、消防和警力）。第三个特征是环境质量：不同地点的空气质量和噪声水平（来自汽车、卡车、飞机）不同。第四个特征是邻里的外部状况（临近住房的外部特征）。

第三，住房的耐用性。住房与大多数商品相比更为耐用，如果建筑体保护良好，可以持续100年以上的时间。在美国，房屋的平均寿命是40～50年，在欧洲则寿命更长。住房的耐用性从三个方面对住房市场起作用：①房主可以通过修缮或者维护来减缓住房的损坏速度。②每年市场上有大量的旧房供给，10年间，新住房的供应为总住房存量的20%～30%，所以，70%～80%的居民居住在10年以上的住房内。③住房供给的相对弹性较低：所以价格的变动对供应量的影响较小（高淑萍，2005）。

第四，住房的外部性。住房所提供服务的质量不仅取决于住房的内在特征，还取决于邻里特征。如果一户居民通过对住房的维修和对外观的修缮改善了住房的外部景观，则会对邻里产生积极的影响，邻近地区变得更适合居住，周围住房的价值得到提升，这就是住房的外部性：住房外观的积极改变会对周围的住房产生效益的外溢（提高了市场价值）。

3.1.3　住房市场的基本特点

住房市场的特点与住房特点密切相关，住房市场上的价格构成、交易手段以及供求平衡的实现条件比一般市场要复杂得多。西方学者研究表明，住房市场有以下几个方面的特征：

第一，住房市场的地域性。由住房的不可移动性可以看出住房市场的供求关系具有显著的地域特征：即使在同一个国家中，各地区经济发展、城镇化水平的差异也会使得基本建筑标准及其住房价格有着很大的差别。住房市场在本质上是与空间有关的，如果所有（或大部分）有关地方适宜性问题都得到了解释，那么位置特性就会显得不那么重要了。这样，某一位置区别于其他位置的唯一因素就是运输成本了。

第二，住房市场的层次性。一般来说，市场的层次是企业根据消费者的性别、年龄以及收入层次等消费属性自行确定的，分层的目的是为了生产出满足不同消费群体或市场层次需求的产品，纯粹是企业的自身行为。然而，住房市场除了这种按消费属性的分层外，还有一种特定的市场层次，重点针对政府住房政策规定的、低收入住房消费者，住房在这一层次中主要表现为保障性质。不同层次对应的市场价格具有明显的差异性，并且各国由于住房政策的干预和调节的范围和方法不同，市场层次的运行方式和范围也会各不相同。

第三，住房市场包括搜寻过程。消费者在购房之前，面对市场信息的不对称，需要搜寻一系列不同结构的房屋信息以后才能进入报价过程，而收集包含在特定结构中特征要素的成本是很大的。消费者购房的节点是继续搜寻所获得的预期效用的增加值小于搜寻成本。从这个意义上讲，住房市场类似于劳动力市场等其他"匹配"型市场。

第四，住房市场同时包含了新建房屋和现存房屋。住房市场和其他异质商品市场之间最大的不同点可能在于现存（以前生产的）商品销售的重要性上。对几乎所有的住房市场而言，新建住房在住房销售中所占的份额都相对较小，消费者可以在新建房屋和现存房屋中任意选择，以达到效用最大化。

3.1.4 我国住房市场的发展历程

改革开放以来，我国经过多年的发展，城市住宅市场已经初步形成了一个较完善的综合性市场，其中涵盖了土地出租转让、房地产开发经营与交易、房地产金融和物业管理等一系列经济活动。回顾我国城市住房市场的发展历程,住房市场从无到有、从小到大、从无序到规范的发展,取得的成果有目共睹。

第一阶段:起步发展阶段(1979～1993年)

20年前,我国城市土地开始实行无期限无偿的划拨使用制度,住房建设只是基本建设的一个组成部分。改革开放以来,尤其是在1980年4月,邓小平同志发表关于住房制度改革的谈话,首次提出了个人可以建房,新旧公有住房均可以向职工出售的观点。在党的正确引导下,20世纪80年代中后期,我国的住宅产业开始朝市场化方向前进。全国房地产开发企业也开始迅猛发展,从1981年的12家发展到1990年的7000家,于1997年达到21286家。此时,住房商品化政策已经开始推行。1990年5月,国务院颁布了《城镇国有土地使用权出让和转让暂行条例》和《外商投资开发经营成片土地暂行管理办法》,房地产市场投资环境进一步得到改善。1992年春天,邓小平在南方谈话中提出社会主义市场经济理论后,住宅产业在市场经济环境下得以迅速发展,成为国民经济的重要组成部分。

第二阶段:调整阶段(1993年下半年～1997年)

从1993年下半年开始,中央试图采取宏观调控政策来应对房地产市场过热现象,房地产业盲目膨胀的现象得到有效抑制,混乱无序的状况得到扭转。但是,1993年大量的投资带来了1994年或1995年的集中供应,供给大于需求,商品房由热销变成滞销,商品住房空置率节节上升。调整阶段时期,房地产投资中住房占据了绝对主导地位,我国房地产投资结构发生了重大变化。

第三阶段:规范发展、稳步增长阶段(1998年下半年～2003年)

1998年,中央政府为促进住宅产业的健康快速发展,出台两项重大政策:一是取消住房实物福利分配,实行住房货币化、商品化;二是全面加快经济适用住房建设,国家在土地、信贷、财税、价格、房改等方面给予若干优惠政策。取消福利分房这一政策对我国住房产业发生极其深远的影响。商品化的住房改革刺激了消费者需求,对住房需求趋于理性,买方市场得以平稳持续发展(邵智贤,2005)。在国家大力扶持的背景下,我国住房产业面临一个新的发展机遇,商品住房的销售面积及个人购买商品住房的比重都大幅度上升,它预示着我国住房将会健康、规范地向前发展,为将来更加美好的前景营造了巨大发展空间。

第四阶段：宏观调控、可持续发展阶段（2003 年至今）

2003 年，我国开始实行土地招拍挂制度，住房用地的有偿使用极大地推动了住宅市场的发展。在房地产开发高额利润的驱动之下，我国各行各业纷纷进军住宅产业，开发企业骤增至 28600 余家。然而，管理及规划经验的匮乏，致使城市用地市场混乱无序，出现了十分严重的多头批地、越权批地的现象，我国土地资源大量流失。房地产业忽视经济规律、盲目追求发展速度，逐渐出现与国民经济和社会发展不适应的现象。我国一些地区存在着住房供求的结构性矛盾突出，房地产价格和投资过快增长，房地产市场服务体系尚不健全，房地产开发和交易行为不够规范等问题，针对当时我国房地产市场发展的不平衡，中央加强了对房地产业的宏观调控，发布了《国务院关于促进房地产市场持续健康发展的通知》（国发【2003】18 号）。为促进房地产业的可持续发展，国家相继出台了相关的土地政策（2004 年 8 月 31 日）、金融政策（121 号文件）、利息上调（2004 年 12 月）、住房抵押贷款的利息和首付款的上涨（2005 年 3 月 17 日）。不同城市采取不同优惠政策来去除置商品房的库存，使得全国住房空置率有所下降，房地产业得以在政府的宏观调控下持续稳定发展。

3.2

住房需求与供给

住房作为国家福利事业和经济发展中的一个重要组成部分，了解住房的需求与供给尤为重要。本节先介绍了消费理论基础，有利于理解住房需求；然后从住房需求（供给）弹性分析、有效需求（供给）、影响需求（供给）的因素和需求（供给）结构四个方面介绍住房需求（供给）并阐述住房供需均衡理论。

3.2.1 消费理论基础

3.2.1.1 消费经济学理论

消费经济学的产生和发展，与消费在社会经济中所起的作用以及人们对消费的认识密不可分。消费经济学的研究对象分为宏观消费问题和微观消费问题，二者之间的关系十分复杂，微观消费研究是宏观消费研究的基础，宏观消费研究是微观消费研究的目的。宏观消费经济学考察的是全社会的消费活动、总消费支出的变化、社会消费结构和消费方式的变化及其对经济的影响；其主要研究方法为实证分析，解释了宏观消费现象，为政府制定政策提供了重要依据。微观消费经济学研究消费者行为，从消费者角度来研究消费者的资源分配，侧重于对消费者收入分配决策有关行为的研究，包括消费者的消费行为、储蓄行为、劳动供给行为等。研究方法多采用规范分析，用经济模型以及相关假定来分析消费者的行为。

1. 古典经济学消费理论

最早对消费问题进行理论分析的是配第（Petty，1662），他主张要节制不必要的消费，以保证资本的积累和财富的增值。配第认为赋税是节制不必要消费的一个有力手段，应当对不利于生产的消费支出进行征税，并对过剩产品加征赋税，以节制过多的消费。法国重农学派的创始人魁奈（Quesnay，1769）则主张减少奢侈品的生产和消费，增加必需品的供应。斯密（Smith，1776）和李嘉图（Ricardo，1776）认同这一观点，指出消费特别是奢侈性消费是非生产性的，不利于国民财富的增加，因此需要通过赋税加以节制。斯密认为一切收入和一切可交换价值的三个根本源泉是工资、利润和地租；而工资、利润和地租分别是工人阶级、资产阶级和地主阶级这三个阶级的收入。同时，他还提出了通过"看不见的手"来推动个体利益和社会福利的共同增长，进而实现社会整体福利水平提高的思想。配第的观点对于如今的住房消费仍然具有借鉴意义。他提出的级差地租概念，对住房价格和房屋销售价格相互关系的分析仍然有效。土地价格是未来地租的贴现，房屋销售的垄断利润来自土地的垄断性，因此，住房市场的垄断利润应当归政府所有。

关于不利于生产的奢侈性消费，各国政府至今仍采用征税的办法，而我国消费税的立项和征收也成为国内热议问题之一。高档住房的过度开发和供应，造成了房地产市场的供求结构失衡，从而导致房价过度上涨。调控和节制住房市场的过度消费是目前政府用以调控房地产的重要手段之一。

由于住房市场的不完全竞争性，市场调控可能存在失灵，对于中低收入群体的住房需求，可以通过社会保障的政策手段，满足其居住需求，增进社会福利是很有必要的。因此，政府通过调控来促进社会福利水平提高对于当下的住房市场仍具有参考意义。

2. 新古典经济学消费理论

需求是人的主观欲望所决定的，在此观点上，阿尔弗雷德·马歇尔（Alfred Marshall）形成了自己的一套需求理论，主要包括效用递减理论、需求规律、需求的价格弹性、消费习惯的作用和消费者剩余等，构成了西方经济学的重要基础。他表明社会消费水平会随着技术水平的进步而提高，并且预见到人们对闲暇的重视会影响消费格局。凯恩斯（Keynes，1936）通过研究消费在社会经济运行过程中所起到的重要作用，最早建立起了消费函数。他认为资本主义经济危机的根源在于有效需求不足，而有效需求不足则来源于"消费倾向递减""资本边际效率递减""流动偏好"三大心理规律；政府应当通过财政政策和货币政策来刺激需求，从而缓解经济危机和失业，进而促进社会稳定。凯恩斯提出了边际效应递减规律，并对资本主义的长期趋势进行了分析。凯恩斯（1936）关于有效需求的论述，至今仍被住房需求研究所使用。居民的住房有效需求是推动住房市场发展的内在动力。

住房经济学的理论框架形成于新古典经济学时期，经济学理论为其提供了重要的分析工具。一些住房需求分析的理论基础，例如需求的价格弹性、消费习惯、消费者剩余等概念沿用至今。随着经济的发展，马歇尔提出的闲暇对消费的影响，至今对住房需求的研究具有重大意义。近年来，居民的闲暇消费日益增加，"郊区化"居住以及"旅游地产"和"休闲地产"等概念开始出现，都与居民的闲暇消费密切相关。

3. 消费理论的新发展

近代关于消费理论的研究中出现了一些新的研究动向，即消费者行为研究。学者将经济学、社会学和心理学三门学科联系起来共同研究消费者的购买行为，同时把消费者的概念从单个扩展到家庭来研究跨时期消费者的资源分配问题，用经济学的方法来研究家庭的消费决策。

佛里德曼（Friedman，1956）提出的现代货币数量论，给房地产市场的研究提供了新的研究视角和方法，他认为人们的货币需求是稳定的，名义国民收入变动的根本原因在于货币供应量的变化，强调了消费者的自由选择和生产者的自由竞争，强烈反对国家干预。近年来，部分学者沿着这个视角，研究发现货币供应量是引起资产价格波动的动机，直接影响房地产价格波动。

将储蓄与个人生命周期紧密地联系在一起，莫迪利亚尼（Mordiglianl，1954）和布伦伯格（Brumberg，1954）共同创立了储蓄生命周期假说，该假说以个人（或家庭）的消费行为研究为基础，分析了决定和影响储蓄行为中的各种因素。他认为如果消费者在老年时期没有收入，那么，其生命余年的平滑消费就必须依赖工作时期的储蓄来实现。一个典型的理性消费者追求的是其生命周期内一生效用的最大化，而其预算约束是生命周期内的收入与消费支出的持平。储蓄生命周期假说对于目前中国居民的消费与储蓄特征，给出了较好的解释。但由于经济转轨导致的不确定性的增加，居民储蓄倾向增加，进而导致需求收入弹性不足，社会有效需求不足。

4. 马克思主义经济学消费理论

马克思把经济看作是由生产、分配、交换和消费四个要素构成的有机统一体，首先是生产，然后是分配，再经过交换，最后进入消费。他在古典经济学消费思想的基础上，科学地论述了在社会的再生产过程中消费所处的地位及其与生产之间的关系。他认为生产首先决定消费，生产为消费者创造作为外在对象的材料；生产为消费提供对象；生产的发展速度决定消费的提高速度；生产决定着消费的方式和结构；生产创造着人们对物质产品的需求。同时，马克思指出消费对生产有着积极的反作用，生产归根结底要以消费为最终归宿，消费作为生产的目的和归宿，关系到社会产品的最终实现。

马克思对于消费问题上的看法，对于我国当前的房地产市场有很大的借鉴价值。在我国住房福利分配制度下，住房配置问题跟住房需求问题无法得到很好的协调，是导致目前住房平均面积虽然较大，但是住房需求仍然很大的重要原因。与此同时，政府和企业由于无法进行有效的沟通，没能深入了解住房居民真实的居住需求，因而会引发住房政策效果无法实现预想的情况，同时，企业没能达到利润最大化的要求，造成社会资源的浪费。

3.2.1.2　消费者行为理论

消费经济学的研究内容是与消费有直接关系的人类经济活动。消费经济学中的消费者行为理论，重在研究消费者在各项消费支出和投资支出之间如何分配的问题，为住房需求研究提供了最直接的理论基础。而对于住房需求的研究是促进住房市场健康稳定发展的关键所在，因此对消费行为的研究十分必要。消费者行为数量的研究包括消费总量研究和消费结构研究。凯恩斯创立的消费函数，显示出了消费与收入的函数关系，是有关消费总量研究中一个极其重要的方法。

1. 消费函数的研究

凯恩斯认为短期内除收入外其他因素不会影响到消费，且人们在消费上面的支出会随着消费的增长而逐渐增长，但是，消费支出却在收入中所占的比例逐渐降低，即"绝对收入假说"。库兹涅茨（Kuznets）在1869～1938年对美国的国民收入和消费统计数据做了严密的分析，得出了在长期消费函数中，消费在收入中占有固定的比例，平均的消费倾向是非递减的而且非常稳定。正是由于分歧的存在，经济学家们才能够提出各种新的消费函数理论。

斯密西斯（A. Smithies）通过研究提出了绝对收入理论，他认为短期消费函数的边际效用是递减的，但是在长期消费函数中，却存在着除收入以外其他影响消费的因素，会使消费函数随着时间的流动而渐渐上移。而且从长期看，消费与收入存在比例关系。杜森贝里（Duessenberry）分析了美国1935～1936年的居民消费截面数据，提出了相对收入假说。在对大量截面数据分析时发现大量家庭消费支出超过当年收入，并指出消费函数会随着经济周期的变化而相应地发生变化，从短期看，消费与收入受经济周期波动影响，两者不再是稳定的比例关系，但从长期看，因为消费受到了示范效应和棘轮效应的影响，收入和消费保持着相对稳定的关系。费里德曼研究得出了持久收入消费函数，并指出持久收入、暂时收入和相应的消费为持久消费、暂时消费，发现持久收入和持久消费之间的长期稳定关系不受任何绝对经济变量的影响；暂时收入和暂时消费对这种稳定关系有一定影响，且短期程度较大，长期则会正负抵消。莫迪里安尼（1985）是生命周期消费函数理论的代表人物，该理论以边际效用理论和消费者效用最大化为基础，指出若社会的人口总数和收入总数是一定的，那么，社会中个人的净储蓄总额将会是零；退休者的负储蓄刚好和工作者的储蓄相抵消，而为未来退休做准备成为工作者进行储蓄的唯一目的。随着人口和人均收入的不断增长，储蓄在总收入中的比例会随着人口增长率或人均收入增长率的提高而增大，且个人净储蓄总为正值。

1978 年，霍尔（Hall）采用随机方法修正持久收入和生命周期假定，提出了理性预期假说，即认为消费的变动是无法预见的，且消费与滞后的收入变量无关。后期并无较好的实证对该理论进行验证，但是将预期因素引入消费研究范畴，并提出了将预期因素加入计算模型的新方法。格兰杰（Granger，1983）将协整理论引入消费研究，指出收入—消费这两个经济变量虽然在长期上具有稳定的关系，但它们自身却是非平稳的。误差修正模型将短期波动以一阶差分的形式出现，故是平稳的，长期波动不仅是平稳的，并作为解释变量出现，确立了收入消费的长期趋势对短期变化所产生的影响，在解释收入消费长短期关系方面，发展了消费函数理论。由于其较强的仿真能力，目前应用较为广泛。预防性储蓄理论是生命周期持久收入模型的一个补充，由利兰德（Leland）于 1968 年提出，重点指出储蓄是为了在生命周期内配置其资源，同时也是为了防范不确定性事件，并指出了未来收入不确定性的增加，将使消费者减少消费，增加储蓄。

2. 消费结构研究

消费结构指总消费中各类消费支出的比重。消费结构的数量研究方法有恩格尔系数、线性支出系统模型和扩展的线性支出系统模型。

（1）恩格尔定律。德国统计学家恩格尔（Engel，1857）研究发现食品消费的支出会随着家庭收入水平的上升而降低，并将此规律命名为恩格尔定律。把食品的消费支出在全部生活消费支出中的占比定义为恩格尔系数。在此基础上，萨缪尔森修改了恩格尔系数，表示为食品支出占全部支出（消费支出和储蓄之和）的比例。应强调的是，恩格尔系数的应用要考虑城市化、食品种类等因素的影响。

（2）线性支出系统模型。斯通（Stone，1954）认为在一定的价格和总消费水平下，消费者首先购买各种商品、劳务的基本需求量，在消费总支出中扣除基本需求量后的剩余部分在各种商品和劳务之间按比例分配。扩展的线性支出系统模型，考虑了储蓄因素，认为在一定的收入水平和价格水平下，消费者首先满足基本消费需求，剩余的收入按比例在各种商品、劳务和储蓄间分配。

（3）截面时序模型。马蒂尔斯（Matyas，1992）指出用时间序列和截面数据结合的截面时序模型来分析潜变量对消费结构的影响，从而有效识别不可测因素的作用，增加了观测样本，并降低了估计误差。

3.2.2　住房需求

3.2.2.1　住房需求弹性分析

需求弹性是对需求进行分析时应考虑的重要方面。弹性概念最早由剑桥学派创始人马歇尔提出。后来，萨缪尔森为了实际经济分析的需要，把弹性定义为一个变量（表示结果的变量）的比例变化相对于另一个变量（表示原因的变量）比例变化的比率。对需求弹性的定义国内研究人员基本上都是基于萨缪尔森的说法，即把需求弹性表述为商品需求量对自身价格变动所做出的反应强弱时，称为需求的价格弹性。说明当需求量对消费者个人可支配收入变动所做出反应的强弱时，称为需求的收入弹性（刘振聚，2007）。所以，需求弹性是一个用来表示当影响需求的诸多因素发生变化后，需求量作出不同反应程度的概念。而根据住房需求的影响因素，一般把住房需求弹性分为：住房需求的价格弹性，住房需求的收入弹性，需求的住房信贷弹性以及住房需求与 GDP 之间的弹性关系。

（1）住房需求的价格弹性。它是指一定时期内，住房商品价格变动的比率所引起的其需求量变动的比率，或者说，住房需求量变动对价格变动的反应程度。用公式表示为：

$$E_p = (\Delta Q/Q)/(\Delta P/P) \tag{3-1}$$

其中，E_p 为住房商品需求价格弹性的弹性系数；P 为住房商品价格；ΔP 为住房商品的价格变动量；Q 为住房商品需求量；ΔQ 为住房商品需求的变动量。

一般来说，若 $0 < E_p < 1$ 时，称这种商品需求缺乏弹性；若 $E_p > 1$ 时，称这种商品需求富有弹性。那么，住房需求的价格弹性属于哪一种呢？一般而言，住房被当作生活必需品时其需求弹性小。根据国外已有的经验，如果房价收入比在一倍之间时，那么，需求价格就是缺乏弹性的。但住房也是一种耐用品，并且具有一定的容纳弹性，如果住房的价格持续走高，那么，居民将会在一定程度上紧缩人均居住面积而减少正常需求量。近年来我国住房价格的持续上涨，引发了住房需求量的大量减少，使得住房空置率过高。

（2）住房需求的收入弹性。它是指收入变动的比率所引起的需求量变动的比率，或者说，住房需求量变动对收入变动的反应程度。用公式表示为：

$$E_y = (\Delta Q/Q)/(\Delta Y/Y) \tag{3-2}$$

其中，E_y 为住房商品需求收入弹性的弹性系数；Y 为消费者的可支配收入；ΔY 为消费者可支配收入的变动量；Q 为住房商品的需求量；ΔQ 为住房商品的需求变动量。

从一般意义上讲，一个国家或地区，不同的经济发展水平和阶段，其住房需求收入弹性是不同的，这主要受居民消费结构变化的影响（孟凡丽，2009）。在发达国家，人们认为住房需求收入弹性是缺乏弹性的。而目前我国正处在经济稳步增长期，随着住房制度改革的深化和居民收入水平的提高，城镇居民正在把消费热点移向住房。可以说，在我国现阶段，住房需求是富有弹性的，这是收入增加和消费结构共同作用的结果。另外，不同档次的住房商品，其需求收入弹性是不同的。普通商品住房面向广大工薪阶层，其需求收入弹性较大；而高档公寓、别墅等面向高收入阶层，其需求收入弹性较小。

（3）需求的住房消费贷款弹性。随着城镇家庭住房消费观念的转变，贷款购房已经成为城镇家庭住房消费中的热点问题。

（4）住房投资需求与 GDP 之间的弹性关系。房地产业的发展与国民经济发展具有较强的互动作用。通过住房投资需求与 CDP 之间的弹性关系可更好地观察房地产业在国民经济中的地位和作用。

3.2.2.2 住房市场有效需求和潜在需求

从两方面理解住房市场的有效需求：第一，从微观经济学的角度来看，住房市场的有效需求是指消费者在某一特定时期内，在某一价格水平上愿意而且能够购买的商品量，即有支付能力的需求。第二，从宏观经济学角度看，住房市场的有效需求是商品的总供给与总需求达到均衡状态时的总需求。培育住房市场的有效需求，需要重视以下三个环节：

（1）深化住房制度改革，引导消费者"愿意"购买商品住房。

（2）根源在于经济的发展，才能够降低房价，加强房地产金融市场的培育，提高消费者对商品住房的购买能力。

（3）重视住房市场总供给与总需求的动态平衡，促进有效需求的形成。

住房除了有效需求外，还有潜在需求，它表现为居民和投资者对住房商品的消费欲望在住房市场不仅有有效需求而且还存在潜在需求，表现为住房商品在居民和投资者上的消费欲望。潜在需求量指的是按目前社会一般生活水平和投资水平计算的住房商品应有的需求量，换言之，是指过去和现在尚未转变为实际的住房购买力的支付能力，在未来可能转变为住房购买力的需求（郭晓宇，2008）。潜在需求是一定时期内该地区住房需求的最大可能值，也称住房边界需求。从生活消费的角度分析，住房的潜在需求主要来自以下几个方面。

（1）因住房自然更新形成的需求。

（2）因城市化水平的提高形成的需求。

（3）因家庭规模趋小化形成的需求。

（4）因人口自然增长形成的需求。

（5）因人口机械增长形成的需求。城镇人口的机械增长主要源于两个方面：一是城镇间的人口流动；二是农村剩余劳动人口流入城镇。

（6）因生活水平提高形成需求。

上述各项需求之和被称为城镇住房的潜在需求总量，即年住房潜在需求量＝自然更新需求＋城镇人口自然增长需求＋城镇人口机械增长需求＋城市化新增人口需求＋生活改善需求，其中，生活改善需求包括因家庭规模趋小形成的需求和因生活水平提高形成的需求。据测算，其中，生活改善需求不仅占有相当比重，而且具有较大的需求弹性。潜在需求是否可以转化为有效需求，以什么样的形式实现，既取决于居民的消费偏好和支付能力，也取决于政策对其的影响。

在经济学视角下，住房有效需求和潜在需求具有很大的差别，住房的潜在需求通常要大于或高于有效需求。前者具有主动性和可实现性，通过市场以等价交换的方式实现，而后者则相对具有被动性，通常需要借助外在非经济方式得到满足，有时甚至永远无法实现。潜在需求量仅能衡量市场的潜力，国家每年的建房计划不能以此为依据，需要考虑有效需求量。

3.2.2.3　影响住房需求的因素

（1）商品房价格。在一个比较完善的住房市场中，住房价格不仅与成本价格有关，还受到供求关系的影响。住房自身的价格与住房的需求量是相互影响的，一般情况下，在成熟的住房市场中，住房消费需求相对于自身价格而言也具有极大化的优良性态，其价格的自替代效应为负数，换言之，住房消费的需求曲线是向右下方倾斜的。

（2）城镇家庭收入水平。随着城镇化水平的提高，城镇家庭的收入也逐渐增多。城镇居民的住房消费理念发生了巨大变化，住房需求日益增多，由原来的等待福利分房逐渐转变为主动购房。近年来，住房自身的属性及高涨的房价使住房成为一种优质的投资品，对于面临财产风险较大的家庭，为了避免通货膨胀风险和金融风险对家庭财富带来的不利影响，城镇家庭随着收入的提高一般趋向于增加住房的投资需求。

（3）个人住房消费贷款额度。银行对个人住房消费的贷款额度作为一个外在影响因素，在影响住房需求的因素中越来越重要（王文斌，2010）。随着家庭住房分配制度的改革，城镇家庭主动购房的动机加强了，支付能力就变得至关重要。一般来说，商业银行个人住房消费贷款额度的增加会促进住房的需求量。

（4）市区人口数量。住房需求量的强弱通常是由人口数量的多寡来决定的。需求量会随着人口数量的增加而增加。此外，家庭日趋小型化，从以前的户均5~6人变为2~3人，使得派生的住房需求会随着有需求的相对人口的增加而上升。

（5）住房供给量。供给函数和需求函数共同决定现实的需求量。住房竣工面积这一指标可以描述供给方面。市场的供应量会随着住房需求量的增加而增加。需求量的增加是在其他因素不变的情况下，而且是在较低的价位水平上。

（6）二手房市场发育程度。房地产市场的平稳发展受到房地产一级市场和二级市场的相互影响作用，它是建立健康而层次分明的房地产市场的基础之一。房价受到房地产一级市场的影响；带动二级市场以后，出售方会重新进入一级市场，一手房市场将会进一步繁荣，形成购房消费的良性循环，进一步活跃市场从而拉动需求（见图 3 - 2）。

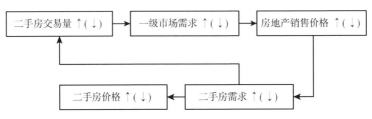

图 3 - 2　与房地产价格联动关系

资料来源：笔者自绘。

3. 2. 2. 4　住房需求结构分析

从新古典经济学理论分析来说，在局部均衡分析中，个体层面的需求分析是相对成熟的。但是，由于住房属性的复杂性与独特性，住房需求成为经济学方面具有相对独立性的一个重要领域。研究者通过对现有文献的梳理，依据住房独特性质的研究可大致分为三类：住房耐用性的服务视角，异质性的住房特征（类别）视角，空间固定性的住房选择视角。

1. 住房耐用性的服务视角

住房作为具有许多特殊性的研究对象，为了便于采用一般商品的分析工具来研究住房市场，穆特（Muth，1960）假设住房向消费者提供不能直接观察的、同质的、可自由分割的"住房服务"，并采用"单位时间内单位住房存量提供的服务数量"的度量方法。进一步地，穆特认为住房的市场总价与其所包含的住房服务是成比例的，也就是说，越是价格高的住房能够提供的住房服务就越多。显然，在穆特的假设下住房服务和住房存量是可以互换的，对住房存量的需求和对住房服务的需求是相同的。经过这样的简化，则可以将住房当作一般商品进行分析。在家庭效用函数中包含住房服务（或存量）项，在预算约束中包含相应的支出项。通过效用最大化原则，求得住房服务（或存量）的需求函数，进而分析住房服务（或存量）需求的收入和价格弹性。住房服务（存量）需求函数的一般形式可以表示为：

$$H^{\phi} = f(Y, P, \xi) \tag{3-3}$$

其中，H^{ϕ} 是期望住房存量（即市场均衡时的住房存量需求量），Y 是收入，P 是单位住房存量价格，ξ 是误差项，代表没有观察到的影响因素。由于期望住房存量（即均衡需求量）无法直接观测，所以在实证研究中，通常假设通过实际住房存量可以使期望住房存量按照固定比例逐渐调整而达到。

随着研究的深入，人们很快意识到住房存量与住房服务是有区别的。住房服务属于消费品的一种，是由住房存量、采光、取暖、家具和交通便利等生产出来的。然而，住房存量却是一种资本品，是由住房服务衍生出来的，是由劳动力、土地和建筑材料生产出来的。作为资本品，住房存量的需求主要受投资收益率的影响。而作为消费品的住房服务，其需求主要受到住房服务的价格、收入等因素的影响（郝前进，2007）。

根据最终用户的不同，可以将住房存量市场分为自住市场和租赁市场两类。同样，也可以将住房服务市场分为自用市场和租用（即向房东购买住房服务）市场两大类。容易看出，自用者（即存量市场上的自住者）同时参与了两个市场，其住房决策具有消费和投资的双重性质；而租用者只参与了住房服务的消费市场。

由于自用者和租用者住房服务决策在性质上有差异，占用模式和数量需求的相互作用在分析住房服务需求时需要重点考虑。根据玛格路赫（Megllughe，1991）等的总结，住房服务需求数量与占用模式的联合模型可以表示为：

$$I = I(x) + u \tag{3-4}$$

$$Q_0 = q_0(Z_0) + u_0 \tag{3-5}$$

$$Q_r = q_r(Z_r) + u_r \tag{3-6}$$

其中，第一个方程是占用模式选择方程，描述了家庭选择自用相对于租用的可能性，I 为该可能性指标，x 是自变量。自用者和租用者的住房服务需求数量 Q_0，Q_r 分别是自变量 Z_0，Z_r 的函数，u 是误差项。

一般来说，研究者在占用模式选择和需求函数中用同样的自变量，即：

$$X = Z_0 = Z_r \qquad (3-7)$$

上述模型可以利用极大似然法直接估计，但是这种方法成本可能很高，而且可能得不到结果。因此，绝大部分研究者采用李和特罗斯特（Lee and Trost，1978）介绍的一个两阶段模型。

第一阶段用 Probit 估计占用模式选择方程。然后，Probit 函数的值用于每个家庭 j（或 I_j）的计算。这样得到了 $F(I_j)$，即家庭 j 选择自用而非租用的概率，其中 F 是累积正态分布。然后通常会计算两个变量：

$$L_0 = f(I_j)/F(I_j) \qquad (3-8)$$

$$L_r = -f(I_j)/F(-I_j) \qquad (3-9)$$

其中，f 是标准正态分布。

第二阶段分别估计自用者的住房服务需求函数和租用者的住房服务需求函数：

$$Q_0 = q_0(Z_0, L_0) + u_0 \qquad (3-10)$$

$$Q_r = q_r(Z_r, L_r) + u_r \qquad (3-11)$$

上述方程中包含的工具变量 L_0 和 L_r，校正了占用模式选择和数量方程的误差项之间可能存在的相关关系。

2. 异质性的住房特征视角

在进行住房选择时，除了墙壁、门窗、地板以外，通常还会考虑给排水、取暖、燃气等设备，甚至还包括周围的商店、邮局、医院、学校等公共设施。所以，应该将住房看作不同组合所提供的一系列特征服务。大部分研究者认为其所包含的特征是商品需求的根源。这种需求理论认为，家庭把所购买的商品中的要素视为一种投入，且把它们转化为效用，所购买商品中包含的特征要素的数量对效用的大小起决定性的作用。罗森（1974）从市场均衡的角度构建产品特征需求模型以后，这种分析方法的理论基础才得以完善。

对一般商品需求分析的基本思路与对住房特征需求进行分析的思路相同。首先，假设家庭消费一系列住房特征 z，复合商品 c，那么，家庭从消费中得到的效用则可以表示为：

$$u = v(z, c, T) \qquad (3-12)$$

其中，T 表示家庭偏好参数。其次，假设家庭的预算约束为：

$$y = c + p(z) \qquad (3-13)$$

其中，y 表示收入，p(z)表示住房特征的价格函数。最后，根据效用最大化的决策原则，可以求出住房特征的需求函数。

研究者除对单个特征的需求进行分析以外，还可以根据研究的目的，按具体特征将住房进行分类，通过分类强调了住房的异质性，而且为了便于分析对住房整体的需求，在分类变量以外对其余特征做同质化处理。该方法的难点在于需要特殊的理论和技术工具，因为对住房的描述是离散的。

斯温尼（Sweeney）在 1974 年提出了将住房市场概念化的新方法，并提供了明确描述住房存量质量组成变化的经济变量；而且将质量变量划分为有限的、离散的类别，从而其模型可以用于分析家庭住房需求。艾丽华（Ariva，1981）进一步完善了该理论。

基于上述研究，后续学者利用有限的维度将住房需求划分为简单的类别需求。常用的维度指标有住房大小、占用模式和结构类型。住房大小可能采用房间数目或建筑面积衡量，简单地分为大和小两类；占用模式通常包括租用和自用；结构类型一般分为单户住房和多户住房两种。利用这三个维度可以把住房需求分为八种类别，比如大的自用的单户住房，或者小的租用的多户住房。然后，研究者构建需求函数：

$$Q = q(p, y, T) \qquad (3-14)$$

其中，p 表示价格，y 表示收入，T 表示家庭偏好参数，通常包括户主年龄和家庭规模等。该需求函数的特殊之处在于因变量是离散的，因此需要采用特殊的计量方法进行估计。

苏潘（Supan）是最早采用类别对住房需求进行衡量的学者之一，也是研究成果比较多的学者。在与海斯和赛康（Heiss and Seko）合作研究的关于德国和日本住房需求的文章中，研究者利用这三个维度，即占用模式、住房大小和结构类型，将德国和日本的住房需求分为八个类别。其中，自变量除了价格、收入、户主年龄、家庭规模以及后二者的平方项（为了减少共线性）外，研究者还加入了线形时间趋势变量。与前期研究相比，研究者采用了更为先进的估计技术——混合多项 Logit 模型。研究者认为，该项技术能够更好地处理变量误差，更好地拟合数据，从而减少估计的系统误差。主要的结论是，该技术降低价格和收入的效用非常显著（分离出了更多的未解释效用），但是，收入效用仍然显著：永久收入每增加 10%，自用率增加 2%，而对住房的需求则增加 1.5%。

此需求函数最大的优势在于能够提供备选项之间的交叉弹性，从而有助于分析政策对住房市场的影响。比如蒂瓦里等（Tiwari et al.，2004）发现在东京市场上，小的、租用的单户住房价格增加 1%，其需求会减少 4.36%，同时小的、自用的单户住房需求会减少 1.35%；而大的、自用的单户住房和多户住房的需求分别增加 1.23% 和 0.02%。明确了各种住房之间的交叉价格弹性，就可以为政府提供有针对性的建议来引导住房消费。

3. 空间固定性的住房选择视角

住房与任何一种其他商品或服务一样，最优消费不会一成不变。由于住房的空间固定性，改变住房消费通常意味着迁居。因此，同一般商品相比，住房消费的改变往往伴随着更高的交易成本。所以在现实生活中，当收入、住房价格、家庭人口规模等因素变化带来理论最优住房消费变化后，家庭通常不会立即改变住房消费，而是会权衡住房消费改变带来的效用增加与交易成本的大小。从这个角度切入可以分为基本两阶段模型和多阶段模型。

基本两阶段模型即假设单个家庭的计划期为两个阶段。在每一个阶段，家庭决定住房消费和复合商品消费。在第一个阶段期末，家庭会决定是否迁居。如果迁居则会带来交易成本。那么，如果 h_1、h_2 分别表示两个阶段的住房服务消费量，c_1、c_2 分别表示两个阶段的复合商品消费量，家庭效用函数可以表示为：

$$u = v(h_1, c_1, h_2, c_2) \qquad (3-15)$$

为了简化分析，研究者通常假设两个阶段效用函数形式相同，根据时间偏好进行调整后直接可加，即：

$$u = v_1(h_1, c_1) + D^{-1}v_2(h_2, c_2) \qquad (3-16)$$

其中，$D = 1 + \xi$，ξ 是时间偏好利率。

假设家庭计划期末不留下资产，并且第一阶段存在储蓄，那么，不迁居的家庭预算约束为：

$$y_1 = p_1h_1 + c_1 + s \qquad (3-17)$$

$$y_2 + s(1+r) = p_2h_2 + c_2 \qquad (3-18)$$

其中，r 表示利率，s 表示第一阶段的储蓄，复合商品 c 的价格标准化为常量 1。则计划期内家庭效用最大化问题可以表示为：

$$u_{max} = v_1(h_1, c_1) + D^{-1}v_2(h_2, c_2) + \lambda_1[y_1 - p_1h_1 - c_1 - s] \qquad (3-19)$$
$$+ \lambda_2[y_2 - p_2h_2 - c_2 + (1+r)s]$$

对式（3-19）中的 h_1，h_2，c_1，c_2 和 s 分别求导，经过整理，可以得到最优解的一阶条件：

$$(1+r)(MRS_1 - p_1) = -(MRS_2 - p_2) \qquad (3-20)$$

其中，$MRS = \dfrac{\partial v / \partial h}{\partial v / \partial c}$ 是住房服务和复合商品的边际替代率。

上述表明，计划期内为了实现效用最大化的目标，不迁居的家庭需要平衡两个阶段的住房服务消费，而不是根据单阶段效用最大化来选择住房服务消费（单阶段效用最大化一阶条件：$MRS_{-p} = 0$）。这样，家庭便要承受不迁居所带来的效用损失。如果家庭在第一阶段末就决定迁居，而迁居会带来交易成本，交易成本的存在会减少第二阶段的可支配收入，进而造成效用损失。理性家庭的选择原则会是权衡两者的大小，选择损失较小的方案。

对基本两阶段模型进行扩展，容易扩展为多阶段模型。假设家庭计划期可以分为 T 个等长的阶段，家庭在每个阶段末决定是否迁居，那么，整个计划期家庭的效用函数和预算约束①可以表示为：

$$y_t \geqslant p_t h_t + c_t + \mu_t \qquad (3-21)$$

其中，$\mu_t = 0$ 或 m_t，m_t 是迁居的交易成本。

家庭通过选择迁居次数、居留期内住房服务消费与复合商品消费，来实现整个计划期内效用的最大化。

对上述模型的求解非常复杂，因为家庭可能选择的迁居路径数量是非常庞大的。为了给出相对一般性的结果，以往的研究通常指定具体的迁居路径，以展示家庭如何实现多阶段效用最大化：如古德曼（Goodman，1995）假设每个阶段末家庭都选择了迁居，而诺尔德维克（Nordvik，2001）则指定家庭只在第一阶段末迁居一次。尽管指定的迁居路径会有所不同，但研究者的基本结论是一致的，他们都认为多阶段效用最大化的基本原则与两阶段相同，其一阶条件可以表示为：

$$\sum_{t=1}^{T} D^{1-t}(MRS_t - p_t) = 0 \qquad (3-22)$$

基本两阶段模型和多阶段模型都属于确定性模型，其基本思想是构造多阶段最优化的分析框架。建立住房需求迁居模型需要四个重要前提：第一，家庭计划期的划分是固定的，并且通常将计划期划分为几个等长的阶段。第二，迁居的交易成本是外生的，即交易成本的大小与住房服务的价格、复合商品的价格、住房使用模式以及家庭特征等因素无关。第三，资本市场是完善的，即家庭能够以市场利率自由地融通资金，不存在流动性限制。第四，家庭可以准确地预期迁居成本以及价格、利率、家庭财富、家庭结构和规模等的变动，也就是说，不存在不确定性。

3.2.3　住房供给

从微观经济角度看，住房市场供给指的是生产者在某一特定时期内，在每一

---

① 效用函数为 $u = \sum_{e=1}^{T} D^{1-t} v_t(h_t, c_t)$。

价格水平上愿意并且能够租售的住房商品量。从宏观经济角度看，住房市场供给就是住房总供给，是指在某一时期内全社会住房供给的总量，包括实物总量和价值总量。住房市场的供给包括存量供给和增量供给两部分。存量住房是指某一时间点可供入住的住房数量的总和，而增量住房则是指某一段时间内年新竣工住房的数量和。因为当期增量住房必将转为下期存量，存量住房也会由于自然损耗、城市再开发等原因而减少，所以住房的存量和增量之间应该保持一个相对合理的比例关系。

3.2.3.1　住房市场供给弹性分析

经济学中，通常讲的是供给弹性即指供给的价格弹性。因此，住房市场供给弹性是指住房价格变动的比率所引起的其供给量变动的比率，其弹性系数等于供给量变动的百分比与价格变动的百分比之比。用公式表示为：

$$E_P = (\Delta Q/Q)/(\Delta P/P) \qquad (3-23)$$

其中，E_P 为住房商品供给价格弹性的弹性系数；P 为住房价格；ΔP 为住房商品的价格变动量；Q 为住房商品供给量；ΔQ 为住房商品供给的变动量。

由于住房供给量具有明显的阶段性，因此，在不同的时期分析中，其供给弹性是有区别的。

（1）短期内住房供给缺乏弹性。短期供给曲线其实是一条直线，其供给量不会随价格的变化而变化，这主要决定于住房的生产周期。由于住房的生产周期长，短期内其生产要素和产品不可能发生变化，因而住房供给缺乏弹性。如图 3-3 所示。

OP 表示价格，OQ 表示供给量，S 线表示住房供给曲线。其中，当价格低于某一特定水平时供给消失，因此 S 线与 OQ 线没有相交。无论价格从 P_0 变化到 P_1 和 P_2，供给量总是 Q_0。

（2）长期内住房供给是有弹性的。其供给曲线一般是平缓上升且具有正斜率的曲线，如图 3-4 所示，这主要取决于住房商品供给的长期成本。一般认为，住房商品供给的长期成本是不断上升的。

OP 表示价格，OQ 表示供给量，S 线表示住房供给曲线。其中，当价格从 P_0

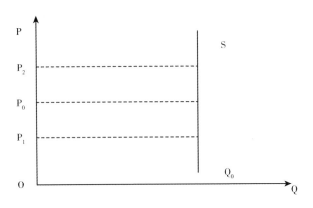

图 3 - 3　短期住房供给曲线

降到 P_1 时，供给量随着价格的降低就减少到 Q_1，减少量 Q_1Q_0；当价格从 Q_0 升到 Q_1 时，供给量随着价格的升高就增加到 Q_2，增加量 Q_2Q_0，所以供给是随价格的变化而变化的。

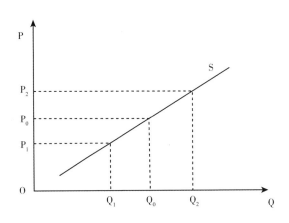

图 3 - 4　短期住房供给曲线

3.2.3.2　住房市场有效供给

　　住房市场的有效供给是与有效需求相对应的一个重要概念。理解有效供给应把握两个要点。第一，从微观经济角度看，是指住房现实供给层次中符合消费者需求的、正在或即将实现交换的那一部分供给量。住房现实供给不等于有效供给。第二，从宏观经济角度看，有效供给是指住房商品的总供给与总需求达到均衡状态时的总供给。因此，有效供给就是适应需求的供给，它不仅要求供给总量的有效，而且要求供给结构的有效。研究住房市场的有效供给，应注意以下几个环节：

（1）在供给的实物形态上，努力提高供给结构和需求结构的吻合程度。不同的消费者由于他们的家庭收入、文化素养、对住房所需的功能等不同，因此，对住房的价格、面积、房型、位置等要求也不同。这就要求房地产开发企业仔细深入地研究社会复杂的需求结构，在此基础上开发出适应不同需求的住房产品，以提高供给与需求的吻合程度。

（2）在供给的价值形态上，努力提高供给价格与需求支付能力的吻合程度。据世界银行的考察结论，房价收入比保持在 3～6，居民才有购房支付能力，此时的价格也就是有效供给价格。

（3）在住房供给总量上，努力提高总供给与总需求的吻合程度。整个社会对住房的需求是不断增长的，因此，住房总供给与总需求的平衡是个动态过程（高兴海，2006）。在这一过程中，必须努力提高总供给和总需求的吻合程度，避免供大于求或供过于求的局面持续存在。

3.2.3.3　影响住房供给的因素分析

影响和决定住房市场供给的因素是多方面的，主要有以下因素：

（1）住房市场价格。在成本既定的情况下，住房价格的高低将决定住房开发企业有否盈利和盈利多少，当价格高于一定水平时，才会产生住房供给，即在其他条件不变的情况下，供给量随着价格的上升而增加。

（2）土地价格和城市土地数量。土地价格是住房成本的重要组成部分，土地价格的提高对房地产开发商来说意味着成本的上升。城市住房的供给能力，在很大程度上取决于能够供给城市使用的、用于建造住房的土地数量。

（3）金融及税收政策。

（4）建筑材料供应能力和建筑能力。

3.2.3.4　住房供给结构分析

实际上，住房最重要的属性是，在特定时间内，新的住房供给在总住房供给中所占比例较小；住房总供给不仅靠新的住房调整，也靠现有存量的改进和变更用途以及现有存量的降价而得到调整。同样，新的住房供给是由土地和建筑物所构成，这意味着对住房供给的分析一定要联系到土地市场的运作和建筑业组织。由于技术和数据方面的原因，与需求模型相比，供给模型相对较少可能就不足为奇了。

因为住房市场的供给包括已有的住房和新住房两个部分，所以先考察住房市场的存量和流量模型。存量—流量法假定，任一时期的住房价格仅仅取决于模型中其他变量的当期值，而住房的存量则依赖于这些变量的历史值。为使这一模型尽可能地简单，假定业主自用型住房单元的当前需求 D_t 与当前家庭数 H_t 以及某一表达式成正比，该表达式是拥有住房的年成本 U_t 的负相关线性函数。其中，参数 α_0 可看作年成本为零时拥有住房的家庭比例，而参数 α_1 则是这一比例对持有成本的变动的反映。则：

$$D_t = H_t(\alpha_0 - \alpha_1 U_t) \qquad (3-24)$$

拥有住房的年成本依赖于目前的价格水平 P_t、目前的税后抵押贷款利率 r_0 和住房价格在未来的预期增长率 I_t。对于 I_t，时间下标代表对未来价格增长率的判断或者估计所形成的时期。

$$U_t = P_t(r_0 - I_t) \qquad (3-25)$$

存量—流量模型假定当期的住房价格会进行调整，使得式（3-24）中的需求等于住房单元的现有存量：

$$D_t = S_t \qquad (3-26)$$

将式（3-24）、式（3-25）代入式（3-26）中求解，得到当期住房的价格如下：

$$P_t = \frac{\alpha_0 - S_t/H_t}{\alpha_1(r_t - I_t)} \qquad (3-27)$$

存量—流量法假定式（3-26）适用于每一个时期。因此，在所有其他条件相同的情况下，如果当前的存量与家庭数的比值较小，抵押贷款利率减小或者对未来价格上涨的预期更加乐观，当前的住房价格水平就会有所提高。

住房是耐用品，将两期之间住房存量的变化（$S_t - S_{t-1}$）与上期开始的建设量 G_{t-1} 减去一小部分由于废弃或者拆除而损失的前一期存量 δS_{t-1} 的差这两者联系起来的动态关系为：

$$S_t - S_{t-1} = G_{t-1} - \delta S_{t-1} \qquad (3-28)$$

式（3-28）表明，只要建设量超过拆除量，存量就会增长；反之，存量则会下降。当建设量刚好等于重置需求量时 $C_t = \delta S_t$，存量将不会变化，此时 $S_t - S_{t-1} = 0$，这种情况称为存量处于稳定状态。

住房存量主要取决于四个因素，即房价、折旧、废弃以及房屋用途，具有经济分析意义的因素是房价，当房价过低时，就会有部分存量住房退出市场，转为自用或空置，这在住房租赁市场上表现得尤为明显。

住房市场的增量供应，取决于两个决策行为：

（1）投资决策。主要影响因素是投资回报率，只有在投资回报率不小于相应的市场利率时，投资才是可行的，即：

$$r \geqslant i \qquad (3-29)$$

而投资回报率又是预期利润与住房建设成本之比，因此，式（3-29）可改写为：

$$\frac{V}{C} - 1 \geqslant i \qquad (3-30)$$

其中，V 表示预期房价，C 表示住房建设成本（包括资金占用的时间成本）。从中可以看出，预期房价、市场利率和各项投入的要素价格（如土地价格）都会影响增量住房供应。

（2）生产决策。增量供应还涉及生产决策，即通过投入要素的不同组合来生产既定数量的住房。这可以用生产函数来表示：

$$\theta_{z_i} = \frac{\partial \theta}{\partial Z_1} = \frac{\partial P}{\partial Z_1} = P_{z_i} \qquad (3-31)$$

3.2.4　住房供需均衡理论

住房市场中，供给与需求双方是动态变化的，因此，供需双方的非均衡态是绝对的、常见的，而均衡态是相对的、有条件的，要使非均衡态转化为均衡态必须具备一定的条件。对于住房市场来说，供给与需求的均衡态是一种经济状态，是指住房商品的供给价格与需求价格且供给数量与需求数量相一致时达到的状态。而住房商品的供给价格与需求价格、供给数量与需求数量之间，有一对或者两对不一致的状态，我们称为供给与需求的非均衡态。根据我国房地产市场发展的历史经验，非均衡态表现为总量性供不应求、总量性供过于求、结构性供求失衡三种状态。

（1）总量性供不应求状态。这是计划经济体制下，实行福利分房、低租金制情况下必然形成的住房供求格局。

（2）总量性供过于求状态。这种状态通常出现在市场经济体制下，微观经济层次盲目扩大投资，宏观经济层次缺乏有力调节的时间和空间。

（3）结构性供求失衡的状态。包括结构性供不应求和供过于求两种情况，通常所指的主要是结构性供过于求。结构性供过于求一般是由于供给方经营决策失误而造成的。例如，有些城市住房开发中，高档别墅太多，而普通住房太少等。在这种状态下，虽然总量上没有产生供过于求，但是，由于供求结构失衡，仍然有一部分供给表现为"积压"。

供给与需求均衡的几个主要条件：

（1）加快住房制度改革，尽快使住房运行纳入市场经济的轨道。

（2）完善住房市场体系，为供求均衡创造更多、更方便的市场条件。

（3）培育市场有效需求，注重供给与需求的总量均衡。

（4）以需定产，以需促供，注重供给与需求的结构吻合。

3.3

Hedonic 分析方法

Hedonic 分析将房地产商品的价格分解，以显现出其各项特征的隐含价格，在保持房地产特征不变的情况下，将房地产价格变动中的特征因素分解，从价格的总变动中逐项剔除特征变动的影响，剩下的便是纯粹由供求关系引起的价格变动。本节从 Hedonic 分析的理论基础入手，并梳理了住房特征属性体系；基于构建的 Hedonic 价格函数，分析住房的需求结构和对其进行福利评估。

3.3.1　理论基础

3.3.1.1　隐性市场

隐性市场，主要是指同时进行交易的不同属性商品的生产、交换和消费过程；显性市场，具有显性价格并可以观察到交易过程，是针对商品本身而言的。不过这种显性市场也被认为是针对不同商品束的几个隐性市场所组成的（鲍忠和，2006）。特别是当商品不同质时，它们随自身所包含不同要素的数量变动而变动。

至少存在着两种对隐性市场的理解，这两种看法主要在各自的着重点和定位方面存在一些差异。对第一种观点而言，我们可以认为对所有商品的需求（即使对那些同质商品的需求也是如此）不是源于商品本身，而是源于这些商品所体现的特征要素。家庭购买这些商品，就是把它们视为一种投入，并且把它们转化成为某种效用，效用的大小将取决于所购商品包含的特征要素的数量。这种方法是从兰开斯特（1966）的研究工作开始的，一般将重点放在家庭产品以及家庭对特征要素（有时无法观察到）需求的特性方面。

另一种观点强调一些商品之间是有联系的，并认为商品是在单一"市场"上进行交易，但这些商品是异质的，如汽车、劳动力和房子等。这种市场是由商品质量或商品所含特征要素质量所决定的一系列价格来表述，因此不能用通常的经济模型来分析这类市场。Hedonic 分析方法认为这些商品虽然不同质，但是由同质部分加总（或多或少）而成（李峰，2010）。尽管总的商品束没有共同的价格，但各属性却有统一的价格（或至少有共同的价格结构）。Hedonic 分析方法为确定各属性的价格结构（建立 Hedonic 价格函数）提供了一套方法。利用这些价格可以进行需求分析，从而估测出把属性视为商品时的需求体系。这种方法隐含了一种假设，即各种不同的商品束可以在市场上得到。这样，消费者就能够选择他们所偏好的任何一种属性集合，而不只受到其收入和所选定商品价格的约束。

3.3.1.2 Hedonic 隐含价格函数

如同罗森（1974）最初指出的，行为过程被视为 Hedonic 价格均衡的基础。紧随泰勒（2003）的研究，我们初始假设市场完全竞争，市场中有足够多的买家和卖家，并且对于住房的信息是完备的。用 Z 表示住房一系列特征属性，$z = z_1, z_2, \cdots, z_n$。该竞争均衡确定了与之对应的均衡价格集合 $P(z)$，并且其中每一个消费者和开发商的行为都是外生给定的。

假设消费者的效用由两种多维度的商品 Z 和 X 共同决定。具有特征的消费者 j 可用以下公式描述其效用：

$$U^j(X, z_1, z_2, \cdots, z_n; a^j) \qquad (3-32)$$

假设消费者 j 只购买一所住房，其预算约束可以表示为 $y^j = X + P(z)$。消费者 j 通过选择，满足式（3.2）所表述边际条件的 Z 和 X，以实现效用最大化：

$$\partial P / \partial Z = (\partial U / \partial Z_i) / (\partial U / \partial X) \qquad (3-33)$$

公式（3-33）表明消费者可以选择任何 Z_i 和 X 使得所有特征 Z_i 和多维度商品 X 的边际替代率等于 Z_i 市场上可以用 Z_i 替换 X 的比例。

消费者决策的另一种表述是描述消费者购房的最优支付意愿问题。支付意愿函数和参数 θ 描述了在效用水平和收入水平不变的情况下，由于住房 Z 的特征发生变化，消费者 j 对住房 Z 的支付意愿。公式（3-32）可以用收入减去住房 Z 的市场价格等于花费在商品 X 的价钱来正式定义支付意愿函数。因此，公式（3-34）说明了在效用和收入水平不变的情况下，消费者最优支付意愿是随着住房 Z 的变化而变化的。把 θ 作为因变量，并对等式（3-34）进行求解，得到 $\theta^j = \theta(z, y_0, U_0^j, a^j)$。式中 y_0 表示外生的收入，U_0^j 表示固定效用水平。等式（3-34）的全部变量应当满足 θ_{z_i} 函数中 $z_i \theta_{z_i}$ 的边际支付意愿和 Z_i 与 X 之间的边际替代率相等。结合公式（3-33），表明实现效用最大化的条件是任何住房特征的边际支付意愿等于其边际价格，即满足公式（3-35）。

$$U^j(y_0 - \theta, Z, a^j) = U_0 \qquad (3-34)$$

$$\theta_{Z_i} = \frac{\partial \theta}{\partial Z_1} = \frac{\partial P}{\partial Z_1} = P_{Z_i} \tag{3-35}$$

Hedonic 价格模型在众多环境问题中的应用主要集中于对 P(z) 的估计，从而根据公式（3-35）可以得到对环境属性的边际支付意愿。大多数应用于住房市场的特征价格模型假定住房供给是固定的，但是，罗森认为在完全竞争的分析框架下针对供给量的建模求解是完全可行的。带有特征属性 δ^k 的企业可通过公式（3-36）追求利润最大化：

$$\pi = H \times P(\underline{Z}) - C(H, \underline{Z}, \delta^k) \tag{3-36}$$

其中，H 是公司开发的 Z 类型住房供给数量，$C(H, \underline{Z}, \delta^k)$ 表示的是正常生产成本函数。前文中，假定企业面临的是一个外生给定的价格函数 P(z)。因此，即使企业不能影响 P(z)，企业也可以通过选择将要生产的 Z 的属性约束影响其价格①。我们假设企业选择生产一种类型 Z^k，并且决定其供给量，可以通过公式（3-37）所示边际条件达到利润最大化：

$$\frac{\partial P(\underline{Z})}{\partial Z_i} = \frac{\partial C(H, \underline{Z}, \delta^k)}{\partial Z_i} \frac{1}{H} \tag{3-37}$$

式（3-37）表明公司对于 Z_i 的最优供给决策必须满足每一单位住房边际收益等于边际成本的条件。另外，企业追求住房总供给的利润最大化，需满足住房总价 P(Z) 必须等于生产一单位住房的边际成本 $\frac{\partial C(H, \underline{Z}, \delta^k)}{\partial H}$ 的条件。与消费决策问题相似，我们可以定义企业报价函数。该函数描述了在保持住房总量和利润水平不变的情况下，企业愿意接受的生产任何特定住房类型 Z 的报价，即 $\Phi^k = \Phi(\underline{Z}; H, \pi_0, \delta^k)$。将 P(Z) 替代报价函数，对其进行求解，结果说明每一特征属性的边际报价必须等于该特征的边际成本，即：

$$\varphi_{Z_i} = \frac{\partial \varphi}{\partial Z_i} = \frac{\partial C}{H \partial Z_i} \tag{3-38}$$

结合公式（3-37）和公式（3-38），说明在最优条件下，每一特征属性的

---

① 如果我们假设成本函数与产品类型相分离，那么这个假设很容易解释，因为该公司可以生产多种产品。

边际成本等于该特征属性的边际价格。

图 3 - 5 中描绘的是特征价格模型、消费者的支付意愿、生产报价三者之间的关系。图 3 - 5 中，$P(\underline{Z})$ 表示的是非线性函数。然而，由于 $P(\underline{Z})$ 是一个包络函数，其可取任意的形式。图中描述了两个消费者 θ^1 和 θ^2 的支付意愿函数。支付意愿函数图形是凹向横轴的，并且离横轴越近，函数效用水平越高。与此相反，企业的报价函数 ϕ^1 和 ϕ^2 是凸向横轴的，并且离横轴越远，企业利润水平越高。

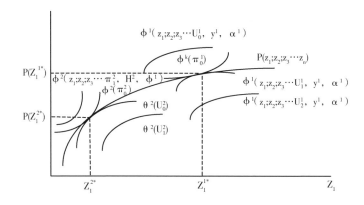

图 3 - 5 Hedonic 均衡

资料来源：泰勒（2003）。

如图 3 - 5 所示，消费者和企业发现 Z 的最优消费条件为：企业的边际报价和消费者的边际支付意愿等于 Z 的边际价格。图 3 - 5 还说明了 Hednoic 价格模型 $P(Z)$ 的包络性。更为重要的是，在用相对较少的数据（产品特征属性和价格信息）解释这些条件的同时，可以获得消费者对于这些特征属性的边际评价。

这为解释住房（或其他异质商品）价格和住房所拥有的特征要素之间的关系提供了理论基础。它描述了市场参与者的行为，并提供了均衡实现的条件。在这一条件下，市场参与者的行为共同决定 Hedonic 价格关系。而且，它强调了观察这种关系的潜在好处。按所要求的条件进行实际估测时，将会遇到很多困难。除了这些困难以外，还存在研究者们提及的一些问题，这些问题为将来的研究提供了方向。

目前最大的问题就是，如何把住房市场与其他异质商品市场进行区分。住房市场与其他市场也具有一些共同的特征，但无论如何也不能把这些共同的特征纳入住房市场 Hedonic 模型的标准公式中来。住房市场有以下几个方面的特征：

（1）住房市场包括搜寻过程，收集有关包含在特定结构中的特征要素方面的信息需要很大成本，因此，Hedonic 价格函数的确切特性常具有不确定性。在搜寻了一系列不同结构的房屋以后才进入报价过程（可能继续搜寻样品房屋）。直到继续搜寻所获得的预期效用的增加值小于搜寻成本时，消费者才购买房屋。从这个意义上讲，住房市场类似于其他"匹配"型的市场，如劳动力市场。

（2）住房市场本质上是有关空间的，住房包括不同的土地数量以及特定的位置。许多经验性研究不把位置作为房屋的一个特征要素来看待，更不用说利用这一特征的特殊性质了。如果所有（或大部分）有关地方适直性问题都得到了解释，那么位置特性就更重要了。某一位置区别于其他位置的唯一因素就是运输成本了，从这个意义上讲，可达性好的位置，其竞租曲线由运输成本函数来决定。

（3）住房市场同时包含新建房屋和现存房屋，住房市场和其他异质商品市场之间最大的不同点可能在于现存（以前生产的）商品销售的重要性上。几乎对所有的住房市场而言，新建住房在住房销售中所占的份额都相对较小，消费者可以在新建房屋和现存房屋中任意选择，以达到效用最大化。

3.3.2　住房特征属性体系

3.3.2.1　建筑特征

不难理解，住房的建筑特征往往对住房价格有着非常大的影响。鲍尔（Ball，1973）指出，住房价格与建筑特征给人带来的满意程度是正相关的。另一些研究表明，消费者对于住房建筑特征的偏好呈现出一定的动态性（王振坡等，2014）。科尔哈泽（Kohlhase，1991）通过研究发现建筑特征对住房价格的影响随着时间的推移而变化，不同地点的变化程度也是不同的。

3.3.2.2　邻里环境

温海珍（2004）把邻里特征总结为三条：分别是社会经济变量、地方政府或市政公共服务及其外部性。本研究认为地方政府与市政公共服务隶属于区位因素，故邻里环境特征主要由社会经济变量和外部性构成。其中，社会经济变量反映了小区或街区的社会经济指标，例如人口阶层分布、小区居民的职业特征等。外部性主要指具有外部性的指标，例如犯罪率、污染等。

3.3.2.3 区位特征

区位特征一般是该住区的特征，例如按照传统的区位观点，可达性则由到 CBD 的距离衡量，也可通过出行时间、出行成本、出行方式等指标衡量可达性。区位特征另一个很重要的方面即社会公共服务，例如教育质量、医疗设施的完善程度等。

对上述特征进行总结，可得出具体住房特征属性，如表 3-1 所示。

表 3-1　　　　　　　　　　　我国城市住房特征属性

特征分类	特征变量
建筑特征	建筑面积
	住房年龄
	住房朝向
	装修程度
	相对楼层
	房间数目
邻里环境特征	小区容积率
	小区绿化率
	车位比
	物业管理状况
	小区住户数
	治安环境
	人口种族
区位特征	到 CBD 的距离
	交通站点数量
	生活配套设施
	教育配套
	邻近大学数量

3.3.3　Hedonic 价格函数的构建

从理论上看，对城市公办小学质量溢出价格进行度量，需要从"隐性市场"着手分析。对于隐性市场，可以理解为对所有商品的需求不是源自商品本身，而是根源于这些商品所体现的特征要素（杨冬宁，2009）。消费者对商品的消费，就是把这一过程视为投入，并且把它们转化成某种效用，该效用的大小取决于所购商品包含的特征要素的数量。前面提及可对商品进行 Hedonic 分析两个条件：第一，每个消费者可能消费含有不同 M（表示不同商品的不同属性数量向量）的商品，即每个消费者消费不同的商品；第二，每个消费者愿意为某种商品支付不同的价格，即存在不同的边际价格，并且该价格的确定取决于 M 的大小。

住房市场同样存在隐性市场和显性市场之分，购房者对于住房的需求可以理解为对住房各个属性需求的集合，并且每个住房都是独特的，购房者也会根据不同的需要而支付不同的边际价格，即住房市场满足 Hedonic 分析的假设条件。

经济学家在估测 Hedonic 价格时，同运用截面数据进行估测时一样，也面临着许多困难。这些困难包括，选择适当的参数表达式（既包括函数形式，也包括变量的设定）以解决共线性和非标准化的数据、如何解决可能出现的异方差和非正态性误差问题、如何处理受度量误差约束的回归量以及非线性关系的极大似然估计问题等。

面对这些问题，有许多不同的解决方法。在这里我们讨论一些看似有用的方法，其中包括一些传统的方法。当选择一种估测方法时，我们应该考虑特定数据来源的可获得性以及进行这种分析的目的。比如说，我们所要采用的"最佳"方法，常取决于我们所要建立的 Hedonic 价格函数是用来推出属性要素的隐性价格，还是只用来预测或评估个人资产的价值等问题。

我们首先讨论传统的参数方法，这种方法包括选择特定的函数形式以及对限定函数的参数进行估计。然后，说明其他的方法，如非参数方法或准参数方法，而这些方法没有事先在住房的总价格和住房属性要素数量之间建立一个函数关系，推出属性要素隐性价格的方法。

3.3.3.1 参数方法

从考特（Cawte，1939）和格里利谢斯（Griliches，1961）的早期研究到最近的大量研究，建立 Hedonic 价格函数时都采用某种形式的参数方法。这种方法一般是分析者选择一种函数形式，该函数形式的实际值是由有限个数的参数决定的，然后通过估测这些参数值，使所建立的 Hedonic 价格函数能够最好地拟合原始数据。

考虑到计算技术、数据获得的难易程度及对所涉及的统计问题性质的理解，这种方法通过以下几种方式得到进一步发展。里德科和亨宁（Lideke and Henning，1967）、卡因和奎格利（Caine and Quigly，1970）、哈里森和鲁宾菲尔德（Harrisson and Rubinfeld，1978）的研究，一般采用线性或对数的参数形式，这类函数形式的稳定性很好，并且也比较容易进行计算。20 世纪 80 年代，从林内曼（Linneman，1980）的研究开始，Hedonic 分析方法采用更为灵活的函数形式，这些函数是通过对住房价格或非二分性的属性要素的数量运用 Box-Cox 变换得到的（周丽萍等，2009）。这一变换，利用单一参数 λ 对变量 x 作如下变换：

$$x^\lambda = \begin{array}{ll} (x^\lambda - 1) & \lambda \neq 0 \\ \ln\lambda & \lambda = 0 \end{array} \qquad (3-39)$$

然后，把变换后的价格表示为变换后的属性要素数量的线性函数或二次函数，其中，变换参数对于不同变量可能是不同的，这些变换参数与其他参数是同一时间估测的。

当使用简单的计算技术时，如施皮策尔（Spitzer，1982）注意到布莱克利等（Blackly et al.，1984a）进一步研究的问题，虽然这些估算的计算工作相当复杂，但不断增强的计算能力，使得在属性要素的数目很大的情况下，这种模型的极大似然估测相对简单。哈尔沃森和波拉科夫斯基（Halvorsen and Borakovski，1981）在 Box-Cox 变换基础上，辨别出了这些模型的一些较强特性。根据这些人的研究情况，目前许多研究开始依赖于这种参数方法。

然而，这种方法并不能解决所有的问题。卡斯尔和门德尔松（Cassell and Mendelsohn，1985）注意到的一个问题是，强调模型预测能力的传统模型设定标准，在建立 Hedonic 模型方面并不是很合适。如果模型只是用来预测房屋的总价值，那么就应该选择更能"拟合"的参数形式。然而，建立 Hedonic 价格函数的目的往往是要确定属性要素的隐性价格。对于这种目的而言，用最小二乘法来预测误差可能就不太适合。从这个意义上讲，"拟合"性能很好的模型与其他预测能力较差、但具有更稳定的参数估计的模型相比，也许后者更令人满意。

克罗珀自等（Croppeze et al.，1988）详细地研究了这一问题。他们利用来自城市区域的实际住房储备数据，并通过变动家庭效用函数的参数模拟了住房市场均衡。然后，他们从分析的角度确定了实际均衡价格函数，同时利用结构价格来估测了 Hedonic 价格函数和边际竞价，并且把从不同函数形式中得到的估测值与"实际"值进行了比较。他们比较了对数线性模型、二次模型、线性和二次形式 Box-Cox 模型后，得到了一些令人吃惊的结果。即模型的好坏并不取决于对数据拟合程度的高低，而是取决于模型估测实际边际竞价的精确程度。当观测了所有重要的属性要素，并且不考虑度量误差时，线性 Box-Cox 模型最好，而二次形式 Box-Cox 模型最差。

如果一些重要的属性要素被忽略或观测得不准确，则线性 Box-Cox 模型和对数模型等较为简单的模型是最好的。他们把这种结果的部分原因解释为：在二次形式下的 Hedonic 价格比线性形式下的 Hedonic 价格，更多地取决于系数。与 Hedonic 价格函数参数形式有关的问题，还涉及应包括哪些变量以及这些变量应以何方式进入模型等问题，比如，考虑街区地段的大小以及土地面积的作用等问题。任何城市经济理论都认为决定城市土地价格的模型很重要。可以认为，城市经济学的核心原理是土地价格随区位而变化，而这些不同的土地价格导致了城市不同的土地利用类型和土地利用密度。

根据上面的讨论，我们就会发现很多 Hedonic 模型不是没有考虑土地面积这个变量，就是没有考虑用来辨认某一系统区位的变量。一些研究，如拉克索（Laxo，1997）所作的生动分析，明确地把区位变量纳入模型中，同时通过用来测度结构密度的离散变量，隐含地把土地面积这一变量也纳进来了。几乎很少有模型把取决于区位的土地价格函数明确地纳入模型中来，杰克逊等（Jackson et al.，1984）、切希尔和谢泼德（Cheshier and Sheperd，1995）的研究是两个例外。

他们所进行的研究，对住房用地的价格都进行了合理估测，并且否定了土地价格在不同区位都固定不变的假设。科尔韦尔和芒内克（Colwell and Munnecke，1997）对闲置土地的价格进行了研究，他们最近的研究也表明，不同区位的土地价格肯定是不同的。

尽管平常以"理论对形式很少强加约束"来强调采用灵活的方式建立 Hedonic 价格函数的合理性，但至少还有一些约束。如在上面讨论的城市经济学理论所指出的那样，模型中应包括取决于区位的土地价值。而且琼斯（Jones，1988）指出，均衡时 Hedonic 价格函数应该是凸性的，这保证了消费者预算集的凸性。同时由于偏好具有凸性特征，因而对住房属性要素的需求具有连续性特征。尽管安德森（Anderson，1985）创造并应用了检验 Hedonic 模型凸性的方法，但奇怪的是后续研究很少利用这一简单的检验方法。在这方面，值得重新提到的是科尔韦尔和芒内克（1997）的研究，因为他们在研究闲置土地的价格时，得出了土地价格函数是凹性的结论。这种结论对于作为住房市场中一个属性要素的土地而言是否成立，至今还没有进行更深入的研究。

理论对所建立的 Hedonic 价格函数的参数结构施加一些约束，涉及公共物品或环境的适宜性问题。帕森斯（1990）认为，根据土地市场以及消费者均衡且福利设施常受到住房用地的限制这一事实，应该对地方公共物品和邻近福利设施按地段大小设定权重。尽管他的观点来源于这些属性要素的消费是非排他性的假定（因此，对于一些诸如学校或公园一类的地方属性要素而言，可能不适合），但对于许多环境福利设施而言，他的分析从理论上合理地约束了 Hedonic 模型的参数设定。

（1）表达式。上面提出的许多问题都可以放在 Hedonic 价格函数的"模型表达式"这个宽泛的标题之下。过去的 10 年间，这个题目已引起了计量经济学家的关注。一些人所做的研究已考虑了检验或评价 Hedonic 价格函数的其他表达式的有关技术问题，例如，巴特勒（Buttlar，1982）、米隆等（Milon et al.，1984）、伯吉斯和哈蒙（Burgess and Harmon，1991）及克雷格等（Craig et al.，1991）的研究。其中，最后一篇论文十分值得注意，因为它介绍了一种特别适合于 Hedonic 估计方面新的检验方法。他们把该检验方法运用于住房市场数据，以便检验结构性价格和属性要素数量之间的非线性关系。除了检验函数形式中的非线性是否合适的问题以外，该检验也为忽视的重要变量提供补充。值得注意的是，他们的分析（还包括随区位而变动的土地面积的内容），证实了找到能经得起他们所提出的检验的"地段规模的表达式"是不太可能的，那种没有加入空间上不变的土地价值的模型表达式是否会通过，还未被检验过。

（2）共线性和误差结构。建立 Hedonic 价格函数时有两个内在计量经济学的问题，共线性或劣质数据以及在观测值之间缺乏随机独立性的问题。第一个问题在文献中已经受到许多关注，而第二个问题只是最近才开始提及。

估计 Hedonic 价格时遇到共线性问题是很常见的。由于家庭间偏好的相似性及房屋建筑技术上的原因，我们所观察到的属性要素的差异程度常常受到内在的限制。这一差异越受限制（即变量同时变动的可能性越大），则模型参数估测的精度就越低。对于 Hedonic 估计，这是一个很深刻的问题，因为参数估测的精度对精确估测属性要素价格来说是至关重要的。

众所周知，确实只有一种"解决"共线性问题的方法——获取更多的信息。这些信息可能来自更丰富或优质的数据源。或者，我们也可以求助于正规的方法，利用某种贝叶斯分析将非样本信息纳入我们的估测中来。奈特等（Knight et al.，1993）及吉利和珀思（Geely and Perth，1995）最近的研究都应用并评价了这种方法。奈特等的研究采用了蒙特卡罗技术，对类似泰因统计量的贝叶斯化进行了评价，并指出根据几种标准，这种基于非样本数据的方法，从经验上说优于最小二乘法。

吉利和珀思（1995）的研究尤其重要，因为它描述了如何使用在所有应用领域里得到信息的问题。正如在上文中所提到的那样，隐性市场的均衡是在消费者竞价函数和生产者成本函数相切之处实现的。许多市场都有标准的建筑成本数据来源，以便对要素供给的边际成本进行估算。尽管这种估算主要应用于新的建筑上，但它们却构成了重要的非样本信息来源，而这些为实施贝叶斯估测提供了一些先验分布。

上面已经讨论了住房市场的空间结构，进行住房市场分析的人对此都十分了解。这使得人们要关注不同 Hedonic 价格模型中误差项之间的空间联系，也就是说，应该关注这些观察值之间缺乏随机独立性的现象。在这种情况下，一个观测值的误差与邻近处的其他观测值相关，称为空间自相关。类似于一般的时间序列所遇到的问题，如果这种空间自相关存在，也会遇到时间序列模型所遇到的类似的问题。

卡恩（1992）对这一问题的存在性以及可能的校正方法进行了研究。解释了空间自相关的其他估计方法，看起来其可行性都得到了认可，而且结果表明，这种解释了空间结构类型的模型会得出更可靠的结论。

3.3.3.2 非参数方法

对于 Hedonic 价格函数，除了参数函数形式的表达式以外，还有一种方法是采用非参数或准参数来估测的方法，即事先不设定函数关系，而是直接从数据中推出属性要素价格。但应用这种方法时需要大量的数据（严格来讲，按这种方法进行估测时，随着样本容量的增加，估测值逐渐向实际值收敛）。

把简单参数形式组合成非参数形式也可以进行估测。奈特等（1993）、珀思（1993，1995）以及安格林和贾伊（Anglin and Ghey，1995）对这一方法进行了研究。尽管按这种方法要进行相当复杂的计算，但这种方法在描述以及度量误差方面比许多参数估测方法更为有效。

3.3.4 需求结构和福利评估

对住房市场进行 Hedonic 分析的主要目的是为了解住房属性和福利设施的需求结构（孙克军，2010）。这对于预测住房市场发生变化时，消费者的反应以及估测与此变化相联系的成本和收益方面的福利变动是很重要的。在这一部分，我们对这种预期需求具有哪些特性以及这些特性以何种方式促使或限制 Hedonic 分析的应用等问题进行讨论。为此，首先考虑在 Hedonic 框架内建立起来的"需求函数"，以及这些关系可能表现出的特性。然后，讨论如何利用这些关系来评价那些影响属性要素价格或福利设施水平的各种变化所带来的福利变动的问题。

3.3.4.1 属性特征的需求

某一属性的 Hedonic 价格一般是不固定的，因此，在 Hedonic 模型背景下描述的住房"需求"常常是含混不清的。如果我们知道住房和环境特征的偏好结构，同时家庭所面对的又是不变的价格，那么，就可以建立具有这种偏好的家庭的需求函数。或者，也可以利用行为函数来描述追求效用最大化的家庭所作出的选择，但这种行为函数不是 Hedonic 价格函数。前面的需求函数里把家庭所选择的量看作是"价格"和"收入"的函数，而后面的行为函数是把家庭选择看作是决定 Hedonic 价格函数和收入的参数的函数。

第一个函数的特征是把家庭选择视为最熟悉的行为活动中（但常造成假象）的收入和价格。由于该函数把家庭选择看作是最熟悉的一种行为活动，因而通过表示为价格和收入函数的需求函数，可以计算价格弹性和收入弹性，从而便于将住房需求和其他商品的需求进行比较。然而，这样的比较可能具有误导性，因为实际上家庭面对的并不是线性的预算约束。

第二个函数的特征是把家庭选择视为收入和 Hedonic 价格函数的参数，因而对实际的家庭行为可以进行定量描述（但常常受到估测上的限制）。与"线性化"的需求函数不同，这类函数将会对 Hedonic 价格函数发生变化时家庭所作出的反应进行准确描述。可能是因为这些"Hedonic 需求"在应用性研究中很少出现，故而这类研究面临着两个问题：第一，由于"Hedonic 需求"总是涉及非线性模型，因而很难进行估算；第二，这类"Hedonic 需求"很难应用于"住房市场探索"研究中。比如，我们经常会看到住房市场的变化，诸如家庭收入的增加、住房区开发用土地的变化，我们预期这些变化将对 Hedonic 价格产生明显的影响（一般来讲确实是这样的）。但利用"Hedonic 需求"把这些变化转换成住房属性需求的定性预测是很困难的，而"线性化的需求"却很容易做到这一点。

如果不费什么力气得出的上述探索是误导性的，那么，把这些应用于住房市场研究，不会得到任何结果。因此，我们的第一个问题是讨论这种线性需求的估测是否有用。下面将会看到估测这类"需求"为偏好结构的估测提供了一种技术，而掌握这种偏好结构正是对住房市场进行 Hedonic 分析的主要目的，利用偏好结构就可以推导出更完整的"Hedonic 需求"。在一般情况下，需求函数包含着各种各样的特性。在下面，我们将考虑将线性需求应用于住房市场福利分析时所产生的问题。按照罗森（1974）的研究思路（该研究思路通过许多研究进一步得到了补充），把估计的 Hedonic 价格视为实际价格，并把它们与家庭收入和观察到的家庭选择相结合起来估测需求结构。先把参数类型假定为效用函数或等价地假定为支出函数，然后推出这种参数类型每一属性的需求函数为：$q_i(P_1, \cdots, P_j, M, \alpha)$。

然后，以带有误差项的一种方程形式进行估测，

$$\omega_i = \frac{p_i \times q_i(p_1, \cdots, p_j, M, \alpha)}{M} + \varepsilon \qquad (3-40)$$

这种方法存在两个方面的问题：第一个问题是估计技术以及"变量"p_i 和误差项 ε 之间缺乏随机独立性的问题。第二个问题将涉及，当家庭面对的预算集由于 $P(Z)$ 的非线性而表现出非线性时，这种方法的适用性问题。为理解非线性的重要性，我们先看图 3-6。在图上我们可以看到两条"预算线"，预算线由如下等式来给出：

$$Y = M - p(z) \qquad (3-41)$$

假设 Hedonic 价格函数是凸的，因而家庭的预算集也是凸的。只要 Hedonic 价格函数独立于家庭收入（如果房屋销售者是价格接受者，那么一般而言这是事实），那么预算线就是"拟线性"的，且预算线的斜率是 $P'(Z)$，并独立于复合商品的消费。这样，距离 $A-C = B-D = P(Z)$，而且 $\hat{M}_1 - \hat{M}_0 = M_1 - M_0 = (C-D)$。

某一收入为 M_1 的家庭面对 Hedonic 价格 $P(Z)$，选择了 C；另一户家庭的收入为 $\hat{M}_1$，面对着一种不变的属性价格，但这两户家庭表现出相同的行为。家庭选择的一阶条件意味着，无差异曲线、实际预算线 M_1、线性化预算线 $\hat{M}_1$ 在 C 点处相切。如果偏好是严格凸的，那么需求将会是一种函数，并且线性化需求将会和"Hedonic 需求"相同。

因此，如果我们要通过估测家庭的属性需求来估测家庭的偏好结构，我们就

可以把 Hedonic 价格 $P_i = \partial P(Z)/\partial Z_i$ 以及实际家庭选择作为依据，但我们必须使用以下收入水平：

$$\hat{M} = M - P(z) + \sum_{i=1}^{J} P_i \times Z_i \qquad (3-42)$$

依靠这些信息，可以估测出需求结构（见图 3 – 6）。

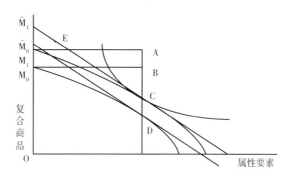

图 3 – 6　不同收入家庭需求结构

默里（Maree，1983）称这种需求为"假想"需求。这种需求强调所估测的需求，是那些当消费者面对线性化价格时会实现的需求。尽管需求函数可能是"假想"的，但家庭的偏好可以由估测到的需求推断出来，这一点并不是假想的。如果需求函数的参数类型具有可积性，那么，我们直接从所估测的需求系统中推出效用函数或支出函数的参数。比如，如果应用一般化的 CES（Quigley，1982）或接近理想化的需求系统（Cheshier and Shepherd，1998；Parsons，1986），那么，效用函数或支出函数的参数可以直接从需求的估测中得到。

虽然线性约束（局部的）和非线性约束是等价的，但受非线性预算约束的家庭并未与受线性约束的家庭表现出相同的行为。承认这一点，并根据此对所估测的需求和偏好进行合理的解释是很重要的。从这个意义上说，"线性逼近"需求与其说是假想的，不如说是有误差的，其误差取决于 Hedonic 价格的非线性和家庭的偏好。

从线性预算约束推出的一般需求表现出了许多标准化特性，这种特性在应用需求分析中已被证明是非常有用的。这些特性可以作为检验模型的基础，也可以作为"非样本"信息源以提高估测质量，比如，当样本数据表现出共线性时，我们可以根据这些特性进行估测。那么，这些特性中有哪些部分需要被保留在线性化需求中呢？特恩布尔（Turnbull，1994）在考虑了决定住房消费空间结构的内生区位选择的情况下，得出了整个住房需求的一些特性。他的论文连同诸如布莱克利和福兰（Blakely and Fran，1987）、德萨尔沃（Deslavo，1985）等的相关研究清楚地表明：住房需求受到内生区位选择的影响，这种需求并不具有与一般需求相同的特性。特别是，"需求定律"可能对于住房而言不再成立，即使住房不是劣质品。特恩布尔提出各种充分条件否定了该定律的作用，指出在凸性均衡租金函数的条件下，在城市边缘附近这一定律几乎不再起作用。如果确实是这样，那么，人们是不可能利用这些特性来检验或进行住房需求估测了。尽管学者可能从集中分析区位选择这个事实中得到一些慰藉，但仍然面临很多困难。

由于价格的内生性以及家庭可以改变他们的消费内容和区位，因此通过改变空间价格和他们的实际收入的方式进而对价格上涨作出反应，就会产生问题。假如不考虑空间因素，那么，不同地区几乎会产生同样的问题。即一种属性价格的上涨，不仅会引起该消费要素属性的变化，也会引起整个住房和街区景观的变化。一般来讲，这种变化将会改变这种要素属性的边际价格，进而我们无法预测该要素属性的消费。

布洛姆奎斯特（Blomquist，1989）已经提出了这一问题的完整解决方法（奇怪的是，这种方法在 Hedonic 分析的文献中很少被引证）。即在一般非线性预算约束 $M \geqslant P(Z, \theta)$ 下，在这里 θ 是 Hedonic 价格函数的参数向量，他研究了从严格凹可微的效用函数最大化中得出的需求所表现出的一般特性。布洛姆奎斯特假定，P 对 Z 是严格递增且可微的，并且家庭最优化问题存在唯一的可微解。显然，只要是凸可微的，就足以满足这种假定。令 $Z_i(M, \theta, \alpha)$ 表示住房属性要素 i 的 Hedonic 需求，它是以下解集合中的第 i 个部分：

$$
\begin{aligned}
& \max_{Z, Y} u(Z, Y, \alpha) \\
& \text{s. t. } M \geqslant P(Z, \theta) + Y
\end{aligned} \qquad (3-43)
$$

当 (M^*, θ^*) 为既定时，我们可以利用 $Z_i(M^*, \theta^*, \alpha)$ 来表示家庭的选择。

我们也可以把线性化需求 $Z_i^L(\hat{M}, P)$ 定义为以下解集合中的第 i 个部分：

$$\max u(Z, Y, \alpha)$$

$$Z, Y \qquad\qquad (3-44)$$

$$\text{s. t. } \hat{M} \geqslant p'Z + Y$$

其中，$p_i = \dfrac{\partial P[Z_i(M^*, \theta^*, \alpha), \theta^*]}{\partial Z_i} \qquad \hat{M} = \sum_{i-1}^{j} p_i Z_i(M^*, \theta^*, \alpha)$

用 S 来表示从线性化需求 Z^L 得出的替代项的斯卢茨基矩阵，用 H^P 来表示由特定元素组成的 Hedonic 价格函数的二阶导数矩阵，即：

$$H_{i,j}^P = \frac{\partial^2 P[Z_i(M^*, \theta^*, \alpha)\theta^*]}{\partial Z_i \partial Z_j} \qquad (3-45)$$

布洛姆奎斯特（1989）指出，在实际 Hedonic 需求的收入效应与线性化需求相联系的收入效应之间存在着明确的联系。二者的关系可由式（3-46）表示：

$$\frac{\partial Z}{\partial M} = (I - S \times H^P)^{-1} \frac{\partial Z^L}{\partial \hat{M}} \qquad (3-46)$$

这一公式解释了实际预算约束（通过 H^P 得到）的曲率和偏好（通过 S 得到）的曲率是如何相互作用的，以便在估测的线性化需求的收入效应和追求效用最大化家庭的收入效用之间结成一种复杂关系的问题。一个类似的表达式评价了决定 Hedonic 价格函数的参数变化所产生的影响问题。

假设向量 $H_\theta^P = (\partial^2 P)/(\partial Z_i \partial \theta_j)$。该向量表示的是，当参数 θ_j 变化时，其第 i 个元素对属性 i 的 Hedonic 价格的影响。设：

$$A = S \times H_\theta^P - \frac{\partial P}{\partial \theta_j} \frac{\partial Z^L}{\partial \hat{M}} \qquad (3-47)$$

则我们可以写出参数 θ_j 的影响，即：

$$\frac{\partial Z}{\partial \theta_j} = (I - S \times H^P)^{-1} A \qquad (3-48)$$

我们可以把家庭属性需求的实际变化表示为线性化需求结构（通过 S 以及 A 的"收入效应"部分）、预算约束曲率以及参数影响预算约束方式的函数。

这种分析表明，把 Hedonic 价格函数的偏导看作是价格，以及利用在式（3-44）中定义的修正了的收入 $\hat{M}$ 来估测线性化需求，并不存在疑问或错误。这种方法不仅能够估测出效用函数或支出函数的参数，而且根据式（3-46）及式（3-48）在均衡选择附近的 Hedonic 需求可以进行实际的静态比较分析。

然而，这种分析在讨论约束问题或进行线性化需求估测方面，并不总是有效的。一些学者如麦康奈尔和菲普斯（Mcconnell and Phipps，1987）更偏向于避免使用"需求"这一术语，因为"正确的"Hedonic 需求不依赖于价格（而依赖于 Hedonic 价格函数的参数）。事实上，依赖于价格的线性化需求是"虚假的"。但不管使用什么样的术语，有一点是很清楚的，即可以直接从家庭选择和 Hedonic 价格的观察中推出需求属性的参数（至少原则上是这样的）。

上述参数推出方法所面临的主要困难在于家庭预算集的非线性上。尽管这种困难加大了分析的复杂性，但这一困难是可以克服的。比如，奥斯菲尔德和史密斯（Ausfield and Smith，1990）的分析，在考虑了家庭预算的非线性的情况下，得出了计算弹性的精确的表达式。他们得出的研究对下面的福利分析而言是很重要的结论，即"线性化"的弹性低估了住房属性要素和非住房商品之间的替代性。

在对诸如住房等异质商品的需求进行估测时，会遇到很多棘手的问题，其中有些是在其他经济分析中很少遇到的问题。在过去的 10 多年间，有关住房属性要素需求估测方面的大部分文献，都围绕价格内生性问题进行了探讨。

1. 确定内生性

住房属性要素需求估测所面临的最常见问题，是由于属性要素价格的内生性导致确定价格困难。尽管这是一个技术层面上的问题，但最好不要把这些问题与估测需求和供给参数时计量经济学上的困难相混淆起来。作为一种潜在的问题，这种"习惯"上常把上述两者混为一体的问题，是由弗里曼（Freeman，1979）首次提出的，罗森（1974）也提到了这种问题。对于那些基于截面数据的研究，其观测容量如果大到足以影响市场价格，那么，就有可能会产生这类问题。然而，大多数 Hedonic 研究是在单个家庭的决策和收入数据集基础上进行的。

上述观点（至少是大量文献的间接理论基础）认为，既然我们拥有单个家庭行为及导致这一行为的价格和收入的观测资料，那么，只要把那些所有家庭做出决策时的共同偏好排序，我们就能够估测出家庭需求的结构方程。这种观点认为，唯一需要的就是数据，如果有大量数据，那么，很容易估测出这种结构方程，但收入和 Hedonic 价格的数据都应具有线性独立变差。

人们最初会对上述看法提出异议，认为 Hedonic 价格不是确定的，而是要估测出来的。但因为属性要素数量和房屋价格之间的随机性特征，所估测出的 Hedonic 价格常包含不确定性特征。对于这种异议，有人可能会说，需求估测是传统的"变量误差"问题，只要建立正确的 Hedonic 价格函数，参数就会被正确地估测出来，因而我们无须担忧大样本。当然，对于有限样本而言，利用我们所估测出的需求来做任何假设性的检验，都受到那些常低估方差的倾向所带来的困扰。但原则上可以利用 Hedonic 价格函数参数的协方差矩阵来校正这种 Hedonic 价格的协方差结构，进而可以解决上述问题。然而，单靠这种方法也不能解决不符合高斯—马尔科夫条件时的问题，只有 Hedonic 价格（和"线性化收入"）的误差独立于需求函数的误差项时，这一方法才能得出一致性估测。

上面讨论的问题，在图 3 - 7 中很容易看出来。在图的上半部分，Hedonic 价格函数 P(Z) 和对属性要素 Z 的家庭竞价函数，在 B 点处相切，因而在这种价格结构下，家庭将会需求 Z_1 单位的属性要素。Hedonic 分析的目的是估测出实际需求或边际收益函数。在图 3 - 7 的下半部分，用直线表示了这种实际需求。如果我们加上误差项 ε，则我们可以利用观测到的家庭消费和估测出的 Hedonic 价格函数来确定 Hedonic 价格 P_Z。

$$Z = \beta_0 + \beta_1 \times P_Z + \varepsilon \qquad (3 - 49)$$

其中，参数 β_1 是负的，我们要估测出 β_1 的估计值 $\hat{\beta}_1$。当误差 ε 接近零时，家庭消费为 Z_1，则从 Hedonic 价格函数中可以推断出，促使家庭进行这种消费的价格是 P(Z) 在 B 点的斜率。

当 ε 为负时，家庭对属性要素的消费水平为 Z_0。在这一消费水平上，Hedonic 价格为 P(Z) 在 A 点的斜率，它小于家庭竞价曲线的实际斜率，因此，也就低于家庭需求函数的实际水平。当 ε 为正时，家庭消费为 Z_2。此时 Hedonic 价格为 P(Z) 在 C 点的斜率。这样，就像图 3 - 7 中所标出的那样，最终得出家庭需求。所估测出的家庭需求与实际的家庭需求相比，ε 为负时太低，而 ε 为正时又太高。当然，我们只是讨论了 Hedonic 价格函数的斜率。

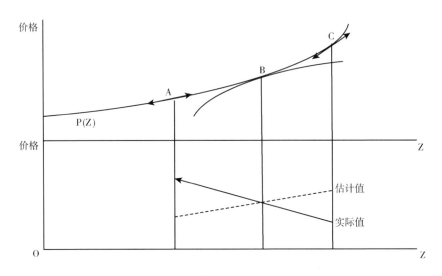

图 3 – 7　家庭需求

这实质上就是布朗和罗森（1982）观察到的问题。如果不对价格内生性问题进行修正，那么，需求估计就可以完全由 Hedonic 价格函数本身所决定。因为增加样本容量并不能消除或改变误差 E 和 Hedonic 价格 P_Z 间的相关系数 ρ，因而会过高估测统计量 $\hat{\beta}_1$，且其估测量是不一致的。令 σ_ε 和 σ_{P_Z} 分别表示 ε 和 P_Z 的标准差，则我们就有：

$$\text{plim}\hat{\beta}_1 = \beta_1 + \rho \frac{\sigma_\varepsilon}{\sigma_{P_Z}} \qquad (3-50)$$

对于严格凸的 Hedonic 价格函数，若相关系数 ρ 是正值，所得出的需求估测是非一致的，而且其斜率向上偏倚。对于包括几个属性要素的更为复杂（也更为现实）的需求以及与 ε 相关的线性化收入而言，这种偏差的表达式更复杂，然而，其基本的内容仍旧未变，即估测的 Hedonic 价格和所度量的需求行为的误差之间的相关性，将会导致需求结构的非一致性估测。

尽管对上述问题有许多不同的看法，但最近有关住房需求估测方面的大部分

文献都是从讨论这个基本的观察结果开始的。因此，布洛姆奎斯特和沃利
（1982）、布朗和罗森（1982）、默里（1983）、戴蒙德和史密斯（Diamond and
Smith，1985）、奥斯菲尔德和史密斯（1985）、巴蒂克（Batik，1987b）、艾普
（1987）、麦康奈尔和菲普斯（1987）所作的分析，都有一个共同的特点，即采
用单个家庭数据不存在结构上的同时性；价格的内生性引起模型中的随机误差和
"独立变量"之间的相互作用，因而遇到了很大的麻烦。因这种特点，他们的分
析最终导致了非一致性估测。

要解决这些问题，必须为那些出现在结构方程右边的变量，设计出一致性的
"工具性变量"的估测。比如，在方程（3-49）中，我们需要确定出与 ε 不相
关的变量，这种变量可以为 P_z 提供一致性估测。然后把这些估测值用在后续的
估测属性要素需求的过程中。一般来讲，我们可以确定出那些可以估测所有属性
要素价格和线性化收入的工具。

有 3 种基本方法可以得出这种工具。第一种方法，我们可以找寻或构建其他
的变量，这些变量与误差相互独立，但却和 Hedonic 价格高度相关，这些变量可
以被看成是一种工具；第二种方法，我们可以利用存在于实际 Hedonic 价格和边
际收益关系中的非线性关系来确定模型（就是把变量变换看作为工具）；第三种
方法，我们可以用出现在结构方程中的其他变量来得出一套工具以便实现
Hedonic 价格的一致性估测。

第三种方法是大家较为熟悉的方法，常用此方法来确定模型并建立实际的同
时性模型。在上面引用的几篇论文中，把它的应用强调为一种潜在的方法。这种
方法的应用，在图 3-8 的右半部分中作出了阐释。在图 3-8 右侧上面的图中，
我们可以看出来自两个不同市场的 Hedonic 价格函数相联系的两条预算曲线。在
第一个市场中，所观察到的家庭收入为 M_0，该家庭选择了由切点 A 所表示的最
优属性要素水平 Z。现在的问题是，要区分出偏好 i_0 和 $\hat{i}_0$ 所导致的需求结构 d_0
和 $\hat{d}_0$。由于价格表中价格的外生性变动，这种区分是可以做到的。在第二个市场
中，所观察的家庭的收入为 M_1'，该家庭选择的属性要素水平为由切点 B 表示的
Z″。我们根据这些，可以区分出需求结构和偏好的区别。这种方法主要是由布朗
和罗森（1982）、戴蒙德和史密斯（1985）、奥斯菲尔德和史密斯（1985）、巴蒂

克（1987）以及艾普（1987）推荐的。

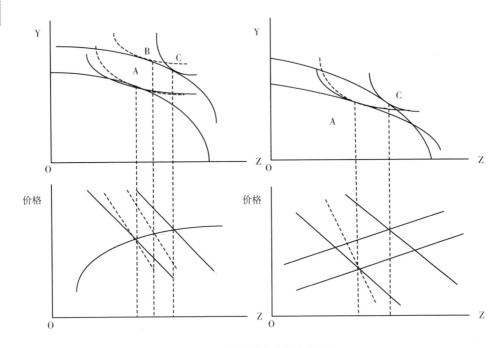

图 3-8　家庭需求结构和偏好

　　上面提到的第二种方法依赖于对 Hedonic 价格函数和需求结构所施加的几乎无法检验的非线性约束。该方法在图 3-8 的左半部分中做了说明。在上方的图中，我们看到两个来自同一 Hedonic 市场的预算集，但它们分别与两种收入水平 M_0 和 M_1 相关联。在较低的收入水平下，家庭的最佳选择是由切点 A 表示的属性要素水平 Z。同前面的分析一样，问题是要区分出不同偏好 i_0 和 $\hat{i}_0$ 所导致的需求结构 d_0 和 $\hat{d}_0$。

　　为了直观地理解该问题，先假设我们把注意力只集中在这两种可能的偏好结构。尽管无法在 M_0 收入水平下区分出这两种需求结构，但在其他价格收入组合处却很容易把它们区分出来。如果家庭具有生成原差异曲线 i_0 和 $\hat{i}_0$ 的偏好，那么，收入水平为 M_1 时的最优选择就在切点 B 处实现，这时家庭将会选择 Z′水平的属性要素。如果家庭具有生成无差异曲线 i_0 和 $\hat{i}_0$ 的偏好，则他们的最优选择将是由 C 点表示的属性要素水平 Z″。如果家庭需求结构必为上述两种类型之一，那么，我们只要具有在 Hedonic 价格和家庭收入方面的充分数据，即可确定需求。

当然，把家庭的偏好限制在上述的二者之一无法得到最满意的结果。如果收入和 Hedonic 价格的统计资料很充分，那么，我们可以设定弱一些的限制条件。麦康奈尔和菲普斯（1987）详细讨论了在这种情况下确定偏好参数所需的限制问题，艾普（1987）也比较详细地讨论了这些问题。

这些讨论强调的是利用单一市场数据来确定 Hedonic 需求时所面临的困难，而不是说它是不可能的。如果这些数据的变化幅度很大，则可以得出参数唯一的极大似然估测值，那么，仅这一点就可以辨别出不同区位。奎格利（1982）、金本和中村（1986）都是以第二种方法为基础，研究不同偏好函数的参数。他们把注意力集中在特定的偏好排序以及 Hedonic 价格函数的函数形式上，解决并估算出了偏好函数的参数。

在上面提到的解决价格内生性问题的 3 种方法中，首先是要找到或构建其他变量，它们与家庭所面对的 Hedonic 价格相关而与需求（或边际收益）函数的误差无关。在某种意义上，这种方法也是在目前多市场研究中所利用的方法，换言之，利用其他变量（那些表明或描述特定 Hedonic 市场的变量）来建立一种工具性变量，然后利用这些工具性变量来得出那些决定需求函数变量的一致性估测。把这种方法应用于实际的联立方程模型时，通常还要依赖结构方程中的其他变量。

然而，把工具性变量的建立只局限在其他结构变量上，会使得问题变得非常困难。麦康奈尔和菲普斯（1987）认为，如果一些属性要素没有包括在 Hedonic 价格函数中，那么，就不可能建立与误差不相关的工具性变量。巴蒂克（1987a）的分析更有说服力，他认为除非假定偏好中不存在我们无法观测到的其他可变部分，否则，就不可能建立有效的工具性变量来得出家庭属性要素需求的一致性估测。他是通过举例说明他的观点的，但还是间接地受到了来源于工具性变量在模型结构方程中出现的其他变量这种假设的限制。

这些变量是我们可以求助的唯一工具性变量的来源吗？这要取决于我们所采

用的随机结构，但原则上不应把注意力只放在限制这些变量上。我们的问题不是一个实际联立方程系统中的问题，记住这一点十分有益。对 J 种属性要素 Hedonic 需求的一致性估测，要求我们得出那些界定家庭预算集的 J 种 Hedonic 价格（还有线性化收入）的一致性估测。为此，我们需要得到 J+1 种或更多的工具性变量，这些工具性变量与家庭属性要素需求的误差是不相关的，而且这些工具性变量不至于疲软到对实际 Hedonic 价格进行极其不精确（即使是一致的，也可能是不精确的）的估测。

默里（1983）对可能有关的工具提出了许多有趣的建议，切希尔和谢泼德（1998）最近提出了把"类似"的家庭所支付的属性要素的平均价格作为一种工具的想法。这种类似性可以从很多角度去定义，而他们考虑了两个方面：①把那些距离某一家庭区位最近的家庭视为与该家庭相类似；②那些选择消费类似房屋（包括属性要素和区位）的家庭也视为类似的家庭。对于后一个类似性概念，他们是以消费份额加权的方式建立了一个指标体系，这些指标可以度量特征空间中的欧氏距离。他们以样本中两个"最近"的家庭所支付的价格作为工具，检验了地理距离和特征空间距离。

正如上面所指出的那样，这种方法是否可以提供一个有效的工具集合，这取决于模型的随机设定。如果这些误差来自对属性要素数量进行度量的误差，那么只要观察值之间的度量误差不相关，类似家庭所支付的价格就可以被视为好的工具性变量。事实是否如此自然要取决于属性要素和市场的性质，但幸运的是，检验工具性变量是否可以被接受，相对而言是较容易的。蒙福特（Monfort，1995）根据渐近最小二乘法，提出了未知线性约束的检验方法，并阐述了如何利用它进行工具可接受性检验的问题。

假设我们要估测 Hedonic 需求 Z_i，它取决于 Hedonic 价格 P_k 和线性化收入：

$$Z_i = \beta_0 + \sum_{k=1}^{J} \beta_k \times P_k + \beta_M \times \hat{M} + \varepsilon \qquad (3-51)$$

假设对于 P_k 和 $\hat{M}$ 的 T 个观测值，我们有 $k > J$ 个工具组成的集合 ψ，我们想要检验这些工具的有效性，即要检验假设

$$p \lim_T \frac{1}{T} \sum_{t=1}^{T} \psi_t \times \varepsilon_t = 0 \qquad (3-52)$$

其中，误差项 ε_t 有共同的方差 σ_ε，该假设的检验统计量为：

$$\zeta_T = \frac{1}{\hat{\sigma}_t} \hat{\varepsilon}' \psi (\psi\psi')^{-1} \psi\hat{\varepsilon} \tag{3-53}$$

其中，$\hat{\varepsilon}$ 是把 ψ 作为工具并利用两阶段最小二乘法所估计得到的残差向量。这个统计量的一个显著特点是它等于样本容量 T 和 R^2 的乘积，R^2 是在工具集 ψ 上，根据两阶段最小二乘法，回归残差 ε 所得到的决定系数。在可接受性的假设下，统计量 ξ_T 服从自由度为 $k-j$ 的 χ^2 分布。

在上面，我们是直接把残差 $\hat{\varepsilon}$ 作为（不可观测的）随机误差的估测量。工具 ψ 的有效性要求它们独立于这些误差。如果变量 ψ 能够解释 $\hat{\varepsilon}$ 的变动，那么 ψ 和 ε 不可能是相互独立的。

根据上述检验，切希尔和谢泼德（1998）指出，利用混合的特征距离工具来估测土地面积和公共场所福利设施的 Hedonic 需求是可行的。同时他们认为，对具有数据的所有特征而言，地理距离工具性变量也是可以被接受的。尽管上述两者都是可以被接受的精度（只对样本而言的精度）估测出需求系统，但地理距离工具性变量的估测精度相对弱一些。

因此，利用单一市场数据进行应用分析的一个合理程序，是利用两阶段最小二乘法等建立工具性变量的方法，以距离最近的家庭所面对的 Hedonic 价格作为工具性变量来估测 Hedonic 需求。如果说这种程序有所变动，那就是把几个相邻的家庭所面对的价格进行平均，并以距离来加权这些平均价格。当然，这种方法要求家庭区位的数据是可以被得到的。不管设定何种模型，几乎总要提出这种要求。如果得不到区位数据，那么，根据其他家庭特征所得出的近似或相似的数据，也会起到同样的作用。

如果数据是可以得到的，那么，把这些方法结合起来就很合理。由于几个方面的原因，这种采用非线性的函数形式以及利用来自几个城市地区的数据，并以距离最近家庭所面对的 Hedonic 价格作为工具性变量的综合性研究方法，可以认为是完全可行的。来自多元市场的数据包含着更多的信息，这类数据扩大了样本中的有关收入和 Hedonic 价格方面的变化范围，因此一般都会得出更准确的估计。但要注意的是，利用多元市场数据并不是估测这种需求唯一方法。为了能从多个住房市场获得数据而容忍模型设定上的严重错误，这不是一个合理的解决方法。

2. 同离散选择方法的比较

在结束利用 Hedonic 方法估测属性要素需求的讨论之前，很有必要提出另一种方法利用"离散选择"方法来确定住房属性要素价格。离散选择方法是由麦克法登（Mcfadden，1977）提出的，后来埃利克森（Ellickson，1981）以及莱尔曼和克恩（Lehrman and Kern，1983）对此进行了更为全面的论述。这种方法是利用隐性市场的基本 Hedonic 模型，为住房区选择建立一个多项离散选择模型。在这一模型中，属性要素种类在达到某一临界值之前，每增加一种属性要素就可以提高选择特定房屋的概率。这种临界值就传递了家庭是如何评估具有此种属性要素的房屋等方面的信息。尽管在价格内生性和需求设定方面，离散选择模型没有遇到什么麻烦，但它对家庭偏好性质方面施加了相当多的结构性约束（隐含在离散选择建模中），从而避开了许多麻烦。

这种离散选择方法为 Hedonic 需求估测提供又一种方法。克罗等（Crow et al.，1993）比较上述的两种方法以后得出的结论是，对于属性要素小的"边际"变动，传统地利用 Hedonic 价格函数的 Hedonic 方法提供了更准确的评估，其中 Hedonic 价格函数在 Box-Cox 变换度量中是线性的。然而，属性要素数量发生大的变动时，这种方法的优势就消失了。

3.3.4.2 福利分析

考虑下面的两个例子，但这两个例子并不是为了只把 Hedonic 分析应用于住房市场分析而提供的。Hedonic 分析应用于住房市场，主要考虑：（1）住房制度的福利效果评价；（2）收入增加对住房需求的影响估测。我们继续假定 Hedonic 价格函数是凸的，这样就保证了家庭选择集也是凸的。

假设我们利用标准支出函数，这个函数是我们从上面概述的"线性化"预算以及经过调整以后的收入估测中推算出来的。通过这个支出函数，我们可以确定效用函数的参数，从而确定效用水平 U_1 和 U_0。然后，我们利用这个支出函数估测出福利成本，在图 3 - 9 中的福利成本是，在这里我们假定属性的 Hedonic 价格 P_Z 不变。这个估测值与真实值 $M_1 - M_0$ 之间有何联系呢？

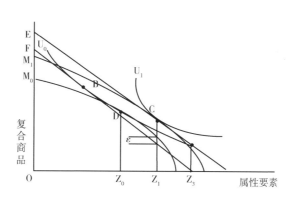

图 3 - 9　支出函数

正如在图 3 - 9 中所标明的那样，从普通支出函数估测出的福利损失，一般比实际的福利成本要大，误差可用 ε 表示。这一误差来源于 Hedonic 预算的约束的凸性假定以及运用传统的支出函数来解释价格内生性的这种一般性方法的失灵。这就涉及了奥斯菲尔德和史密斯（1990）的观察结果。他们发现，非线性的预算使得住房属性要素和非住房商品（复合商品）之间产生更大的替代性。传统的方法能够进行准确评估的条件是属性要素的需求存在"零收入效用"。但这种条件是很难满足的。在这种条件下，面临降低收入水平 M_0 的家庭，其效用最大化选择不会使属性要素的数量发生变化，同时整个支出的变化将等价于收入的变化。

预算的非线性也可以使我们预测家庭收入变动时的房屋属性要素需求的变化。参考图 3 - 9，根据估测出的需求结构，我们可以预期，由于收入增加了 E - F，属性要素需求也会相应地从 Z_0 增加到 Z_1。实际上，需求弹性比收入弹性更大一些，因为属性要素需求的变化量 $Z_1 - Z_0$ 是由收入的更小增量 $M_1 - M_0$ 所引起的。很明显，利用普通的"线性约束"结构来分析 Hedonic 分析框架中的家庭选择，其精度常取决于偏好结构和 Hedonic 价格函数的曲率。

巴蒂克（1988）为如何运用 Hedonic 价格模型能够精确地度量收益随住房属性或环境适宜性变化而发生变动的问题，提供了比较完整的思路。虽然他并没有直接讨论这些问题，但他的这些思路为估测线性化福利度量中的误差 ε 提供了方法。尽管很难实施，但精确地度量福利水平却是可能的。实际上，许多研究都在使用这种近似的福利水平度量方法，但必须注意其充其量只能是一种近似度量的方法。

3.4

总　结

本章通过对住房市场概念的初步了解，分析了住房供给与住房需求，认为住房市场的 Hedonic 分析是应用城市经济学工具箱中很重要的部分。这一技术伴随着 70 多年的计量经济学实践以及对经济的不断感悟、不断发展，并且在过去的 25 年中变得越来越重要。该理论可以用隐性市场理论为基础的规范方式表述，并且可以从家庭选择和他们所面对的隐性价格的观测中推算出家庭需求参数。确定模型时应该满足隐含在城市住房市场理论中的约束条件。估测必然会面对不够充分的数据，但同时又可以利用一切可以获得到的信息源。利用这些 Hedonic 价格来建立需求结构会带来许多问题，其中有些问题我们还不甚明了。除了模型设定和度量误差这些平常的问题外，家庭预算的非线性暗含着属性要素价格的内生决定。为迎接内生性的挑战，研究者们已经提出了许多方法，包括从多元市场数据的使用到价格和收入的其他"非结构"工具变量的构建。无论采用何种方法，有一点是很清楚的，那就是准确的估测，需要对内生性有更明确的认识。

第 *4* 章

国外城市基础教育制度实践经验

中华人民共和国成立以来，我国政府高度重视基础教育的发展，并且在1984年决定实行义务教育。这一政策实行以来，我国基础教育取得了巨大成就，但是，在基础教育发展过程中也暴露了一些问题，尤其是基础教育非均衡发展问题，即少数地区、少数学校和少数人占有大量教育资源、享受优质教育，而多数地区、学校和个人，特别是中西部欠发达地区只能获得少量的教育资源。具体来说，我国基础教育发展不平衡主要表现在以下几点：一是区域发展失衡。由于基础教育投入不足，中西部地区的基础教育在教育发展水平、"两基"普及、师资力量、校舍建设以及家庭教育支出等方面均落后于东部地区；二是城乡发展失衡。基础教育存在明显的城乡"二元结构"；三是教育的群体发展失衡。社会不同群体在教育上拥有完全不同的教育资源，相对来说，弱势群体接受优质教育资源的机会比较少，特别是农村的女童、城市外来民工子女、特殊教育系统的人群等，在基础教育上处于相对不利的地位。

他山之石，可以攻玉。西方发达国家经过长期的发展，对基础教育的均衡发展有着丰富的理论和实践经验。本章选取美国、英国、德国以及日本这些国家的基础教育制度研究为题，汲取国外基础教育发展经验，为我国基础教育的优质均衡发展提供经验和参考。

4.1

美国基础教育制度

作为现代教育的领跑者，美国是当前世界上鼓励择校的国家之一。中国和美国的基础教育发展存在很多相似性，如中国和美国均是幅员辽阔，地区经济发展不平衡，社会分化问题比较突出，学制设置也大体相同，具有很强的可比性。美国的基础教育制度在发展过程中为了追求均衡化发展做出系统、长期的积极探索，积累了很多经验，特别是针对移民、城市贫困人群子女的基础教育问题，建立了基础教育特别扶持制度。这对我国基础教育的均衡化发展具有重要借鉴意义。

4.1.1　美国基础教育制度概况

美国的教育行政体制属于地方分权制，可分为联邦、州和学区三级。由于美国宪法未提及教育，只在《宪法》第十修正案中规定"凡本《宪法》未授予联邦而又未禁止各州行使的权限，分别保留给各州人民。"因此，美国的教育主要由各州政府负责，联邦政府并非直接领导和管理教育，只是发挥援助、指导的职能，起服务性质的作用。美国基础教育的行政主权在各州政府，大多数州政府又将其权力授予学区，因此美国基础教育的实权在学区。美国州议会有权力制定本州的教育基本政策和法规，学区则有权力制订本学区的教育计划、教育预算、管理教职员人事、选定教材、征收教育税等，联邦政府无权干涉各州的教育行政。

美国学区主要包括以下几个部分：教育决策部门、教育行政部门以及若干所公立学校。教育决策部门指的是"学区教育委员会"（School Board），通常是当地居民选举产生委员会的代表，其受居民的委托，依法决定本学区内与中小学教育、教学相关的政策（中小学教育税税率、教育预算、学校设置、课程内容等），还要承担督导教育行政单位的职责。学区内各学校的校长一般是由学区教育委员会任命。教育行政部门由"教育局长"（Superintendent）及其所属的行政人员组成，其主要负责本学区的教育行政运作以及监督学区内学校的教学运作。美国学区独立性很强，地方行政及立法机构不可干预学区内的教育事务。而且学区既有行政权，也有立法权，其负责地方公立学校教育事务的教育立法决定。

美国的小学实行五年制，初中为三年制，高中实行四年制，这一点与中国的九年义务教育制度有所不同。美国的 Middle School 一般是指中等学校，是 6 ~ 8

年级，相当于中国的初中 1～3 年级；High School 一般是 9～12 年级，相当于中国的初三到高三阶段。

在教师管理方面，美国实行"教师资格制"和"教师聘任制"。由州教育厅颁发教师资格证书。申请教师资格的学历条件很严格，申请者首先应通过四年的本科学习（可以是非教育类学科），获得学士学位，然后在州教育厅认可的教育学院进行 1 年到 1 年半的师范教育专业进修，经实习，获得了教育学学士或硕士学位。具备以上申请条件的申请者，参加资格认定考试、通过各州认定后，才可获得教师资格，得到教师资格证书。美国各州申请教师资格方面的制度也有所不同，例如，加州就规定每隔 5 年需重新审核换发教师资格证书，并要求教师在 5 年内至少要完成 150 个小时的教学培训。各学区教育委员会负责教师的聘任工作，被聘用的教师必须是持有教师资格证书的美国公民或正在申请公民资格者（在法院登记的居民）。依照美国相关法律，教师聘用要签订聘约，在聘用后签署教师誓约。按照聘约的长短，受聘教师可分为短期教师和长期教师。

4.1.2　准市场化学校选择制度

择校制度主要是指用来弱化学生居住地与就读学校之间关联，减少传统公立学校就近入学的地理位置限制的各项举措。20 世纪 80 年代美国掀起了历史上第三次教育改革高潮，政府采纳市场经济理论，进行了以市场为导向的基础教育改革。改革主要包括三个方面，即为确保学校能够充分进行创造性劳动而赋予学校足够的自主权和管理权；为确保公立学校的服务竞争和质量提升而给家长提供充分的教育选择权；为确保市场的良性运作而加强联邦政府的宏观调控和管理。总体而言，择校是引入市场机制、改革公立中小学运行机制、提高基础教育质量的有效途径。从老布什政府倡导私立学校教育券计划到克林顿政府推广公立学校教育券计划与特许学校计划，到小布什政府发展教育券计划和特许学校计划，最后到奥巴马政府创办优质特许学校计划，美国政府经过各类择校计划尝试，初步建立起以教育券和特许学校为主、其他择校计划为辅的系统且多样的择校制度。

在美国教育系统的管理体制官僚化、教育质量下降、教育效益低下的背景下，择校制度应运而生。这一制度突破了传统公立学校计划管制的就近入学模式，一方面，学生可根据自己需要进行自由选择；另一方面，高质量、有特色的学校在市场竞争中也有机会获得与学生双向选择的机会。政府只需在法律、财政以及各类管理措施上予以保障和支持，同时进行适当的干预和调控（教育质量、伦理道德、课程设置等方面的标准和规范）。从择校制度目的来看，政府强调教育选择权利的重要性主要是基于以下几方面考虑：满足知识经济全球化时代人们多元化和多样化的教育需求；通过市场竞争机制来优化配置，实现教育资源均等化；通过办学模式和学校管理体制的改革，激发教师的教学热情与学生的学习动力，以此提升教学质量；通过教育市场化，降低政府对公立学校财政投入的负担，提升教育资源的使用效率，建立全新教育体制和模式。

根据择校制度的体系构成，家长依据自身的背景和需求对子女接受教育的学校类型、学校教育形式、学校质量做出不同选择，由此产生了形式不一的择校计划，如教育券、个人减免税计划、奖学金减免税计划、特许学校、家庭学校、磁石学校、开放入学、教育储蓄账户等。这一系列择校计划的根本目的是提升教育质量和拓宽教育选择，同时推动基础教育平等化。择校制度的整个内容体系与运行机制围绕着这一根本目的进行了不断设计与完善。一方面，对于处于社会不利地位的群体，各类基础教育政策与基金会以教育券、奖学金以及免税计划的形式予以资助，这在关注教育均衡、确保教育市场一定程度的竞争等方面具有重要作用；另一方面，为提升教育质量和提供多样化的教育选择，通过设立高质量、强问责的特许学校、磁石学校等改良并丰富了传统公立学校体制（见图4-1）。美国现行的择校计划主要包括教育券、开放入学、特许学校、磁石学校、教育税减免、家庭学校教育及双通课程等几种类型。

4.1.2.1 教育券

教育券一般是指学生持有的由特定的集体性消费单位（政府、教会、基金会、社团等）向适龄入学学生发放的教育凭券，学生可以凭借教育券在相应范围的学校选择就读并以此支付学费及其他相关的教育费用，同时，学校可凭券向教育券发放单位兑换与教育券面额等值的经费。教育券通过"资金跟随学生"的

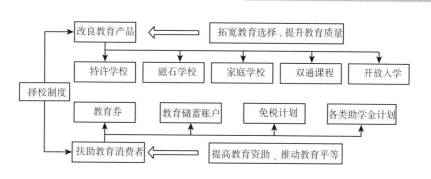

图 4 - 1　美国择校内容体系

资料来源：笔者自绘。

方式来增加学生对其他学校的选择，其价值是定额的并只在注册期间有效。按照经费来源的差异，教育券可分为"公助教育券"与"私助教育券"；按照实施方式可分为"无限制的凭证体制"与"有限制的凭证体制"；按照发放对象可分为"一般择校奖学金"与"特殊择校奖学金"。大部分教育券的发放对象主要是学生群体中的贫困儿童、孤残儿童以及学习不利儿童，主要是为了补偿弱势群体、促进教育机会均等。如哥伦比亚特区的"华盛顿机会奖学金"（以贫困生为资助对象），俄亥俄州的"自闭儿童奖学金"，亚利桑那州的"残疾学生奖学金"，佛罗里达州的"麦凯残疾儿童奖学金"。

4.1.2.2　开放入学

美国的入学没有住房产权和户籍制度的限制，唯一要求的是真实居住（自住者或者租房都可以），子女入学报名时提供水电账单即可。开放入学制允许家长不按居住地指定子女要上的学校，其子女可以就读于州内任何一所公立学校。在实行开放入学制的地区，学区必须给家长充分择校的自由。明尼苏达州干 1988 年下发了美国第一个"开放入学"法令，并从 1990 年开始在全州推广，开放入学政策逐渐成为美国最广泛的择校形式，截至 2014 年，美国已有 46 个州实施了该政策。按照学校选择范围的大小，开放入学政策分为学区内（Tntra-distric）与跨学区（Tnter-distric）择校，即学生既可在本学区内自由选择公立学校入学，又可在全州范围内选择参与其他任何学区中的公立学校就读。通常情况下，政府会依据学校在校人数，对参与开放入学方案的学校予以生均经费资助和学生的交通费用补贴。根据 NCLB（No Child Left Behind）的要求，在全国范围内所有就读于"失败学校"（连续两年未达到州年度进步目标）的学生有权在其所属学区内选择任何一所公立学校就读，根据各州对学校是否可自主决定参与开放入学方案所规定的法律效力不同，州内各学区选择方案被分为强制性与自愿性两种类型。

4.1.2.3　特许学校

特许学校是指通过与州或地方教育主管部门签订合同而成立的公立学校。在合同条款中，特许学校一般是政府提供经费，学校在承担合同规定的提升学生学业成绩责任的情况下，可不受传统公立学校规章约束，自主经营。地方或州的学校董事会、大学以及家长团体、教师团体等组织机构均可作为特许学校的承办者。与传统公立学校相似，特许学校的经费来源主要是地方税收，面向本学区或全州的学生开放。而不同的是，特许学校有更大的自主管理权，任何有利于提升学校教学质量的建议都可以实施于教学形式、教学管理、课程设计、教学时间等方面；相应地，特许学校承办者须签订"特许状"合同，向特许权授予机构明确学校的使命、目标、规划、评价方式以及成功标志等。特许学校的特许周期一般为 3～5 年，学校必须在合同规定期限内实现其承诺目标并接受目标进度评估。特许学校自 1991 年在明尼苏达州首次得到法律保障后，在美国各州得到大力推广，并且成为时下奥巴马政府广泛推动的择校计划。

4.1.2.4　磁石学校

磁石学校作为 20 世纪 80 年代的"备择学校"，是最早由政府资助的择校形式，一般通过独特的设施和专业课程来吸引学区内外的学生就读。磁石学校的最初目的是为满足不同兴趣与能力水平的学生开设不同层次和形式的教育，如表演艺术、市场营销、财政贸易、健康保健等，来补偿公立学校无法提供的特色课程。在招生上，磁石学校实行开放入学，注重教育内容的实践性，推行生源的多样性，其主要任务是消除种族隔离、帮助学生备考大学、提供专业课程等。目前，磁石学校在美国全境得到广泛的推广，针对学生学习的专业化、现代化以及多元化等特点，设有小规模高中、高科技高中、虚拟学校三种形式。磁石学校将以项目的形式满足美国多元化文化背景的教育发展需求，成为未来择校的重要组成部分。

4.1.2.5　教育税减免

在教育方面的支出，美国公民可以享受国税局的教育税扣除、教育税减免等政策。教育税扣除是指纳税人子女在私立学校或其他学区的公立学校就读时，可以从应缴纳给州的税赋中扣除相应的教育税部分。所得税扣除则是在从应纳税收入中先扣除教育支出（如学费、教材费、交通费等）之后计算的所得税进行纳税，这样就减少了纳税人的应缴纳税额。目前只有亚利桑那州、佛罗里达州等几个州实施教育税减免政策，根据对象不同可分为个人税扣除政策（如爱荷华州个人教育抵税方案）与企业税扣除政策（如宾夕法尼亚州教育改进抵税方案）。无论是哪种扣税方案，减免的税款必须捐赠给非营利的基金组织，由这些组织为学生提供包括学费、交通、教材等方面的经费资助。

4.1.2.6　家庭学校教育与双通课程

家庭学校教育是由家长或监护人在家庭情境中，根据自身教育理念、设计教育课程对子女执行教学督导活动的一种教育实施方式，其存在取代了参与公立学校教育的模式。不同于普通意义的家庭教育，家庭学校教育起始于 17 世纪的殖民地时期，在 1993 年的密西根最高法院判决下获得合法地位。目前，美国有将近 50 个州在法律上认可了家庭学校教育，但各州对其相应的指导、规范和责任各不相同。调查发现，家庭学校受到美国家庭的较高认可，其学生的学业成就普遍优于同阶段的公立或私立学校，因此在诸多择校形式中，家庭学校增长速度最快。双通课程是为中学生提供综合性大学或社区学院的部分课程，通过考核学生可获得相应课程学分，该学分能够得到高中和大学双向认可。"中等学院"模式是该项目最常见的形式，即大学与中学"协作教学"，学生可在大学中完成中学阶段的最后两年学习。

4.1.3　美国基础教育财政政策

自 20 世纪以来，美国基础教育财政政策主要经历了从注重教育资源配置效率到注重教育资源分配公平，再转向强调教育对教育财政的"充足性"等几次大的变革（王瑜，2013）。改革开放后我国基础教育财政政策的演变，与美国基础教育财政政策演变有着诸多相似之处，因此，考察借鉴美国基于公平的基础教育财政政策调整经验，有助于现阶段我国基础教育政策的完善。

教育经费的来源、分配以及使用是教育财政关心的基本问题，主要遵循公平、效率和充足等原则。美国基础教育财政经费主要是由联邦、州与地方政府三者共同负担，其中地方政府承担的最多（李祥云，2009）。由于受到美国分权体制影响，联邦政府更多是通过政策，指导州政府与地方学区承担主要财政投入，只向基础教育提供少量的专项拨款。20世纪70年代以来，由于州政府在基础教育财政上的负担比例开始超过学区，因学区贫富差异导致的教育资源配置不均现象逐渐得到改善，促进了教育均等化发展。州政府通过统一拨款的形式保障学区间教育资源配置的公平性与充分性，而学区政府则是基础教育经费管理和使用的主体。美国基础教育民主化进程中，其教育财政支付的核心理念从关注学区平等转为关注学校平等、从追求水平平等转为追求垂直平等、从满足财政公平性转为满足财政充分性，联邦政府与州政府为确保公民得到公平且充分、优质且平等的高水准教育，其改革手段从过去的报告呼吁转为各类法律诉讼。

目前，美国各州的拨款补助方式有两种：一是考虑了地方学区特殊教育需要的专项拨款；二是主要用于维系学区与学校基本运转的基本资助拨款，又称公式拨款，这是基于各学区在教育需求和教育财政能力方面的差异化考虑，以充分体现公平性。相较于联邦政府，州政府对本州各学区基础教育负有直接和具体的责任和义务，并主要通过对学区公共教育经费的分配来实施管理。州政府通过一般性基础教育转移支付的形式支持基础教育的经常性经费，这在弥补州内各学区间基础教育服务水平的差距上发挥了极大作用。各州的教育经费分配主要考虑的是公平性原则，在教育经费的分配过程中，美国州政府为减少人为因素的影响，采用因素法客观地确定各学区的拨款额，较为公平合理。为追求平等有效的教育经费配置机制，各州在对教育资助模式方面进行不断的改革与探索，以寻找利于平衡学区间教育经费的拨款补助方式。各州的拨款补助方式呈现出多样性和阶段性发展的特点。

在美国公立教育的早期，地方学区处于美国教育政策的核心地位，因此学区是教育经费的绝对来源。美国实行分税制，中小学教育经费有接近一半来源于地方学区，其中地方财产税占绝大部分，与地方政府一样，学区几乎完全依靠财产税，财产收入是美国公立中小学财政的主要来源。因此，财产税对公立中小学来说具有非常重要的意义。教育经费来自居民的不动产征税，因此地区间经济发展水平的差异造成了学区间教育财政水平的较大差异。在穷人学区，房产市场价值及其估定价值均较低，如果为达到一定水平或最低水平的教育经费，则预示着税率就要提高，穷人的支出将会增加。

4.1.4　小结

美国在基础教育领域实行学校选择以期提高效率和促进公平，这一模式在现实中确实取得了一定效果。

4.1.4.1　基础教育均衡化的理念：追求教育公平

基础教育均衡化作为一项系统的社会工程，必须具有明确的方向。通过研究美国基础教育均衡化的历史进程，我们可以看出：基础教育可以有效缓解社会贫困及公平问题，是实现经济和政治领域平等的有效途径和重要工具；受教育机会均等是每个社会成员完成自我价值实现的基本保障；教育公平和教育平等是社会公平和社会平等的核心；充分而平等的教育是保证人民在社会和经济生活中获得平等机会的必要条件，是促进社会经济发展的保障。

4.1.4.2　基础教育均衡化的关键：经费保障体制

教育财政转移支付是政府用来缩小地区之间基础教育服务水平的差距进而促进教育公平的重要手段。各级政府间规范的教育财政转移支付制度有效解决了美国基础教育经费总量不足和地区发展不平衡的问题。从实际效果看，美国基础教育财政转移在目标和拨款模式上一定程度地促进了教育公平，同时为地区发展和稳定做出了贡献。当前美国基础教育阶段，州与州之间、州内各学区之间以及不同群体之间教育经费的相对均衡离不开联邦政府和州政府有效的财政转移支付。

各级政府根据其自身的财政能力对其在基础教育中的事权责任和财权责任进行明确合理的划分，形成了较为规范的基础教育财政投资体制。

美国基础教育财政体制演变揭示了这样一个规律：由于不同地区经济社会发展阶段的差异，过度依赖地方财政会导致基础教育经费配置的不均衡。美国的基础教育经费经历了一个几乎全部由基层地方政府负担到逐步由联邦、高层地方政府与基层地方政府共同分担的过程，在这一过程中，美国基础教育也逐步走向均衡化。

中国基础教育资源配置的均衡发展，既要建立规范的转移支付模式，又要关注基础教育均衡发展所需的经费水平。从美国基础教育财政改革的发展历程看，仅仅关注资源配置的公平是不够的，必须结合教育效果和教育质量，才能使资源配置均衡化发展。为此本书提出以下建议：第一，制定基础教育成果合格的标准和明确学生应掌握的基本教育内容与技能。第二，合理度量基础教育合格所需充足经费的水平，以确定基础教育均衡发展所需要的基本经费标准。第三，建立规范的政府间教育财政转移支付制度和模式。第四，首先在条件成熟的地区试行，并结合各地区不同条件调整后逐步推广至全国。

4.1.4.3 基础教育均衡化的保障：依法治教

从国际视野看，几乎所有国家都通过制定相关法律来保证所有儿童都能够接受教育。回顾整个美国的发展，其基础教育的均衡化进程与制定和执行相关的教育法规紧密联系。美国通过法律手段从制度上确保教育公平，进而推动了教育制度的全面发展，逐步解决教育不平等的问题。

美国基础教育均衡化发展的进程中，教育法律诉讼发挥了重要作用，其意义主要表现在：第一，通过教育财政诉讼方式加快教育管理体制的变革，推动实施教育机会均等化的财政改革，同时减轻了地方的责任，增加了州的责任。第二，通过法律诉讼的方式解决教育计划不平等和教育公平问题，司法部门在推动教育财政制度改革方面发挥了重要作用。第三，教育财政诉讼引起了公民对教育公平问题的关注，在一定程度上促进了教育公平。

4.1.4.4 基础教育均衡化的现实基础：调配、优化教师资源

实现教育均衡的一个重要方式是优化教师资源的调配，提高教师质量。在美

国基础教育均衡化的进程中，应当进一步明确教师数量、质量等在基础教育均衡化过程中所起到的重要战略地位。正如 21 世纪国际教育委员会所指出的："教学质量和教师素质的重要性无论怎样强调都不过分"，在美国，政府将教师教育提升到一定的高度，认为其事关"美国前途与未来"，将改善教师教育列入美国十大目标之一。在调配、优化教师资源方面，特别强调需要做到以下几个方面：第一，针对教育资源薄弱地区提供优惠政策和专项资金，加大招聘和挽留贫困地区教师力度。第二，加强教师培训，一方面，鼓励在职教师利用假期时间提高学历水平；另一方面，倡导、鼓励高校与地方学校以及地方教育行政机构三者密切合作，努力改善贫困地区师资力量。第三，严格实行教师岗位资格证书制度。第四，对教师岗位进行改革，从其他行业领域招聘专业人士，以教师服务换取贷款或债务豁免，采取特殊的激励策略挽留差校及经济状况不好学校的教师，为改进招聘效果设立各种计划、职位和机构。

4.2

英国基础教育制度

实现教育起点公平是当前基础教育改革的世界性潮流和基本要求。不同社会发展时期，教育公平有不同的内容。基础教育在 20 世纪 80 年代被普及后，为实现人人享有平等受教育权利和机会的目标，英国不断改革基础教育入学政策，实现家长自由选择学校的权利，增加学校自主性，提高学校的教育质量。本节通过对英国基础教育入学政策的发展与演变研究，探讨我国基础教育的入学公平路径。

4.2.1　英国基础教育政策溯源

第二次世界大战后，特别是 20 世纪 80 年代以来，英国政府根据不同情况制定基础教育政策，并在制定过程中不断对其进行修正。在基础教育政策的制定、实施和修正过程中，英国基础教育的改革也在不断地向前推进。

4.2.1.1 学制政策

（1）实施普及基础教育。对英国基础教育改革来说，1918 年《费舍法案》的颁布具有非常重要的意义，自此以后英国实行了免费的初等教育。在 20 世纪前半期，英国在普及初等教育的基础上又开始了对中等教育的普及，并在《1944年教育法》颁布后最终实行免费的中等教育。英国坚持实行基础教育免费的政策是在第二次世界大战后对基础教育的普及过程中逐渐实现的。英国政府 1992 年发表的教育白皮书指出："地方教育当局将继续负有最后责任，保证所有儿童入学或另外接受适当的教育。"与此同时，白皮书中明确指出，家长应在子女 5 ~ 16 岁时确保其定时入学或另外接受适合的教育。因此，从 1992 年秋季开始，没有正当理由的学生缺席情况被所有公立学校在学校概况介绍和年度报告中公布；从 1998 年起，这种学生缺席情况在地方发布的所有学校工作的排行表中公布。

（2）推进中等教育综合化。从 20 世纪 50 年代起，"三合一体制"（文法中学、现代中学和技术中学）开始解体。这是由于这一制度阻碍了中等教育民主化的发展，且不能适应新的中等教育要求。在工党政府中，"三合一体制"作为中等教育政策，更是积极推行综合学校的政策。1964 年 10 月工党上台执政后不久，就发布了一份通告，在通告中提出将中等教育综合化的政策。1965 年 7 月，工党政府的教育和科学国务大臣克罗斯兰（Crosland）在与地方教育当局和教师团体商讨的基础上发布了《1965 年第 10 号通告：中等教育的结构》，《通告》中明确指出："终止 11 岁筛选制并消除中等教育的分离主义是本政府的公开目的……因而国务大臣要求地方教育当局……着手准备并提交按综合学校路线改组它们地区的中等教育的计划。"但是，保守党政府在中等教育综合化方面表现出了不同的态度。因此，1970 年保守党复出后，当时担任教育和科学国务大臣的撒切尔（M. Thatcher）发布了《1970 年第 10 号通告》，该《通知》取消了政府对中等教育综合化的支持。此后，尽管保守党和工党交替执政，但它们有关中等教育综合化的政策有所不同，但这并未减缓综合学校在英国的发展速度。这无形中表明了中等教育综合化已是当代英国中等教育政策的重心。

4.2.1.2　课程政策

（1）设置国家统一课程。作为整个欧洲唯一不设置国家统一课程的国家，英国历来是由各中小学自行安排课程。这种情况引起了英国政府和教育界人士的思考，为实现国家统一课程的构想，1981 年，英国教育和科学部发布的题为《学校课程》的文件中指出：学校课程是教育工作的核心；中央政府和地方当局不仅要提供教育设施，而且要关心教育的内容和质量。1987 年 7 月，英国教育和科学部又发表了一份题为《国家统一课程（5 ~ 16 岁）》的咨询文件，在全国范围内引起了广泛的讨论，关于设置国家统一课程的政策得到了大多数人的认同和支持。自此以后，中小学实施国家统一课程成为《1988 年教育改革法》中最重要的内容，逐步打破了以往教育法案从来不对学校课程作出具体规定的惯例。为保证全国中小学从 1989 年起都采用国家统一课程，《1988 年教育改革法》还规定设立"国家课程委员会"。

在全国实施国家统一课程后，针对存在的不同意见，1992 年英国政府发表的教育白皮书再一次强调指出，国家统一课程是保证所有儿童打好主要学科的共同基础。国家统一课程对学生应该学习的知识提出了明确的目标和基本的标准框架，并且要求要有足够的灵活性，允许学生以适合自身需要的最佳速度前进。这也表明了在 20 世纪 90 年代国家统一课程政策的变化。

（2）实行国家统一考试。从 20 世纪 80 年代起，英国政府开始出现一种新的考试政策。1984 年 7 月，教育和科学部宣布推行新的中等教育普通证书考试，来取代 1951 年开始实行的初级水平普通教育证书考试和 1965 年实行的中等教育证书考试。1988 年英国正式推出中等教育普通证书考试，原来高级水平普通证书考试仍然保留。英国政府设立了国家课程委员会，同时还设立了"学校考试和评定委员会"，以推行国家统一考试。由于国家课程委员会与学校考试和评定委员会工作之间的紧密相关性，《1993 年教育法》颁布后，"学校课程和评估局"正式设立，取代原来两个机构的工作。这是英国中小学有史以来第一次推行国家统一考试，因此这种考试政策引起了社会各界人士的强烈反响，同时也遭到不少人的反对。针对这些现象，英国政府成立了一个专门的委员会，该委员会以学校课程和评估局主席迪林

（R. Dearing）为首，对国家统一课程和国家统一考试进行检讨，并于 1994 年初提交了报告。报告中还提出了一些具体措施，例如，简化考试科目，7～14 岁考试科目仅设置 3 门核心课程；取消 7～14 岁学生的考试成绩排行表，并改进其他考试成绩排行表的公布方式等。这些措施于 1995 年开始实施。

4.2.1.3 师资政策

第二次世界大战后，英国政府颁布了一系列关于师资的政策推动战后英国教育的发展。20 世纪 70 年代末至 80 年代初，中小学入学人数的减少，使教师需求量也随之降低，加之教育财政的困难，使得英国政府的师资政策有所改变，更加加强了对合格和富有经验教师的审核标准。1982 年颁布的《教育（教师）规程》规定，在公立学校从事教学工作的人员必须是合格的教师，应当修完由教育和科学国务大臣确认的学校教师职前培训课程。1985 年，英国教育和科学部在教育白皮书《把学校办得更好》中把"教师和师资管理的专业效能"作为政府采取行动的四个政策领域之一。并且教育白皮书还明确指出："学生的进步是衡量教师成功的尺度，学校要完成的使命主要落在教师肩上。"同时，英国政府要求学校和地方教育当局对教师在职培训进行系统的规划，并用严格的方法发展教师职前培训。20 世纪 90 年代初以来，英国为了提高教师专业水准，开始推行新的教师评价政策，整个评价过程包括多个阶段，如课堂听课、评价面谈、评价对象的自我评价、与评价对象共同商定评价报告书等。

4.2.1.4 管理政策

（1）加强中央政府的教育管理。20 世纪 60 年代以后，英国中央政府对教育的管理趋于加强，其中一个明显的迹象就是教育部被新的教育和科学部所取代。《1988 年教育改革法》充分体现了加强中央政府教育管理的趋势，不仅在教育拨款上，在中小学课程设置上也得到了体现。该教育法案增加了中央政府的领导权限，更加明确地肯定了教育和科学部国务大臣的领导作用。例如，在实施国家统一课程政策时，中央政府负责组织课程大纲、考试评价和成绩目标，地方教育当局和学校只需确保国家统一课程的正常实施。英国伦敦大学教育学院教授麦克莱恩（M. Mclean）指出："在英国，事实上把许多课程政策给了中央政府，给地方教育当局只留下了一点提供指导的权力"。

（2）设立直接拨款公立学校。根据《1944 年教育法》，第二次世界大战后英国中小学由地方当局开办和维持，其中，小学教育和继续教育发展计划是由地方教育当局提出的。但在《1988 年教育改革法》颁布后，英国开始设立直接拨款学校，这是第二次世界大战后英国基础教育政策的一个新变化。《1988 年教育改革法》中规定，任何由地方教育当局管理的郡办学校或民办学校必须在家长投票同意后才能提出申请，并经教育和科学部国务大臣批准后才能成为"直接拨款公立学校"，这种学校脱离了地方教育当局的直接控制。教育和科学部国务大臣将根据每个年度财政的具体情况给直接拨款公立学校支付维持拨款、基建拨款以及专项拨款。1992 年，英国政府发表的教育白皮书中明确指出，直接拨款公立学校是自主办学的学校。"这种自治不仅是学校思想的核心，也是政府教育政策的核心。"因此，随着直接拨款公立学校的发展，地方教育当局在教育管理上的作用将会被改变。

（3）允许家长选择学校。早在《1944 年教育法》中，有关条款已提及家长选择学校的问题，20 世纪 80 年代后期以来，"家长择校"是英国政府在基础教育问题上的新政策。《1988 年教育改革法》的颁布，通过公开招生的办法扩大了家长择校的机会。在 1991 年的《家长宪章》之中，家长择校的权利得到进一步扩大。1992 年英国政府发表的教育白皮书强调给家长更多的选择机会，把"家长选择"作为其重大主题之一。具体来说，家长既可以在公立教育和私立教育之间选择，又可在郡立学校、教会及其他民间团体所办的具有传统特色的学校之间选择。总体而言，90 年代英国中小学教育的多样化为家长的选择提供了机会和条件。

（4）实行新的教育督导制度。在英国，一直是由皇家督学团负责对中小学教育的督导工作。皇家督学团作为教育和科学部的一个直属部门，其主要职责是：向教育和科学国务大臣汇报教育情况并提出建议、提高教育资源的有效利用、发现和推行好的教育实践经验、发布教育信息、参与教师培训工作等。《1992 年教育法》明确规定取消中央和地方两级督导机构的体制，建立单一的教育督导体制。于 1993 年 9 月 1 日成立了"教育标准局"来取代原来的皇家督学团。教育标准局的主要任务是制订教育评价标准及相关政策和计划、制订和实施督学的培训计划、监督教育督导工作质量等。

4.2.1.5 经费政策

《1944 年教育法》是英国第二次世界大战后基础教育改革和发展的基础，该教育法案中的有关财政条款也确立了战后英国基础教育的经费政策。例如，该法案规定："教育和科学国务大臣向地方教育当局需支付年度补助费……为履行本法赋予他的职能所开支的经费将从议会提供的经费中支付。"但英国的基础教育经费政策从 20 世纪 80 年代起开始有了很大变化。《1988 年教育改革法》颁布后，由于加强中央政府的教育管理、实施国家统一课程以及设立直接拨款公立学校等措施的实行，地方教育当局仅保留部分教育经费的支配和控制权，诸如基建费、地方教育行政管理费、培训教师费等。尽管地方教育当局有权根据本地区实际情况决定分配给各学校所需要的经费，但需报教育和科学国务大臣批准。另外，为履行维持直接拨款公立学校职责，教育和科学国务大臣可直接向该学校董事会提供年度拨款（包括维持拨款、专项拨款和基建拨款等）。

为促进直接拨款公立学校的发展，1992 年发表的教育白皮书建议设立"学校基金委员会"，主要目的是给直接拨款公立学校分配教育经费并进行财务检查。随着直接拨款公立学校数量的增加，一方面，政府需要向这类学校提供一个新的和比较简单的计算拨款的方法；另一方面，还需要重新考虑原来的拨款制度，在必要时对各地方教育当局的拨款进行平衡调整。

4.2.2 英国基础教育入学政策

4.2.2.1 英国基础教育入学政策的发展与演变

综观英国基础教育的发展史，从 1870 年颁布《初等教育法》公立初等教育开始出现至今，使更多的平民子弟接受优质教育成为英国基础教育的主旋律。入学政策的演变与基础教育的发展具有紧密联系，其主要经历了以下几个发展阶段。

　　第一阶段：19 世纪 70 年代至第二次世界大战前，该时期基础教育阶段初等教育得到初步确立和普及，强迫性的初等学校入学政策开始出现。在这一阶段，公立初等教育开始出现，并从私立教育的补充角色迅速转变为绝大部分平民子弟接受教育的主要场所，为社会培养了大量具备读写能力的劳动力。与此同时，政府意识到公民接受教育对社会经济发展的重要性，开始逐渐加强对学校的控制力度。强迫性入学是这一时期入学政策的主要特征。各地方委员会主要以法律形式要求实行某种程度上的强制入学，即凡是 5～12 岁的学龄儿童都必须入学，否则家长就要受到舆论和经济制裁。直到 1918 年教育法颁布后，免费的初等教育才开始在英国全国范围内得到实施。此前，尽管也有一些地区实行免费教育，但大部分普通家庭都要为学生支付不少学费。

　　第二阶段：第二次世界大战后至 70 年代末，该阶段是基础教育基本普及、基础教育开始向中学阶段延伸、中等教育综合化政策不断修正和"三轨制"理论基础的崩溃时期。这一时期基础教育普及到 16 岁。早期的入学政策主要实行的是由政府拨款的学校一律免收学费的制度。家长的权利在入学政策方面得到初步的体现，其子女可以根据家长的意愿在公立学校与私立学校之间自由选择。该阶段后期的中等教育综合化运动，使越来越多的人意识到 11 岁入学考试和"三轨制"的不合理性以及废除这一考试的迫切性，还有一些人认为分流考试是造成社会不平等的根源，提倡建立综合化的现代中学。总而言之，该时期总特点是在免费的基础教育延伸到 16 岁的基础上取消分流考试，走中等教育一体化道路（单中惠，2007）。

　　第三阶段：20 世纪 80 年代至 90 年代末，该阶段是基础教育市场化、自由化发展的时期。该时期，英国政府将市场机制引入教育体系，实行优胜劣汰的教育竞争制度。在入学政策方面，作为产品的消费者，家长享有充分选择的权利，他们根据自己的意愿不仅可以在公立学校与私立学校之间自由选择，同时还可以在公立学校体系选择自己中意的学校。在公立学校系统招生方面，政府实行强制性的"开放入学"政策，规定所有的公立学校必须进行公开招生，并且不受地区限制，直到额满为止。在私立学校的入学政策方面，政府实行对优秀贫困生补助的"公助学额计划"。该时期基础教育阶段入学政策的主要特点是：学校不断地提高教学质量以招收到足够的学生，家长享有自由选择学校的权利。

4.2.2.2　英国公立学校公平入学政策

一直以来，英国的教育具有深厚的贵族化传统，经济状况良好的上层阶级家庭的孩子可以轻松接受学费高昂的私立学校教育及教育质量优异的公立学校教育，而只有极少数优秀的平民子弟才有幸接受良好的学校教育，绝大多数的平民子弟都无缘接受高质量的学校教育（姚艳杰，2010）。严重的两极分化状况使得英国教育与技术国务大臣戴维·米利班德都承认在工业化国家中，英国教育制度是最不平等的教育制度之一。据统计，在英国，普通中等教育测试中成绩良好的来自中下阶层家庭的学生人数，只有出身富裕家庭的学生人数的1/3，知识分子家庭出来的孩子能够上大学的人数，是那些父母未受过高等教育家庭孩子的5倍。可以看出，有太多聪明的儿童，他们有能力和潜力获得成功，但却没有发挥潜能的机会。英国采取入学政策的目的在于加强公立学校之间的竞争，提高教育质量，促进社会公平。同时促进各民族融合，发展学校的多样化和特色化，使所有人都有选择学校的权利。

1. 建立新的学校体系

为了消除教育的两极分化、实现教育机会均等、促进公平入学，英国"新工党"政府从提高学校教育质量、改造薄弱学校、发展特色化教育、成立新型学校着手。

（1）实行"教育行动区计划"对薄弱学校进行改造。"教育行动区计划"是指将教育质量低下的学校管理权进行对外招标，由地方教育当局、当地的工商企业、学校、家长和其他地方机构部门组成联合体，向中央教育主管大臣提出申请，在得到同意后可接管该地区学生学业成绩差的学校。通过管理权的转移，吸引教育以外的社会力量参与教育薄弱地区学校的管理和运作，进而为薄弱学校带来新的管理思路、资金和经验，以此来迅速扭转学校教育质量是此项计划实施的主要目的。

（2）促进中学向特色化发展，鼓励中学成为专门学校（Specialist Schools）。实施专门学校的政策体现了英国中央政府提出的建立多样化和高质量的教育目标。专门教育的理念是通过发展专门教学，逐步提高整体教学标准。学生不论选择文科或者理科，都不影响其他科目的发展。在遵守全国教学大纲的同时这类学校可以着重发展某个特别领域，任何运行正常的英格兰中学，都可以成为技术、艺术、语言、运动或其他某个专业领域的专门学校。英国执政工党希望所有中学都能发展成专门学校，专长于某一特定科目。此外，政府还积极鼓励现有的专门学校发展第二个特殊领域。

（3）成立大量新学校。2007 年英国成立了一批带有公立学校性质的学院（Academy）和信托学校（Trust School）。学院的前身大多是教学力量薄弱、表现欠佳的学校，一般由商业、宗教或慈善团体及当地社区联合创办。创办学院的目的主要是希望对贫困地区的学校进行改造。学院是公费资助的学校，比普通中学更具独立性，可以根据本地区实际需要，灵活调整教学大纲及授课老师。英国政府在 2010 年以前，已经开办了 200 家这种院校。

2. 建立公平入学体系保障机制

为了保证公平入学，真正实现教育机会均等，提高学校的教育质量，使所有学生特别是少数民族学生都能按照自己的意愿进入满意的学校，英国教育部还扩大了地方教育当局的职能，加强法制化管理。

（1）扩大地方教育当局权责。地方教育当局有义务确保本地区每所学校的入学公平。不论家庭背景、种族及宗教信仰，为所有的儿童提供较高质量的学校教育、挖掘并发展每一个孩子的潜力一直以来都是英国政府的教育目标。根据相关法律规定，地方教育当局负责监督本地区内所有学校的招生过程，并建立一个公正、透明、客观的入学体系。为了确保入学公平，地方教育当局须从大局出发，调整本地区的入学政策，保证该地区所有适龄儿童都能够被学校录取。

（2）修订《入学操作规章》促进中小学的入学公平。英国"新工党"政府试图通过法律途径来保障中小学的入学公平与公正，在 2007 年 2 月颁布了新修订的《入学操作规章》和《学校录取申诉规章》。新修订的《入学操作规章》对全国的中小学招生制度做出了统一的法律规定，要求所有公立学校的招生都必须遵守《入学操作规章》的规定。与 2003 年颁布的《入学操作规章》相比，新的规章赋予了地方当局和学校制定招生录取政策的自由，但是也只能是在严格限制的框架内执行。如果学校在招生过程中违反他们事先制定的入学安排，按照《入学操作规章》的规定，该学校的入学委员会将被剥夺自行招生的权责。另外，新的《入学操作规章》废除了一些不公平的招生政策，如禁止把家长的职业、教育和社会背景、经济状况等作为学校招生的考虑因素；禁止把家长对学校的赞助或其他支持的能力以及家长与学校的关系作为考虑因素；禁止给那些把特定学校作为首选的家长更高的优先权。

（3）为家长提供学校信息与择校建议的服务。《2006 年教育与督察法》赋予地方教育当局的一项新职能，即为正在择校的家庭提供充分的学校信息并且针对入学儿童给予择校建议。英国政府计划出资 1200 万英镑，在每个地方教育当局建立择校建议咨询服务部门化（Choice Advice Service），设立专业咨询员帮助家长了解当地的入学体系，向家长在为孩子选择合适的学校、满足孩子需要方面提供咨询及建议服务。同时英国政府会为这些咨询员提供必要的培训，为保证服务质量政府还会对信息咨询员进行全面的评价。

（4）设立入学申诉委员会。入学申诉委员会受法官委员会监督并且独立于教育系统，主要受理以下两类案件：一是家长对学校是否招收学生决定提出的申诉；二是社区学校或者受监管津贴学校的管理主体对地方教育当局（招生权力机构）强制性招生的决定提出的申诉。同时，入学申诉委员也会关注个别案件（个体的入学问题）。对招生权力机构来说，入学申诉委员会主要听取其拒绝招收某个学生的理由；对于家长来说，入学申诉委员会主要听取某学校应该招收某学生的理由。入学申诉委员会经过调查取证、审理后，根据法律及相关法规做出判决。教育大臣也无权改变判决，如果家长或者招生权力机构认为判决不公，可以向法院申请复议，法院有权更改判决。

3. 为促进教育机会均等，英国政府除了建立相关的保障机制外，在地方各个学校具体招生方面还实行自由且多样化的招生政策。具体包括以下几点：

（1）入学委员会享有自主制定招生办法的自由。学校具体的入学政策由各学校的入学委员会（Admissions Authority）制定。每所公立学校的入学委员会因学校种类而异。目前在英国的公立学校体系中主要有社区学校（Community Schools）、基金会学校（Foundation Schools）、受津贴民办学校（Voluntary Aided）、受监管津贴学校（Voluntary Controlled）以及新转制的专门学校（Specialist Schools）和新成立的信托学校（Trust Schools）、学院（Academies）等。其中，社区学校和受监管津贴学校这两类公立学校是由地方教育当局作为它们的入学委员会，负责招聘员工和招收学生，而其他公立学校的入学政策及实际招生工作则都由学校董事会组成的入学委员会担任。入学委员会的主要工作就是根据公平、公正、透明的原则制定并公布本校的入学安排，同时要针对申请入学人数超过法定人数的情况制定入学标准，发布招生信息。

（2）免试入学与按能力招生政策并存。普通公立学校禁止按照学生能力招生，一直以来英国教育部要求那些申请入学人数没有超过学校法定招生人数的学校禁止对学生采取任何按照能力招生的政策，其目的就是为了保证所有的学生不论家庭背景、经济状况、宗教信仰都能有同等机会接受免费的学校教育。除了公立寄宿学校的特殊招生需要以外，普通公立学校在招生过程中禁止对学生及其家长进行面对面形式或者电话形式的面试和选拔性的入学考试。

（3）制定公平的入学超额标准。在英国，在遵守就近入学政策的前提下，家长可以自由为其子女选择学校，导致一些教学质量高、受学生和家长欢迎的学校成为热门学校。但是，地方教育当局会根据学校的具体情况制定名额限制，使得所有公立学校的实际招生不能超出这个法定名额。在这种求大于供的状况下，热门学校一般采取按能力分组的入学政策。对于使用按能力分组政策招生的热门学校，其通常会对所有申请本校的学生进行统一的考试，然后按照分数把学生分成五个能力等级组，然后从每个能力组中按比例录取学生。

4.2.2.3　英国独立学校的入学政策

英国的独立学校在家长及学生中受到热烈的欢迎，它们具有办学机制灵活、教育标准较高、师生比例和班级规模小、教育质量过硬、纪律良好等优点。独立学校（Independent Schools），又称私立学校，主要指办学费用来自学生家长缴纳的高昂学费和其他投资收入、非政府和地方教育当局资助，享有高度自治管理权力的学校。在招生方面，独立学校具有高度的自主权。独立学校的种类齐全，有招收 2~18 岁的一贯制学校（All-Through Schools）、2~7 岁的幼儿园（Pre-Preparatory Schools）、7~11 岁或 13 岁的小学（Junior Schools or Preparatory Schools）、

11～18 岁的中学及专门招收 16 岁以上的第六学级（Six Form）。与申请公立学校的程序一样，家长要提前向学校递交入学申请，有的学校也根据递交申请的时间早晚招收学生，所以申请热门学校的家长很早就开始向学校递交申请了，如在伦敦的一些地区，家长甚至在孩子出生时就开始向学校递交申请。第六学级的入学竞争也十分激烈，一般情况下要提前一年或 18 个月申请。符合条件的学生须参加独立学校的入学考试，一般情况下入学考试是由各个独立学校单独举行，但也有一些独立学校联合举行入学考试，针对这种情况，申请这些学校的学生只需参加一次考试就可以。然后，学校根据学生的考试结果划分最低入学分数线，通过最低入学分数线来录取学生，有的学校在招生时会对学生进行面试。

4.2.3　小结

英国基础教育改革目标是变革现有的学校制度，确保每个适龄儿童都能接受优质教育，而入学政策的变革不仅可以提高学校的教学质量，缩小学校之间的差异，还可以消除学生因家庭背景不同而造成学业成绩差距。英国新《入学办法》的出台，可以有效地解决当前入学机制中存在的突出矛盾，从而为家长和学生提供更多的选择机会，真正把家长和学生放在中心位置。

新入学办法禁止变相选择学校，通过取缔一系列公立学校不公平招生的做法，其中包括选择性和综合中学，学院类学校，教会学校以及公立寄宿学校等，从而使学校的招生事项和政策不影响特定阶层或少数种族的儿童，也不影响残疾或有特殊教育需要的儿童。新入学办法使招生制度变得更加简单、透明，不仅易于家长理解，而且赋予他们更多的权利，例如，如果家长认为这些标准有悖于法律法规的规定，他们可以对学校的超额标准提出上诉。

4.3

德国基础教育制度

德国是欧洲最大的国家和经济体，2014 年经济总量排世界第四，很多学者把德国经济发展的奥秘与其教育联系在一起。完善的教育体制及对教育的大规模投资，是德国社会经济发展水平长期居于世界领先地位的主要秘诀，而基础教育又是德国在发展教育中的最重要阶段。在世界各国都在为基础教育进行综合教育改革的背景下，以公立教育为主体的德国率先进行了改革，并在很多方面的实践都取得了成功。我们应吸取借鉴其经验和思路，对引导我国制定以"人人享有优质教育"为指向的基础教育政策大有益处。

4.3.1　德国基础教育概况及特点

4.3.1.1　德国基础教育体制——实施分类教育体系

德国作为一个联邦制国家，基础教育体制复杂，各个州的情况不尽相同，但其共同点是各州都实行十二年基础教育，由初等教育、中等初级教育和中等二级教育三个阶段组成。初等教育阶段是指小学教育阶段，即第 1～4 年级。中等初级教育是指包括主体中学、实科中学和完全中学在内的 5～9 年级或 5～10 年级。中等二级教育是指第 11～13 年级，这个教育阶段主要是职业教育和完全中学高年级阶段（王廷山，2003）。参见图 4－2。

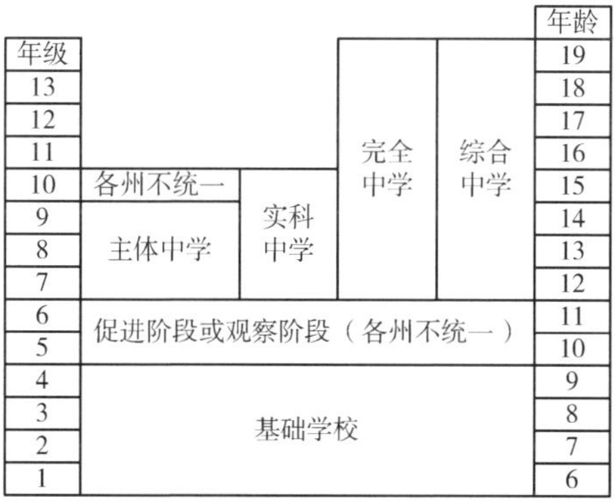

图 4－2　德国基础教育阶段学制

资料来源：笔者自绘。

德国教育实行分类教育体系，使学生有多种可能性从某类学校转入其他类学校进行学习。小学读四年后，进入"预备性学习"或"方向性阶段"再读两年。

在这个阶段，家长和学校根据学生的具体情况，考虑他们今后是升大学，还是入职业学校。学生在小学毕业后升入中学，经过三年的中学学习后，开始分流：学习成绩较好的学生进入普通高中继续学习四年，一直读到十三年级（其中最后一年不属基础教育），然后再升入大学学习；一部分学习成绩较差的学生则直接进入职业学校，再读三年后直接就业，也有一部分从职业中学毕业后再进入高级职业学校继续学习。不过，双向分流也会出现交叉的情况，如有的学生在普通中学成绩太差，可以转到职业学校就读。

德国中小学教育阶段实行分类教育体制，普通教育与职业教育处于平等地位。不论学生的性格差异、父母社会经济地位或居住地的远近，他们接受教育和进入职业的道路都是平等的。这种分类教育体系有效保障了每个学生按自己的能力和禀赋选择自己的求学道路。

德国学生小学毕业后就要分流，有的进入国民中学，有的进入实科中学，有的进入完全中学。根据学生及成绩及家长的自身情况，学生进入不同的学校进行学习。实际上，为了儿童更好更全面地发展，在德国的大多数州里，5~6年级开设不分轨的统一学习阶段，提供共同的教育，这一阶段称为定向阶段。

这种分轨学制，升学中没有竞争考试，低年级可以无障碍升到高年级，每一轨都保证顺利升高一级学校，这有利于儿童在学校期间按规定培养目标，从而接受到良好的教育，不受升学压力干扰。与此同时，由于德国大力推行除了完全中学毕业生可以进入大学深造，职业学校的学生同样可以获得进入大学学习资格的第二条培养途径，虽然学生从12岁就开始进行分轨学习，但并不会影响职业学校里优秀的学生进入大学继续学习。

4.3.1.2 德国教育管理——以法治校

德国的教育法规在世界上被公认为最完备、数量最多，甚至在德国教育界就有很多人认为教育法体系过于烦琐，近似于"文牍主义"。德国的教育管理是中央集权与地方分权相结合，而又以地方为主的管理体制，联邦政府只有有限的立法权，如制定全国教育总法以及修订教育机构资格审核、教师培训和任职资格、规定教育经费分配比例等全国性问题法规的设置。教育管理的全权在州政府一级，州以内有关教育行为的立法权全部属于州政府，在符合联邦政府颁布的总法的前提下，各州均有自己的教育法规。联邦政府和各州政府颁布的教育法规共同构成了德国的教育法规体系，它涵盖德国教育系统的各个方面。就基础教育而言，包括行政部门的职、责、权，各类学校的归属，校长的任职资格，中小学教师的职前培养目标以及教师的任职资格，各类学校运行发展的经费保障与学校日常经费的限制，所有一切都有严格的法律规定（山东省基础教育考察团，2004）。

4.3.1.3　德国教学改革——能力与方法

德国教育改革注重学生实践能力的培养。无论是德国中小学生诸多实践性课程的设置，还是德国双元制职业教育对实训的重视，都体现着注重培养学生实践能力的精神。

德国教育改革还注重向学生传授方法和方法论。在德国中小学中，包括文科教育学和理科教学，教师不仅要向学生传授知识，而且要让学生懂得知识的来源以及获取、发展知识的方法。例如，德国中学把已无现实应用价值、语法烦琐但逻辑性强的拉丁文至今列为第二外语，其目的就是训练学生的逻辑思维能力、记忆能力、口才能力；德国中学的物理、化学、生物教科书，经 20 世纪 70 年代初的教学内容改革，不仅删繁就简，减少了教学量，而且在照顾到学科传统结构的前提下，以实验为教材主线。一门初中物理课，用一百多个教师演示实验和几十个学生动手实验，便完成了力、热、声、光、电五大部分的全部教学任务（刘潇璘，2015）。这一切都使德国学生从小便养成重视方法和方法论的思维习惯，这对于学生创造意识和创造性能力的培养十分重要。

4.3.2　德国基础教育均衡发展策略

德国中等教育的"三轨制"在世界上可谓独一无二，其教育水平也曾享有盛誉。然而近年来，这种体制却屡遭质疑，被指责为已不符合当今世界教育发展趋势（郭鹏，2000）。

4.3.2.1 基础教育的拨款方式

德国公立中小学实行免费教育。教师工资、师资培训以及其他跨学校和地区的活动被列入州政府教育预算，教师工资由州政府直接拨入教师个人账户；地方政府作为学校的举办者，承担学校中与办学条件有关的经费。地方（县、乡镇）政府代表学校向市议会争取经费，教育局再按市预算委员会确定的预算框架编制预算方案，从编制预算到确定方案，一般需 8~9 个月的时间。德国地方教育局的教育经费分成两部分：学校基本办学经费，包括占绝大部分的维持正常教学活动拨给学校的开支；教育局本身的经费。其中，学校行政与教辅人员的人头费并不列入教育经费。这两部分经费列入市行政和环保经费预算，学校则仅负责有关人员的招聘工作。德国中小学所需的办学经费全部由政府拨款，体现了基础教育的政府职能。

4.3.2.2 德国基础教育教师队伍建设

（1）增强教师职业的吸引力。德国教师拥有较高的社会地位和丰厚的经济来源。因此使得教师这一职业比其他职业具有更强的吸引力（赵爱荣，2014）。德国教师可以终身任职，不受解聘的威胁且被确认为国家公务员；而普通职员与工人则需要工作 15 年以上，且年满 40 周岁，才享有不被解雇的权利。在失业率较高的德国，很多人期盼拥有一个稳定的职业。此外，从行政上讲，德国公务员又被分为高级、中级和初级三个级别，大学和完全中学教师属于高级公务员，中小学教师属于中级公务员。由此可知，德国教师享有很高的社会地位。在享有较高社会地位的同时，教师的工资待遇也比其他职业高出很多。根据德国政府公布的相关数据，政府支付给中小学教师的工资比国内人均国民收入的 2 倍还要多。德国中学教师的人均年收入与一些著名跨国公司员工的人均年收入相当，均在 45000 欧元以上。因此，与其他行业相比，中小学教师属于"中高收入阶层"。即使与其他公务员工资相比，教师工资也是比较高的。根据联邦《薪金法》规定，德国公务员的工资系列分为 A 级、B 级和 C 级，德国 A 级工资系列共分为 16 个等级，1~8 级为普通公务员和初级公务员的工资待遇，9~12 级为中级公

务员的工资待遇，13～16 级为高级公务员的工资待遇。普通教师可享受 10～14
级的工资待遇，校长可享受 15～16 级；大学教授享受 C 级工资待遇，德国高级
政府官员享受 B 级工资待遇，部分大学教授也可享受。另外，按照德国相关规
定，德国教师的退休年龄为 65 岁，拥有 5 年以上教龄的退休教师便可领取教师
退休金，退休金金额是退休前最后工资总额的 75%；另外，如果教师本人去世，
其配偶和子女还可以分别领取退休金的 60% 和 12% 作为生活补助，直到去世。
除高工资外，德国教师还享有众多的福利待遇，如假日津贴、子女津贴、地区津
贴、年终奖金和官职津贴等。德国教师优厚的经济待遇由此可见一斑。

（2）严格教师资格证的获得。在德国，要想获得教师资格证绝非易事。德
国平衡不同类型学校的教师素质没有传统意义上的师范教育，中小学教师的培养
是由综合性学院或大学来完成的。在接受教师教育培训的资格选拔上德国有严格
的规定：申请综合性大学师范专业的前提是要获得完全中学毕业证，与其他中学
相比，完全中学非常注重学术性教育。因此，要想获得完全中学的毕业证书，必
须先接受 4 年的基础学校（相当于我国的小学）教育，然后经过筛选进入附属在
完全中学的两年制促进阶段学校学习，两年后考核合格方可成为正式的完全中学
学生，再经过 7 年的学习，通过完全中学的毕业考试，才能获得完全中学毕业证
书。也就是说，学生在进入综合性大学之前须经过 13 年的学习，相比进入其他
中学要多上 3 年学，这一资格限制比普通大学生的录取更严格。入学资格只是一
个开端，在成为正式教师前还必须经历两个阶段的学习和两次国家考试。两个学
习阶段分别是大学学习阶段和见习阶段，第一阶段的学习一般为 7～9 个学期，
完成了此阶段的学习方可参加第一次国家考试；完成了国家规定的两年见习阶
段，便可参加第二次国家考试。国家考试的设计比较周密，考试内容有理论和实
践，并且包括实习成绩。第一次考试内容是：一篇论文（通常是用三个月的时间
在家里完成）、120 分钟的书面考试（考试内容是两门专业课知识）、80 分钟的
口试（试讲），此外，还有约 50 个学时、4 周教育实习测试，学生按分配到不同
类型的学校实习，实习内容主要是听老教师授课、观摩老教师组织教学、批改作
业、管理班级，然后写出实习心得。第二次考试内容包括撰写两篇分属不同学科
的论文、两个学科的试教和口试。参加第二次考试的实习教师每年约有 5%～

10%的人不能通过考试，其他90%～95%的实习教师则获得国家认定的教师资格。没有通过第二次考试的学生，一年内还有一次补考机会，但要延长实习期；如果补考仍不合格，将会失去任教和从事教师职业的资格。两次考试均通过的人，方可获取教师资格证。长期的学习和严格的考试，为教师这一职业蒙上了神秘面纱，也使它成为一个令人羡慕的职业，吸引了众多的人投身于教育事业。

（3）加强在职教师的职后教育。随着社会的发展和科学知识的不断丰富，仅靠职前教师教育，已经很难满足社会对教师的要求。从20世纪70年代起，德国对师范教育开始进行调整和改革，重新规定师范教育包括三个阶段，把职后教育正式列为继职前教育阶段和向教师职业过渡阶段之后的第三个阶段。德国教师的职后教育一般有两种，在职教育（适应工作教育）和转职教育（面临失业危险的教育）。教师的在职教育是为了确保教师在从教时能更好地适应教学需要而采取的一种措施，主要包括在职函授学习、短期脱产进修和教师在职自学三种形式。德国的教师条例规定：教师每年须到本地市州的师资培训中心或学院进修1～2次，每次时间大约为5天，教师可根据本人的工作需要自行决定进修的内容和具体时间，学习结束不举行考试。此外，每五年还要到州立师资培训学院进修一次，时间为3～6个月，进修内容为新知识、新方法、新工艺。针对在职自学，国家没有严格的法律要求，其形式也比较自由，大多是结合教学工作的需要，学习一些帮助提高教学质量的新教法和新知识，也有些是为应聘高职而选学新学科和跨学科的课程，还有的是结合工作进行的某一专题研究等。教师的转职教育是针对从事教师职业的教师，因为其工作变动，知识陈旧老化即将面临失业所采取的一种新职业教育措施。通过培训，合格后可发给新职业资格证书。如巴登—哈尔茨堡教师经济学院其中有一项任务，就是专门为失业的教师提供函授学习的，目前开办的有领导助理、经济管理助理和人事管理助理等多种规格的培训班。如果说第一阶段的教育是培养作为教师应具备的学术上的基础能力，第二阶段的教育是养成作为教师应具备的实践能力的话，那么，职后教育的目的是要使在职教师形成适应急剧变化的各种能力，进而不断提高教育教学的质量。

4.3.2.3 变"三轨"为"二轨"

在德国，普通中学是一种没有入学门槛的标准制学校，其主要招收对象是不具备特殊才能的学生，他们将接受 5 年学校教育，在 15 岁左右毕业。主流学界认为普通中学已经不能再适应现在的社会发展，其所提供的课程并未包括社会所需的复杂技能。由于普通中学在很大程度上使得学生没有得到足够全面的教育，一些州已着手废除这种教学制度，例如，石勒苏益格·荷尔斯泰因州已率先把三年级压缩成两年级，并且允许所有中学毕业的学生都可以进入高中继续学习。

4.3.2.4　建立综合学校

综合学校是上文中所提到的三种传统学校类型的组合，通常包括 5～10 年级或 7～10 年级，有些综合学校也设有高年级，类似于文科中学的高中部。随着 20 世纪 60 年代末、70 年代初教育民主化浪潮的兴起，舆论和社会反对选拔思想，德国中等教育传统的"三轨制"遭受了广泛批评，综合学校便在这种"教育机会均等"思想的影响下应运而生。这类学校整合了三种传统类型中学的课程，重新进行科学搭配，取长避短，使学生能够广泛接触到不同类型的知识和技能，并根据自身能力选择难易程度不同的课程，学完 5 年后，再依据自身的兴趣和成绩选择今后的发展道路。综合学校采用先统一后分化的教学方法，给所有学生提供了更长的缓冲区和更广的选择权，其组织的灵活性深受学生和家长的欢迎。综合中学的出现对德国传统的三分式中等教育制度改革和调整起着直接且重要的影响。

4.3.3　小结

德国属于联邦制国家，各州文化教育主权完全独立以避免教育集权，所有的基础教育事务均由各州政府和地方政府负责，联邦政府无权干涉，所以德国基础教育政策的制定者是各州政府和地方政府。回顾德国基础教育制度的发展历史，可以得出以下结论：第一，这种教育管理体制可以充分调动地方办理基础教育的积极性，鼓励各州政府尽可能调动本州的人力、财力和物力，把教育办好；同时各州还能因地制宜，发挥自己的特点和优势，使基础教育政策适应本州的社会、文化和经济等方面的实际需要，并能主动推进政策的落实。第二，这种教育联邦制强行要求各州统一，一个州的决定不会影响其他州，既避免了某种不成熟的改革设想造成全国性损失，也能促进各州之间的相互竞争。另外，基础教育不仅属于纯公共产品，而且属于地方性公共产品，它既可以由中央统一提供，也可以由地方政府分别提供。

德国对联邦政府、州政府和地方政府的教育管理权限和范围划分十分明确细致，对各个社会团体参与基础教育的制定过程有明确的规定，并且都通过法律条款加以制度化。基础教育政策的主体在策划、形成、和制定政策时有法可依，有章可循，这使德国基础教育的制定具有高度的法制化和制度化特点。

4.4

日本基础教育制度

日本的基础教育普及程度相当高。在日本，九年制基础教育的就学率一直为100%左右，其中，初中基础教育普及率达100%，高中普及率较基础教育普及率稍低，为97%。日本因其基础教育的高质量而世界闻名，并且其基础教育均衡化程度相当高。通过梳理并总结日本基础教育均衡发展方面的探索，可以给我国的基础教育改革和发展提供借鉴。

4.4.1 日本学区制模式

在日本，小学招生不像中国一样严格执行学区划分制度，家长在一定范围内可以自由选择不同行政区内的小学。但若某个小学所申请的学区外儿童太多，为公平起见，学校会通过公开摇号决定。日本政府通过采取各种措施来确保学生们享受到的教育质量基本一致。

日本学区制开始于20世纪80年代的后期。日本政府出台了与机构改革思路相对应的政策，以缓和规制"私营化"市场化，这对学校教育也产生了很大的影响。与其他机构改革相似，校区制中也融入了"市场选择"机制。文部科学省①就曾针对学区制作出过相关解释：市、町、村②教育委员会应根据有关法律规定指定就读学校，例如学校教育法施行规则第三十二条规定"事先考量有关就读学校情况，并听取家长意见。而后由市、町、村教委指定就学学校"（小岛喜孝、吴遵民，2009）。

日本现行的学校选择制类型：（1）邻接区域选择制。在一定程度上，按照原来的走读校区，学生可以在居住邻接区域内的学校自愿就学；（2）特定区域选择制。对于住在特定区域内的学生并且认可其自由选择学校，可以按照原来的走读校区；（3）自由选择制。认可学生自愿的在各市町村内任何学校的就学权利；（4）特定认定学校制。按照原来的走读校区，不管学生身处哪个校区认可其在特定的学校就学；（5）地区选择制。把该市、町、村内划分为几个地区，认可学生在各地区内的学校自愿就学（小岛喜孝，2008）。

4.4.2　日本基础教育均衡发展政策

均质性是日本基础教育成果的一个显著特点，表现为学生成绩和素质比较均衡，并且具有很高的水平。这种均质的教育成果源自日本为获得均质性特有的"平等教育"方式。在保持学校间师资和设备的均衡方面，政府通过教师在学校间流动、制定财政经费标准等方式，保持所有学生在学业上处在同一水平。

日本通过教师和校长定期流动制度来保证学校间师资力量均衡发展，这种方法不仅保证了各校师资力量和管理水平的相对均衡，而且有利于交流在实践中获得的经验，在一定程度上使公立中小学教育发展均衡、整体质量高。与此同时，国民也得到了平等的受教育机会。

4.4.2.1　教师定期流动制，保持学校之间水平均衡

教师"定期流动制"是从第二次世界大战后初期开始的，主要实施范围是

---

① 日本中央政府行政机关之一，负责统筹日本国内教育、科学技术、学术、文化及体育等事务。

② 日本对于市、町、村等"基础自治体"（基础的地方公共团体，根据日本《地方自治法》第2条第3项）的总称，也是日本最底层的地方行政单位。

公立基础学校（小学、初中、高中及特殊学校）。60年代初，这种制度逐渐完善，一直到现在都在使用。根据日本相关法律规定，对于日本公立学校教师而言，他们属地方公务员，政府对他们的管理制定了一套比较完善规范的制度和法律。日本中小学教师的定期流动（或者叫"转任"）属公务员"人事调动"范畴，其中，"人事调动"如升迁、调理、流动换岗及自然减员、退休等，一般指人员的变动。

（1）教师定期流动的目的。不断提高教师教学积极性和创新意识，有利于其积累丰富的教学经验；在一定程度上对人才进行重新配置，保持了学校之间的均衡发展水平；改变现有的状态，丰富教学活动，保持学校教学活力。

（2）日本教师定期流动的政策。政策方面，日本各都、道、府、县在主要方向上是一致的，如调动及审批限制、基本原则及年限的规定、流向偏远地学校的有关津贴标准等。以东京为例，东京的《实施纲要》规定，流动的对象分为以下几种情况：①在某一学校连续任教10年以上以及新任教师连续6年以上者；②为解决定员超编而有必要流动者；③在区、市、街道、村范围内的学校及学校之间，如教师队伍在结构上（专业、年龄、资格、性别比例等）不尽合理，有必要调整而流动者。另外，在不应流动者方面也有了明确的规定，如妊娠或休产假期间的教师、任教不满3年的教师、长期缺勤的教师、57岁以上60岁未满教师等。

另外，在配合教师定期流动方面，日本还出台了有关配套措施，具体而言，为了鼓励更多教师到偏僻地区工作，日本通过修订法律提高偏僻地区教师的待遇，增强教师的流动性。在1954年《偏僻地教育振兴法》（1974年第四次修订）中就对这些事件进行规定，市、町、村的任务之一"为协助在偏僻地区校区工作的教员及职员的住宅建造及其他生活福利，应采取必要的措施"。该法还规定都、道、府、县对在条例指定的偏僻地区学校或与其相对应的学校工作的教职员，发给"偏僻地区津贴"，月津贴额在工资及抚养津贴月额总数的25%以内。当教职员工工作地变动或随校搬迁到偏僻地任教时，从变动或搬迁之日起三年内，对其发放本人月工资和抚养津贴总额4%的偏僻地区津贴之外的超额津贴。此外，日本还制定有其他形式的津贴，如寒冷地区津贴、单身赴任津贴等。

4.4.2.2　建立地方财政转移支付制度，保证基础教育经费均匀分配

基础教育资源的均衡配置是基础教育是否均衡发展的一个重要指标，而资源的均衡配置离不开必要的财政支持。目前，导致不同地区教育经费的投入差距多是由地方基础教育经费不足或者由于本身经济发展的差异所导致，这就迫切需要相关部门制定相关财政政策，合理分配国家、省市以及地区之间的投入比例，当地方性的经济水平较低而导致教育财政供应能力不足时，上一级政府可以多分担一些，尽可能地保证基础教育经费在区域间均匀投入。

为消除不同地区间因经济发展水平不同而导致的教育经费上的不平衡状态，日本建立了地方财政转移支付制度，力求各地区的教育得到均衡发展。在财政支出上，日本将公共财政支出的大部分花费放在基础教育的投入上，并由都、道、府、县和市、町、村两级地方政府共同管理、共同承担财政责任。中央政府依法通过无条件的转移支付和专项配套补助相结合的形式，较好地解决了教育由地方政府负责所带来的公平与效率问题。日本各级财政承担的比例如下：都、道、府、县负责教师工资的一半以及教学设备设施的部分经费；市、町、村则负责校舍建设费的1/3至1/2，以及教学设备设施的部分经费；中央财政负责承担公立中小学教师工资和保险福利费的一半、校舍建设或改建费的一半以及危房改建费的1/3。

4.4.3　当代日本的基础教育改革

日本文部科学省于 2001 年 1 月 25 日正式制定并实施的"教育改革计划"和"21 世纪教育新生计划"的改革报告中提出了基础教育改革的构想。其中，改革内容大致包括以下方面：

4.4.3.1　弹性化改革学校制度

（1）为保护受到欺负的弱小儿童及满足其家长要求转校的希望，文部科学省决定在 1997 年 1 月 27 日起对公立中小学的上学区域实行弹性化举措。（2）根据《学校教育法》部分修正条款的规定，决定创设中等教育学校（即初、高中

一贯制），自 1998 年 6 月 5 日起实施。（3）自 2001 年 6 月 29 日起废止公立高中就学区域的限制，严格按照《地方教育行政组织及其运营法》的修改规定实施。（4）根据"特定区域结构改革"政策的精神，从 2003 年 4 月起学校经营将允许民间机构参与。

4.4.3.2 教师教育及研修制度的改革

（1）自 1997 年 6 月 18 日起，按照《教育职员资格特例法》的有关要求，希望成为教师者必须要具有为老人或其他需照顾人群进行服务的经验。（2）自 2002 年 5 月 25 日起，根据《教育职员资格法》部分修改条款的规定，对教师资格标准做出新的调整，同时对教师资格证书颁发制度实行弹性化政策。（3）自 2000 年 4 月 21 日起，根据《教育公务员特例法》的部分修改条款规定，针对在职教师建立研究生院研修休假制度。（4）自 2001 年 6 月 29 日起，根据《关于地方教育行政组织及运营法律》的修改条款，对涉嫌"指导力不足"的教师制定评价与判断标准，同时采取研修或转换工作的措施。（5）自 2002 年 6 月 2 日起，根据《教育公务员特例法》部分修改条款的规定，具有任命权的教育人事部门负责人，有义务对工作满 10 年的教师提供进修机会。

4.4.3.3 教育课程标准的改革

（1）自 1999 年 3 月 29 日起，要求在学习指导要领中给以明确告示，并对幼儿园、小学、中学、高中、盲聋学校、养护学校教育课程的基准进行修订；其中，特别就高中阶段校外体验活动的学分计算和认定、道德教育、信息教育、外语、国际理解教育等课程的设置制定了明确的规定。（2）自 2003 年 10 月 7 日起，根据中央教育审议会关于"改善学习指导要领"报告的精神，进一步完善了学习指导要领的原则。例如，调整了部分地区教育内容过多的情况，在小学实施按学习熟练程度进行分班教学，并设置"综合学习时间"。

4.4.3.4 地方教育行政的改革

（1）自 1999 年 7 月 8 日起，根据《地方分权法》及《地方教育行政组织及运营法》相关修正条款的规定，废除了地方教育委员会主任（教育长）的任命制。（2）自 2000 年 1 月 21 日起，根据《学校教育法实施规则》部分条款的规定，对学校校长的管理自主权、开放型学校的构建、学校运作机制的改善——校长、教导主任的任职资格的放宽以及学校评议员制度的导入等做出了新的规定。在以上一系列改革举措的推动下，学校教育制度的多样化、弹性化，教师培养、资格证书及研修制度的多元化，教育行政地方的分权化等趋势都在一定程度上得以强化，而基础教育的制度和内容亦由此发生了很大的变化（田静，2005）。

4.4.4　小结

日本人口虽然只有中国的 1/10、土地只有中国的 1/6，却成为世界经济强国，欧美发达国家 200 年才走完的路，在日本却用不到 50 年的时间。教育与经济同步发展，特别是基础教育的发展在其中起到了根本性的作用。日本的基础教育给我们以下启示。

（1）政府在保证基础教育经费充足的情况下，尽量规范各校的教学条件、教学设施。中央及地方各级政府均应高度重视基础教育的投入，不仅包括财政的投入，还包括人才储备、制度建设等方面。

（2）以建设一支高素质的教师队伍为目标。通过教育科研与师资队伍建设的紧密结合，着力提高中、青年教师的教学水平、思想素质以及理论储备。教师必须不断学习，增强自己的创新意识，提高学习能力，完善自己的知识体系，拓宽学习领域，从而适应培养创新人才的需要。大力加强教育科研，加快教育改革步伐，建立制度保障继续教育。

（3）加强心理健康教育。21 世纪的人应热情、自信，有坚定的意志，有较强的自控力，不为时势所动，这是作为 21 世纪人才在心理素质方面的基本要求。学校要明确心理健康是在新形势下德育工作的重要组成部分，健康教育重在心理教育，提高人的心理素质。学校应根据实际需要开设心理咨询室，同时要营造良好的心理教育环境，例如，开设心理教育讲座，定期举办相关活动等，通过多种途径共同推进。在各学科教学过程中也应注意利用心理健康因素适时开展相关教学活动。

（4）促进高中教育向多样化方向发展。一方面，增加学校的办学灵活性，同时给予学生更多机会选择学校、专业和课程。针对高中教育的现状，增加高中选修课的种类和课时，改革高中课程，扩大学生的选择余地。

（5）优化教学结构，把传授知识、培养能力、提高素质统一起来。围绕着教学过程中用到的方法和策略问题开展认真的研究和探索，这也在一定程度上促进了传统教学方法和手段的改变。在充分尊重学生的主体地位，发挥学生的主动性和积极性的前提下，逐步把教学过程中教师的角色定位从知识传授者转变为学生学习的指导者，把学生接受知识的过程变为发展智力、提高能力的过程。这需要从实际出发，因材施教，而非以一种模式一种方法去要求人培养人，必须对学生具体分析。在教学中，教学内容、教法既要统一要求又要区别对待，既要统一讲授也要个别指导，还要运用现代教育技术，提高教学效率。

4.5

国外城市基础教育制度经验总结

4.5.1 强化政府促进基础教育均衡发展的责任意识

在公共产品理论中，通常社会产品可划分为三大类，即私人产品、公共产品（包括基础教育、环境保护、科学研究等）和准公共产品（包括高等教育、文化卫生、基础设施等社会公益事业）。其中，仅通过市场就能给予有效提供的是私人产品，公共产品必须由政府通过税收和公共财政来提供，不能通过市场进行有效提供。若一个产品既非排他性又非竞争性，则为公共产品，这是判断一个产品是否为公共产品的两个特征（杨建平，2008）。

我国义务教育具有很强的强制性，这一特点是从制度安排特征而言，它是一种具有普及、平等、强迫、无偿的教育制度，国家通过法律保障对学龄儿童实施。从制度上看，对于基础教育，不能将其分割为若干部分来分析。全社会成员都有平等权利享用其效用，同样不能归属于某些团体或个人享用，即不能按照

"谁付费谁受益"的原则实行排他性政策，这就决定了基础教育具有"非排他性"的特性。同时，无论是对于提升国民素质，还是对于增强综合国力而言，或是对于弘扬我国民族文化、传播人类科技和文化等知识以及提高大众的民主意识等层面，科技技术具有难以替代的作用，这就显示出基础教育的重要性。这种教育资源只能被全社会成员共同、平等地享用，而不能将其分割后为个人或一部分人拥有。因此，基础教育的消费不仅在较大范围内具有非排他性，也具有非竞争性。

因此，公共产品属性是基础教育所具有的一个典型属性。政府在提供基础教育这个公共产品、实现教育公平这一事件中成为"第一责任人"，同样是维护和促进基础教育均衡发展的社会主体，在缩小地区教育差距、促进教育均衡发展上承担着不可推卸的主要责任。政府想要达到这一目标，就应制定公平的分配规则，加强对资源分配过程的监督，通过制度改革和政策调整，克服那些明显有不利影响的、损害教育公正的制度性因素。否则，政府便难以实现教育公平、均衡发展这一目标。

同时，基础教育具有很大的正外部性，即重要的社会效益。社会上受教育的人越多，社会就会相对更加和谐和安定，就更加有利于政府全面构建和谐社会。因此，政府在促进基础教育的发展过程中承担着无可争议的责任。所以，政府必须不断强化自己在促进基础教育全面发展中的责任形象，不可推卸地担当起自己的应尽之责，并且竭力发挥好自己在促进基础教育健康发展中的作用。

4.5.2　健全基础教育财政转移支付制度

在促进基础教育的发展中，财政支付制度是除了施政理念、政策制定影响外一个非常重要的因素。为此，在 1994 年我国实行分税制体制改革后，政府从西方将转移支付这一制度设计引入中国，转移支付制度作为分级预算体制的重要组成部分，主要有三种模式：一是自上而下的纵向转移；二是横向转移；三是纵向与横向转移的混合。1995 年中央财政就开始正式实施过渡期转移支付办法，在引入转移支付这个概念之后，教育领域也出现了财政转移支付方式。为了弥补下级政府基础教育的财政缺口，促进地区间基础教育财政平衡，上级政府给予下级政府用于基础教育发展财政补助，这就是所谓的教育财政转移支付——特别是基础教育财政转移支付。

我国基础教育转移支付制度对解决基础教育总量不足和教育失衡问题具有一定的积极作用，但仍有一些弊端。我国通常采用一般性转移支付和专项转移支付相结合的形式。未来如何更好地促进其发挥效能，推动基础教育全面而均衡地发展，具有非常现实的意义。因此，基于以上分析，本章给出以下建议：

首先，进一步规范和强化基础教育财政转移支付制度。当前，我国教育财政转移支付制度仍不完善，处在一个不太成熟的过渡阶段，教育转移支付的最终数额还需要在各级政府之间进行博弈，这就导致了教育资源的不确定性。因此，有必要建立"基础教育经费最低标准"，以确保落后地区特别是偏远乡村基础教育资金稳定性。同时，政府还应不断完善地方基础教育财政拨款制度，以制度为依托，严格按照规章制度办事，真正做到依托中央、以县为主。在"基础教育经费最低标准"中需要囊括学校教学设施、师资力量编制标准和人员经费标准等方面，应尽力实现相关标准的量化。对那些落后地区与偏远地方依靠当地财力达不到最低标准要求的学校，由中央和省级财政以转移支付和教育专项经费的形式予以支持。

其次，为防止部分地方政府对教育转移支付经费的挪用和截留，有关部门应建立和健全基础教育财政转移支付制度的监督机制。当前，在教育转移支付经费的使用过程中还存在违法挪用现象，在一定程度上是由于基层财政预算管理体制的不健全造成的。除了一些人为因素以外，相关管理体制的不尽完善也有不可推卸的责任，其中最突出的就是监督机制的缺位。当然，制度的建立、发展与完善是无法一蹴而就的。除了有关部门的积极响应外，还须通过全国人大来制定相关法律加以约束。例如，针对教育财政立法，对教育经费特别是基础教育专项拨款的分配、使用和管理等各个环节进行监督，保证我国基础教育发展的财政投入。

最后，在基础教育财政转移支付制度的实践中，政府也应该不断总结经验，借鉴国外成功的方式方法，逐渐完善我国的制度。根据马克思主义哲学，认识来源于实践，并且通过否定之否定规律，才能最终上升为较为完善的理论，从而科学地指导实践。因此，需要结合持续的实践，不断地总结，建立和完善基础教育财政转移支付制度，详细调查并掌握各地相关经费的需求状况及各级责任主体特别是地方责任主体的财政负担能力，因地制宜、实事求是地灵活处理，从而充分调动各级责任主体的积极性，有力推动转移支付制度的系统化、科学化，最终促进基础教育的均衡发展。

4.5.3　规范我国择校机制

前几节梳理并分析了国外择校制度，通过探讨其对我国择校制度的启示，本书尝试提出三项优化择校机制的建议：保证择校机制的合法性、扩大择校的可选择性、加强择校机制的保障性。

4.5.3.1　保证择校机制的合法性

在美国建立择校制度的过程中，其基础教育经历了从确立学区制到试图打破学区制转变，以促进公立学校改革和提高教育教学质量。在择校制度逐渐形成的过程中，我们可以看出，基础教育从一个初步普及的问题逐步上升到一个提高质量的过程。基础教育在推行过程中，首先应该保证每个人都有受教育的机会并且获取等量的教育，达到这个要求之后，就应当追求等质的教育。我国《义务教育法》中明确规定"就近入学"，但它与择校并不是对立的。政府的职责是合理设置学校，家长也有权利为自己的孩子选择学校。因此，美国的经验在中国也是可行的，在继续坚持"就近入学"的原则上，可以允许部分地区内，部分家长在一定范围内选择学校。

4.5.3.2　扩大择校的可选择性

相较于国外学生和家长较大的选择学校空间，我国的择校余地要窄得多。教学质量较高的公立学校一直是择校的热点，备受家长青睐。可以通过发展民办教育、创建特色学校、兴办特许学校等多样化的学校来提供多元化的教育，以解决学校间教育、学习条件的差异、学生本身个体间差异的存在以及每个父母基于自身的价值观念及由此决定的对教育要求的多样化问题。

4.5.3.3 加强择校机制的保障性

美国社会学家罗尔斯认为社会的进步与发展取决于整个社会如何在社会稳定和个人自由之间取得平衡。改革开放以来，中国社会的流动性日益增强，广为社会接受的教育选择公平性使学校的选择功能逐渐强大。随着时代的发展，我国原有户籍制度的弊端日益显露。由于户籍制度缺乏弹性，使得我国复杂的人口规模不好管理，在一定程度上抑制了人才的流动，限制了人的两项基本权利：居住和迁徙。现有户籍制度在教育领域也形成了一定的负面影响。目前全国范围内，基础教育实行的是以户口为依据配置教育资源的"就近入学"制度，它是由教育行政部门以某一学校为中心，以一定的地理范围为标准划分学校招生范围，学生不得跨学区和施教区选择学校，学校也不得选择学生。在某种意义上这一制度限制了学生与家长自由选择学校的权利。同时，基础教育资源按户籍分配，导致流动人口子女无法享受同等的基础教育。因此，为了更好地实现教育公平，原有的户籍制度需要改革，以户籍来获取受教育权利的机制也需要相应的调整，基础教育不应受地域限制。通过建立以纳税人身份为基础的受教育权利的新体制，允许儿童在居住地但不一定是户籍所在地入学接受基础教育。对于教育经费的划拨，地方政府需要改变以户籍人口的适龄儿童少年为基准的做法，而是考虑实际在校学生的数量。此外，需要配套建立新的基础教育学籍管理制度。通过全国统一的电子学籍卡系统，建立全国统一的中小学生档案，以此记录学生实际接受教育的情况，能做到卡可以随着学生流动而流动，真正实现学籍卡的网络化管理。

4.5.4 促进中小学教师合理流动

长期以来，政府对中小学教师实行特殊的"政策保护"：只允许中小学教师以外行业成员横向流动，但不允许中小学教师参与劳务市场、人才市场的竞争，这导致所有的教师长期固定在一个岗位上，出现一次分配、终身不变的现象。流动性的缺乏使一些教师丧失了主动性和创造性，难以实现自身的价值。这种做法不但忽视了教师合理流动带来的正面作用，也忽视了教师流动的市场需求。这种"政策保护"影响了国家基础教育未来的发展，将教师单独封闭起来的"政策保护"，不仅对基础教育的全面发展有不利影响，也难以激发学校活力。

近年来，中小学教师也逐渐出现了"流动"现象。这种现象呈现出以下特点：一般情况下中小学教师的流动方向是从农村到城镇，从中小城镇到城市，从市县到省会城市；从边远落后地区到经济文化发达地区；从收入待遇低、工作条件差的学校到生活待遇高、工作条件好的学校。这种流动现象中，高学历、中高职称教师流动多，中青年教师的流动比较突出，这种"流动"现象的出现，主要是由于社会经济大环境的变化，特别是市场机制的推动作用，与政府并没有太大的直接联系。

合理均衡的流动是积极的，而失衡的流动必然影响教育教学的稳定性，在一定时间内，如果在一个地方某学校内出现大批教师无序流失的现象，这会在一定程度上影响学校的正常教育秩序，进而影响当地的教育教学质量。因此，在积极鼓励教师合理流动的同时，应该积极建立健全教师队伍合理、有效、有序的流动机制，特别是教育行政部门应通过法规来规范教师的流动行为，引导、调整教师流动的流向、流速和流量，使教师的流动朝着有序、健康的方向发展。为此，本书尝试提出以下一些建议措施：

（1）改革现有教师编制管理办法。长久以来，僵化不变的教师编制管理办法极大地限制了中小学教师的合理流动。这种体系下教学质量好的教师进不来，教学质量不好的教师出不去，不仅增加某些教师的惰性，而且也严重打击了不少教师的积极性。因此，建立科学、动态的学校编制管理办法是十分有必要的。同时，这种管理办法应该改革诸如"支教"一类的工作性质，当教师在一定时间内到乡村学校任教，人事关系也会随人转移，而不是人事关系保留在原来学校，期满后仍回原学校；这种管理办法也应体现刚性的"轮换"特点，要求教师在一所学校任满一定期限后，必须到其他学校任教，人事关系也随之流动，这样的作用就是那些教师更能全身心地投入到新的工作中去，其次也能够真正实现教师资源共享。

　　长远来看，这对于促进基础教育全面均衡的发展有积极的意义。但由于观念和环境原因，面临的困难极其艰巨。相关部门应积极解放思想、转变传统的人才观念和管理观念，大力破除传统的教师编制管理办法，改变教师的单位所有制为区域共享机制，首先从根本上解决教师的人才身份归谁管的问题；其次，改革现有中小学教师管理办法，建立专门的管理机构，把某一区域所有的教职工人事关系纳入该管理机构进行统一管理，统筹配置人才资源，管理机构与教职工签订人事聘用合同，行使人事聘用权；学校与教职工签订"岗位管理合同"，实行岗位管理制度，行使岗位管理权，教职工的人事关系不受现工作学校的约束，彻底打破校际间人才保护壁垒，从制度上弱化学校对教育人才流动的限制，实现优质教师资源的区域内共享，破解教职工全员流动的"瓶颈"难题，把教职工的身份关系由归属为一个单位人上升为归属为一个系统，从而积极地促进中小学教师的合理流动。

　　（2）通过电脑派位实现师资力量均衡分配。目前，各地的小升初方案已经出台实施，但方案中只是对学生进行了划片。而对各片区内教育资源如何均衡配置、师资力量如何均衡分配、优秀教师如何在各初中学校中均衡分配，却没有一套成熟可行的方案。

　　没有这样的方案就不会促进师资力量的均衡分配，甚至一些地方还反其道而行之，这些地方不仅没有均衡分配师资力量，反而千方百计地把好的教师资源控制在重点学校中。长此以往，那些自身条件较差的薄弱学校的教学质量无法得到提升。因此，既然可对学生实行划片，以促进生源公平，那么，对于中小学教师也可以尝试出台有效的、具体的方案，来推进师资力量的均衡分配，以均衡调节各种教育资源。所以，本书认为，对中小学教师也应尝试实行划片政策，通过随机摇号分配到各个学校。同时，建议一个城市所有的中小学教师每隔五年就摇一次号，在学校之间强行实现工作流动。照此实施，相信在不久的将来，不仅各地的生源公平，而且中小学教师资源也得到均衡分配，基础教育均衡发展的状况可以得到极大改善。

　　（3）均衡各地教师待遇问题。在日本，教师地位极高，教师校际间流动实行多年，到偏远地区的教师会有"偏远地区津贴"。教师待遇问题是一个不可小觑的重要因素。事实上，就当前教师个人而言，流动不外乎是为了增加收入、改善待遇，或为了改变环境和氛围，或为了子女的发展，但其中最重要的因素通常是待遇因素，这是教师个体的正常需求，也是对其工作价值的直接体现。所以，如果教师的这些需求长期得不到有效改善，那么，教师流失现象是难以避免的事。

新《义务教育法》规定，各级人民政府应保障教师工资福利和社会保险待遇，改善教师工作和生活条件，特别强调要"完善农村教师工资经费保障机制"。法律还规定，特殊教育教师享有特殊岗位补助津贴，在民族地区和边远贫困地区工作的教师享有艰苦贫困地区补助津贴。而且，为进一步保障教师工资经费，国务院和地方各级人民政府将义务教育经费纳入财政预算，按照教职工编制标准、工资标准等，及时足额拨付义务教育经费，确保教职工工资按照规定发放，并保证教职工工资逐步增长。此外，我国的教师法也规定，教师的平均工资水平应当不低于或者高于国家公务员的平均工资水平并逐步提高。

教师法实施10多年来，教师平均工资水平有了明显提高，但主要还是高校教师工资提高的幅度较大，而大多数中小学教师的收入水平仍不够理想。因而基础教育阶段教师待遇问题是一个亟待关注和解决的问题。尽管任重而道远，但为了百年大计，政府部门仍应加大工作力度。首先应该积极建立长效机制，不断加大教育投入，努力解决中小学教师特别是边远地区教师的待遇问题。同时，应该设定可行的经费投入目标并保证实施。除了建立长效机制外，还必须进行制度改革，教育经费尤其是义务教育经费应由县级财政统筹改为省、县级财政共同统筹，为促进基础教育的实施、保证教师待遇等提供全方面的可靠的经费投入保障。

4.5.5　加大相关法律法规实施力度

近年来，为推进和完善基础教育均衡发展，政府做了不少努力，特别是在相关法律法规的制定和实施上。例如，在2006年修订和实施的新《义务教育法》中的第六条规定：国务院和县级以上地方人民政府应当合理配置教育资源，促进义务教育均衡发展，改善薄弱学校的办学条件并采取措施，保障农村地区、民族地区实施义务教育，保障家庭经济困难的和残疾的适龄儿童、少年接受义务教育。在第二十二条中规定：县级以上人民政府及其教育行政部门应当促进学校均衡发展，缩小学校之间办学条件的差距，不得将学校分为重点学校和非重点学校。学校不得分设重点班和非重点班。在第二十五条中规定：学校不得违反国家规定收取费用，不得以向学生推销或者变相推销商品、服务等方式谋取利益。

新《义务教育法》规定：各级人民政府保障教师工资福利和社会保险待遇，改善教师工作和生活条件，特别强调要"完善农村教师工资经费保障机制"，规定特殊教育教师享有特殊岗位补助津贴，在民族地区和边远贫困地区工作的教师享有艰苦贫困地区补助津贴。另外，《中华人民共和国教师法》第二十五条规定，教师的平均工资水平应当不低于或者高于国家公务员的平均工资水平并逐步提高。

当务之急是增强法制观念与加大执法力度。由于领导干部的法制观念和依法执政的能力距离依法治国的目标和要求仍有一定的差距。因此，各级领导干部有必要以更强的责任感以更高的标准来要求自己，从以下几个方面来切实增强法制观念：（1）进一步加强法制知识学习，奠定好法制观念的基础。一方面要对法律的基本概念和现实作用有所了解；另一方面要学好与本职工作有关的法律法规基本知识，特别是学好与依法行政的基本知识，并且要深入下去，不能只停留在表面认识。（2）必须注重法律的现实运用，领导干部要勇于批评与自我批评，善于总结自己和别人在依法办事过程中的经验教训并进行认真思考，反复总结，不断增强认识。（3）要建立守法用法的监督制约机制，促进领导干部树立法制观念，同时通过党的监督、群众监督和社会监督等，把领导干部是否知法守法，是否依法办事，作为新时期领导干部能否胜任工作的重要标准之一，并作为职务考核、升降的一个重要因素，从而促进领导干部自觉增强法制观念。

同时，执法部门必须从大局出发，从党和人民的根本利益出发，加强执法力度，严格依法办事，坚持法律面前人人平等的原则，公正清廉，铁面无私，坚决纠正有法不依、执法不严、违法不究的现象；要把执行党的路线、方针、政策，服从党的领导与严格执法统一起来，保护广大人民群众的利益，多为广大人民群众办好事、办实事，真正做到在法律面前人人平等，使国家制定的法律法规的实施能够真正落到实处。只有这样，才能更好地建立好一个理想的法治社会，才能更好地落实《中华人民共和国义务教育法》《中华人民共和国教师法》等法律，我们的基础教育也才能更早更好地迈上均衡发展的康庄大道。

4.6

总　结

本章以美、英、德、日四国为例，总结其在推进基础教育均衡发展过程中所取得的成就，结合我国基础教育发展现状，并借鉴上述四国的实践经验，对于发展改善我国基础教育具有非常重要的现实意义。

第一，明确政府职能定位。明确保障教育平等是政府的政治责任，加大对弱势就学群体的扶助力度，从就学机会和就学条件的角度缓解学生群体之间的悬殊差距。适龄儿童入学前的起点不平等是我国当前面临的一个突出问题，主要由于我国弱势群体分布广泛，各个阶层收入差距悬殊，导致这种不平等主要存在于低收入家庭和少数民族家庭等弱势群体之中。参考美国针对这一问题的相关做法，我国政府可以通过积极立法、不断完善教育财政转移支付制度、主动拨款资助等措施积极开展实施补偿教育计划。在师资力量、经济投入、教学方式等方面，不同程度地加大实施补偿教育的力度，进而矫正过去政策实施过程中的偏差，并起到一定的预防作用，以上政策措施对于促进我国基础教育均衡发展具有很好的借鉴意义。

第二，制定适时基础教育政策。参考英国基础教育改革的政策措施，其政府根据不同时期的情况对学制、课程、师资、管理、经费等方面进行了调整和规定，对英国基础教育的改革和发展产生了十分重要的影响。因此，制定并实施因时因地的基础教育政策，可促进基础教育在不断改革的基础上得到迅速发展。

第三，完善基础教育政策制定过程。参考德国基础教育政策制定过程中的做法，采用一种自上而下、上下合作的渐进式模式，其特点是参与主体多元、制定者明确、注重实证研究的制度化、民主化和科学性。德国政府机构是各项倡议和提出基础教育政策的主要主体，在政策的形成过程中，政府机构和各利益团体的代表机构通过进行不断的沟通、协调、修改，形成政策方案初稿，并最终决定通过政策。上级下级合作是个求同存异的过程，在商议、决策过程中应该以总体利益最大化为目标，逐步推进不同阶段的教育改革，这体现了德国基础教育的渐进式改革，这是德国基础教育政策制定的一个显著特点。

第四，加强基础教育规范化建设。参考日本基础教育的规范化建设的政策措施，特别是其政府在推进中小学办学标准化建设方面的做法，对于缓解我国的校际差距具有积极的指导作用。政府可以通过尝试制定并颁发中小学办学标准，在师资力量、学校科学选址、校舍面积、教学设施等方面提出明确的定性、定量要求，尤其需要在班额规模上提出一个指导性的量化指标，并严格实施中小学的办学标准，以指导政府投资建设、校长办学以及教师教学等方面。此外，应落实政府规定的教师定期校际流动制度，通过实施这种流动政策，可调动教师的教学活力，对于促进师资分配的均衡有十分重要的意义。在法律法规方面，日本政府也制定了一系列专门法律以扶助弱势群体子女，例如《偏僻地区教育振兴法》《大雪地带特别措施法》等，通过专门法律的形式来改善落后地区的教育，可有效地缓解区域之间、城乡之间基础教育的失衡状况，对基础教育均衡发展具有一定借鉴意义。

第5章

我国基础教育制度历史沿革与现状反思

近代以来，我国始终将教育摆在优先发展的战略地位，从"科教兴国"到"人才强国"，充分显示出教育在经济发展和社会进步中的基础性作用日益增强，成为促进社会变革的重要力量。当今世界正在全速跨入科技、创新双驱动的知识型社会。世界多极化、经济全球化深入发展，科技进步日新月异，人才竞争日趋激烈。我国正处在改革发展的关键阶段，经济建设、政治建设、文化建设、社会建设以及生态文明建设全面推进，工业化、信息化、城镇化、市场化、国际化深入发展，人口、资源、环境压力日益加大，经济发展方式加快转变，这都凸显了提高国民素质、培养创新人才的重要性和紧迫性。中国未来发展、中华民族伟大复兴，关键靠人才，基础在教育。①

基础教育是我国教育事业中的重要基础性环节，是教育改革和发展的重点和难点。为保证基础教育改革的效力及其可持续性，教育制度变迁始终是我国基础教育改革的重要内容和方式。回溯教育制度的历史沿革，其总体方向是积极前进的，但变革过程也暴露了制度践行过程中的问题和不足。本章结合改革开放以来的4次全国教育工作会议召开的背景，以基础教育发展过程中的核心问题为线索，将基础教育制度发展历程划分为4个阶段，并以西安、黑龙江、北京等地为例，详细介绍我国学区制典型模式，分析我国基础教育制度现状及问题，为全面了解我国基础教育制度提供重要的参考价值。

---

① 参见:《国家中长期教育改革与发展规划纲要（2010—2020）》，2010 年发布。

5.1

我国基础教育制度的历史沿革

中国有着世界上最大规模的基础教育实践活动，基础教育改革与发展取得了巨大成就。改革开放以来，党中央国务院共召开了4次全国教育工作会议，会议前后对基础教育发展中的核心问题均进行了分析和重点关照，因此基础教育发展的阶段性变迁与教育工作会议的召开密切相关（杨清溪，2015）。结合4次全国教育工作会议召开的背景，以基础教育发展过程中的核心问题为线索，可以将我国基础教育发展历程划分为4个阶段。第一阶段：全面恢复基础教育制度阶段（1978～1985年）；第二阶段：开启基础教育制度改革阶段（1986～1993年）；第三阶段：深化改革基础教育制度阶段（1994～2010年）；第四阶段：科学发展观指导下的基础教育制度改革阶段（2010年以后）。

1949年以前，我国基础教育资源十分匮乏，教育发展发展水平最高年的1946年，全国仅有幼儿园1300所，小学28.9万所，中学4266所。1949年中华人民共和国成立初期，百废待兴，教育面临着数量普及与质量提高的双重挑战。中央和地方各级政府非常重视发展基础教育，投入大量的人力和财力以推进基础教育普及。特别是1978年改革开放以来，中国的基础教育事业进入了一个新的发展阶段。1985年中共中央颁布《关于教育体制改革的决定》提出"实行基础教育由地方负责，分级管理的原则"，从而极大地调动了地方各级政府，特别是县、乡两级政府办学的积极性。1986年全国人民代表大会颁布《中华人民共和国义务教育法》，标志着中国的基础教育正式走上了法制轨道。1993年中共中央、国务院发布《中国教育改革和发展纲要》，明确了中国基础教育的发展方向和基本方针。1999年初国务院批准了教育部制定的《面向21世纪教育振兴行动计划》，这一计划是教育战线落实"科教兴国"伟大战略的具体举措，是在落实《中华人民共和国教育法》及《中国教育改革和发展纲要》基础上提出的跨世纪教育改革和发展的实施蓝图。同年6月，中共中央、国务院发布了《关于深化教育改革，全面推进素质教育的决定》，为构建21世纪充满生机活力的具有中国特色的社会主义教育体系指明了方向。

5.1.1　全面恢复基础教育制度阶段

1978 年 12 月，党的十一届三中全会胜利召开，中国社会迈入了一个全面改革的新时代。这是中国历史上一次伟大的社会变革，基础教育也迎来了改革发展的新契机。当时的基础教育发展迟缓，缺乏变革动力。从发展速度来看，政治、经济、科技的快速发展对教育领域产生了巨大冲击，教育对促进社会发展和提升人力资源水平的重要作用，使得各级各类教育需要不断回应不同发展时期的新需求；从教育自身发展的状态看，现代教育如果仍然保持固有状态，不但无法与社会发展共命运，甚至难以维系自身的存在。"从教育指定社会的任务和社会指定教育的任务这两方面来讲，这种说法都是正确的。而且就这种任务所要达到的目标而言，这种说法也是正确的"，"教育改革要有社会的和经济的发展目标；另一方面很难想象没有教育的更新，社会也会发展"。①

党的十一届三中全会后，教育事业得到恢复和发展，但仍然存在轻视教育、知识和人才等问题。我国教育不能适应社会主义现代化建设的局面并没有得到根本扭转，在对内改革、对外开放、新技术革命大量兴起以及经济体制改革全面进行的形势下，体制的不完善和教育的落后问题更加凸显，主要表现在划分教育事业管理权，教育结构以及教育思想、内容和方法的改善等方面。为解决以上问题，我国实施了恢复高考、恢复重点学校和恢复专业职称评定等"三个恢复"核心政策，拉开了教育改革与发展的序幕，也为基础教育发展扫清了许多障碍。"三个恢复"是改革开放初期最得民心、最具有深远影响和突破意义的改革亮点。

第一，恢复高考制度。1977 年中共中央做出恢复高考制度这一重大决策。1966 年，高考因"文化大革命"而中断，直至 1971 年 4 月，国务院召开全国教育工作会议，才重新将高校招生工作提上议程，具体内容如下：规定招收的新生初中毕业即可，但需经两年以上劳动锻炼或具有"实践经验"；取消文化考试，招生办法为"自愿报名、群众推荐、领导批准、学校复审"。与此同时，遵循

---

① 联合国教科文组织国际教育发展委员会．学会生存——教育世界的今天和明天 [M]．华东师范大学比较教育研究所．北京：教育科学出版社，1996．

"学制要缩短，教育要革命"的指示精神，高等学校的学习年限普遍压缩为二至三年。按照这种新的招生办法招收的学生称为"工农兵学员"（陈登福，2010）。

第二，恢复重点校制度。1978年1月，经国务院批准，教育部颁发了《关于办好一批重点中小学试行方案》，指出：切实办好一批重点中小学，以提高中小学的质量，总结经验，推动整个中小学教育革命的发展。自此，全国各地迅速确定了一批重点中小学，经过一年多的发展，到1979年年底，我国重点中学的数量已经发展到了5200所，在校生有510万人（中央教育科学研究所，1984）。1980年7月28日至8月4日，教育部在哈尔滨召开了全国重点中学工作会议，讨论修改了《关于分期分批办好重点中学的决定》（以下简称《决定》）。同年10月，经国务院批准，教育部颁发了修改后的《决定》。《决定》进一步肯定了重点中学的积极作用，认为重点中学有助于更快更好地培养人才、起到示范作用、进一步推动社会主义现代化建设等，同时也指出了重点中学存在的问题。"重点学校"从诞生那天起，就自觉地承担起"多出人才、快出人才"和"通过考试选拔优秀人才"的历史责任，也将其内化为自身办学模式中的"选拔"与"应试"的功能特征。此时的重点中学以自身的运作方式，为广大学校迅速恢复和建立教育教学秩序、建立学校管理常规，提供了一个参照模型，使学校迅速从"无序状态"转向"有序运行"，并为迅速接续人才培养链条做出了历史贡献。

第三，恢复专业职称评定。1977年相关领导人指出，要恢复科研人员的职称，大专院校也应恢复教授、讲师、助教等职称。同年9月《中共中央关于召开全国科学大会的通知》指出应该恢复技术职称，建立考核制度，实行技术岗位责任制（杨东平，2006）。自此，职称制度得到恢复和重建，调动了广大科技人员的积极性，响应了党"尊重知识，尊重人才"的政策。

1985年5月，我国召开了改革开放以后的第一次全国教育工作会议，600多名教育系统代表与党和国家领导人在此次会议上讨论了《关于教育体制改革的决定（草案）》，会后即向全国发布了《中共中央关于教育体制改革的决定》（以下简称《决定》）。《决定》指出，改革管理体制，在加强宏观管理的同时，坚决实行简政放权，扩大学校的办学自主权。在基础教育管理的问题上，明确指出实行基础教育由地方负责、分级管理的原则，是发展我国教育事业、改革我国教育体制的基础一环。除大政方针和宏观规划由中央决定外，具体政策、制度、计划的制定和实施，以及对学校的领导、管理和检查，责任和权力都交给地方，落实基础教育管理权属于地方。省、市（地）、县、乡分级管理的职责如何划分，由省、自治区、直辖市决定。在这个文件的指导下，基础教育阶段的办学获得了强劲的发展动力。县、乡甚至是村获得了教育的管理权之后，开始接管地区内的小学和初中，并开办了很多新的学校。基础教育阶段的学校迎来了财力充足、政策灵活的发展机遇，我们国家就逐步形成了"村村有小学，乡乡有初中"的基础教育基本布局形态。教育体制改革，尤其是实行基础教育"分级办学、分级管理"的体制改革，对于调动全社会的力量关心、支持教育的积极性，从根本上改变我国中小学特别是农村中小学的落后面貌，具有极为重要的意义和影响。

5.1.2　开启基础教育制度改革阶段

我国从 1992 年年初开始进入了初步建立社会主义市场经济体制阶段。在这一阶段，制度创新是重点改革内容。1992 年 10 月，中共十四大明确了 20 世纪 90 年代中国改革和建设的主要任务，建立社会主义市场经济体制是中国经济体制改革的目标，并明确提出"必须把教育摆在优先发展的战略地位，努力提高全民族的思想道德和科学文化水平，这是实现我国现代化的根本大计"。次年 11 月，党的十四届三中全会对此做出相关决定。随后几年间，我国按照建立社会主义市场经济体制的目标，大幅度地对财政体制、金融体制、外汇管理体制等宏观经济体制进行改革。在这一背景下，社会的发展和改革需要人才，更需要相应的教育。当时我国教育经过了几年的整顿、清理和规范，已经有了初步发展，但是还有很多不符合时代要求和发展的内容，必须要对自身进行改革，以承担社会发展的艰巨任务。因此，当时的教育事实上面临着双重任务：既要适应社会改革紧迫的要求，又要直面和解决自身的矛盾和问题。要将基础教育改革的重点放在对教育系统进行全面系统的改革。主要包括以下步骤：管理体制改革，扩大学校办学自主权，简政放权进行教育结构调整并改革劳动人事制度；改革教育思想、教育内容、教育方法与社会主义现代化相适应。

1986 年全国人民代表大会颁布《中华人民共和国义务教育法》，使中国的基础教育走上了法制的轨道，此后的五年也是中国教育法制建设过程中具有关键性意义的五年；1994 年 1 月 1 日《中华人民共和国教师法》颁布实施；1995 年 9 月 1 日，《中华人民共和国教育法》正式颁布实施，这一法律被称为中国教育宪法。这些教育相关法律的颁布与实施，标志着中国教育法制化水平的提高。同时，这些法律文件的颁布和实施为我国各个层面的教育改革和发展提供了法律依据和支撑，也促进了我国政府的教育行政职能方式的转变。1985 年到 1992 年，短短 7 年间，社会各方面集资办教育就达 1062 亿多元，基本消除了农村中小学的破旧危房，明显改善了办学条件，为推进基本普及九年义务教育和基本扫除青壮年文盲打下了坚实的基础（尹鸿祝，2010）。

1993 年，针对教育管理体制中存在的问题，《中国教育改革和发展纲要》中提出"综合配置、分部推进"的方针政策，其核心思想是分层级管理，具体内容包括：城乡教育和社会经济技术发展紧密联系；推行校长负责制；政府职能从微观管理型向宏观管理转变；经费聚集渠道多元化，加大经济投入；中央政府加大教育拨款力度，保证学校在校生的教育费用增长；促进教育投资。需要考虑的重点在于如何在财力物力有限的情况下，提高教育水平，满足社会主义现代化建设的需要。

当时的基础教育制度改革取得了积极成效，具有深远意义。首先，提高基础教育在整个教育体系中的地位，将基础教育视为整个教育环节中最重要的部分。遵循积极进取、实事求是、分区规划、分类指导、分步实施的原则，不断深入推进教育事业发展。基础教育就其本质而言，是面向全体儿童和青少年、促进其身心全面发展、提高国民整体素质的教育。改革开放以来，我国小学毕业生升入初中阶段的比例从 1978 年的 57.5% 上升到 1997 年的 93.7%。1997 年，全国初等义务教育普及率达到 90% 以上，九年义务教育普及率为 65%。同时在全国 13 个省、自治区、直辖市和约 2300 个县级单位基本实现了扫除青壮年文盲的目标。1982 年至 1997 年，全国 12~40 岁人口文盲率由 18.5% 降至 6%。同改革开放之初相比，基础教育在效率和质量上均有较大提升。1978 年我国有小学 94.93 万所，初中 11.31 万所，普通高中 4.92 万所，布局分散，质量参差不齐。20 世纪

80 年代开始，我国进行了中小学校布局调整，通过学校撤并，普通中小学数量明显减少，到 1997 年共有小学 62.88 万所，初中 6.62 万所。适度规模办学，使得基础教育得到迅速发展，是遵循了实事求是、一切从实际出发思想路线的结果，得益于决策科学化、民主化和注意因地制宜、分区规划、分类指导的工作原则。

其次，本着改革促进发展的方针，推进基础教育管理体制和中小学办学体制的改革，使之适应现代社会发展。在实行改革开放政策以前，我国的基础教育管理体制过于集中，造成职责不明、效率低下等问题，不利于调动各级政府和广大社会力量办学的积极性。1993 年颁布的《中国教育改革和发展纲要》中强调，必须改变过于集中的基础教育管理体制，实行在国务院统一领导下，由地方负责、分级办学、分级管理的体制；改变基础教育经费投入由国家全部负担的教育财政制度，实行以县乡等底层政府财政拨款为主、多种渠道筹措教育经费为辅的体制。1995 年《中华人民共和国教育法》进一步明确了这种方式。随后，这种管理体制得到进一步确立和完善，县级部门对基础教育的统筹管理职能进一步加强，实行县、乡、村三级办学，县、乡两级管理，以县为主的体制，调动了地方各级政府和人民群众办教育的积极性，大大促进了基础教育的发展。

此外，对基础教育体系重视立法，加强监督，使基础教育走上全面依法治教的轨道。1978 年前，我国几乎没有教育法律、法规。进入 20 世纪 80 年代，全国人大、国务院、教育部都加强了教育法制工作（如表 5 - 1 所示）。如今，依法治教的风气正在逐步形成，评估督导、表彰奖励制度业已建立。

表 5 - 1　　　　　　　　　　　我国教育相关法律法规

年份	颁发部门	教育法律法规
1983	国务院	《全国中小学勤工俭学暂行工作条例》
1986	全国人大及其常委会	《中华人民共和国义务教育法》
1988	国务院	《扫除文盲工作条例》
1989	国务院	《幼儿园管理条例》
1990	国务院	《学校体育工作条例》
1990	国务院	《学校卫生工作条例》
1991	国务院	《禁止使用童工规定》

续表

年份	颁发部门	教育法律法规
1991	全国人大及其常委会	《中华人民共和国未成年人保护法》
1992	国务院	《中华人民共和国义务教育法实施细则》
1993	全国人大及其常委会	《中华人民共和国教师法》
1995	全国人大及其常委会	《中华人民共和国教育法》
1995	国务院	《教师资格条例》

资料来源：笔者整理。

但在改革的过程中，也暴露出了一定问题。某些部门和地区很长时间以来并未真正贯彻落实教育优先发展战略，类似落后的基础教育和社会主义现代化需求之间的矛盾依然存在，基础教育事业的发展面临着严重的挑战。《中国教育改革和发展纲要》在转变政府的管理方式方面的思路比较清晰，但是对需要政府放权内容、校长自主权范围等问题都没有清晰的规定，同时，制度和保障措施也有所缺失。所以，纲要的实践问题重重，并且因为没有相关法律对学校自主权进行界定保障，三级管理体制模式并未得到完全实行，因此，学校要受纵、横、条、块多方面的介入式管理，校长在处理事务时面临的压力很大。

5.1.3 深化改革基础教育制度阶段

从当时中国基础教育发展的实际看，首要发展任务就是实现从无到有、从少到多的数量规模发展，让所有人都接受基础教育的机会成为基础教育发展过程中要解决的核心问题，基础教育发展也进入一个扩张发展规模的发展阶段。

1993 年 2 月，中共中央、国务院颁布了《中国教育改革和发展纲要》（以下简称《纲要》），绘制了 90 年代和 21 世纪初我国教育发展和改革的蓝图。1994年 6 月，中共中央、国务院在北京召开了改革开放以来的第二次全国教育工作会议，进一步动员全党全社会认真实施《纲要》。自此，中国基础教育领域出现了基本普及九年义务教育和基本扫除青壮年文盲这一提法。同年 7 月，《国务院关于〈中国教育改革和发展纲要〉的实施意见》发布，明确提出到 2000 年全国要基本普及九年义务教育（包括初中阶段的职业教育），即占全国总人口 85% 的地区普及九年义务教育，其中全国小学入学率达到 99% 以上，初中阶段的入学率达到 85% 左右，并根据地区实际情况，提出了分地区的"三步走"的实施方法①。在基本"普九"的任务催动下，中国基础教育发展走向了扩大学校数量和规模。教育统计年鉴显示，1993～1999 年，全国中小学在校生人数由17979.38 万升至 29566.17 万，6 年间增加了近 1.2 亿学生，基础教育规模迅速扩大。

1999 年 6 月，改革开放后的全国第三次教育工作会议召开，会议期间发布了《中共中央国务院关于深化教育改革，全面推进素质教育的决定》（以下简称《素质教育决定》）。素质教育成为我国基础教育领域的重要目标。在素质教育的总体要求下，我国进行了基础教育领域中的教师队伍、教学模式、课程体系等主要指标的调整，其中，基础教育课程改革是最为集中的调整工作。《素质教育决定》中将课程改革作为实施素质教育的重要条件单独提出，并提出了"调整和改革课程体系、结构、内容，建立新的基础教育课程体系"的总体要求。教育部基础教育司决定成立课程改革相关的课题项目攻关小组，经过两年多努力，在反复论证、广泛征求意见的基础上，形成了《基础教育课程改革纲要（试行）》（以下简称《纲要》）这一课程改革的指导性文件。2001 年 6 月教育部印发了《基础教育课程改革纲要（试行）》的通知。中华人民共和国成立后的第八次基础教育课程改革在中国逐步全面铺开。自此，中国基础教育在内部自身调整上进入了实施素质教育和新课程改革为核心的发展阶段。

2001 年 1 月 1 日，我国如期实现了基本普及九年义务教育和基本扫除青壮年文盲的战略目标。这标志着以"普九"为核心任务的基础教育发展基本完成。在这一阶段，以规模扩张为核心的基础教育发展选择体现了合理发展的基本精神；扩大办学规模，实现人人都有学上，这在客观上符合基础教育发展的价值需求；当时各地基础教育发展的最大障碍就是缺少学校，或者学校规模太小，所以

---

① 即占总人口 40% 左右的城市及经济发展程度较高的农村地区在 1997 年前基本普及九年义务教育；占总人口 40% 左右的中等发展程度的农村 2000 年前基本普及九年义务教育；占总人口 15% 左右的经济发展程度较低的农村到 2000 年基本普及九年义务教育。

当时发展基础教育的基本起点就是兴办新学校、扩建原有学校，这种形式的教育规模扩张也是满足教育发展的现实所需；通过扩大办学规模增加基础教育的总量供给，以丰富的供给方式迎合旺盛的教育需求，这是顺应了教育发展的规律之理。

在基础教育规模急速扩张的同时，也存在一些发展过程中的问题。为了保证完成"普九"的发展任务，基础教育发展放松了基本规范和质量要求，这在一定程度上不符合教育发展规律。从学校硬件角度来说，学校建设周期较短，其基础设施质量、教学条件都没有得到很好的保障，很多校舍、教学设施、教学环境等都未能按照相关规定严格落实。从学校师资等软件条件来看，急剧扩大的基础教育规模对师资队伍的建设降低了标准，教师准入门槛往往较为放松，导致很多教学水平不高的人员进入教师队伍。以上现象致使我国基础教育发展面临着学校基础设施不达标、教师队伍素质不高以及代课教师敷衍行事等问题。随后，在规模扩张基本满足了普及需要之后，基础教育发展的核心逐渐转向基础教育本身的健康发展上来。此时，出现了在规模扩张阶段未解决的发展不均衡、布局不合理、比拼升学率和应试教育倾向严重等问题。基础教育发展面临的最大内部问题表现为教学目标、教学内容、教学方式方法和评价等要素结构不合理；外部问题主要表现为根据基础教育发展密切相关的人、财、物分配结构不合理，学校的分布、各类型学校的比例结构不合理。因此，发展的首要解决问题就是优化基础教育发展的结构，提高基础教育质量。

2001年国务院颁布《关于基础教育改革与发展的决定》，其中要求对农村基础教育管理"实行在国务院领导下，由地方政府负责、分级管理、以县为主的体制"。县级政府成为基础教育发展的重要主体，在实行"以县为主"管理体制后，县级政府不仅可以对所管辖的中小学进行布局调整，并且可以通过布局调整来减轻财政压力、提高资源利用效率。一方面，管理上实现了从"以乡为主"到"以县为主"的转变；另一方面，经费投入上实现了县、省和国家多级投入，对于发展滞后、问题较多的薄弱地区和学校设立专项政策和资金支持。随后，地方上陆续推出调整基础教育的学校布局、建设标准化学校、建设寄宿制学校、教育均衡发展、平衡普通高中和中等职业教育等政策和措施，这些政策措施在整体上对基础教育的人、财、物、学校布局、学校类型等各要素和结构进行了有效的优化调整。

2002 年党的十六大召开，在党的十六大报告中提出，我国必须在 21 世纪头 20 年紧紧抓住全面建设惠及十几亿人口的更高水平的小康社会这一时期的战略目标，标志着我国的经济体制改革进入逐步相对完善的社会主义市场经济体制阶段。2003 年 10 月党的十六届三中全会以后，中国开启了以完善社会主义市场经济体制为目标的改革，以进一步解放和发展生产力，为经济发展和社会全面进步注入强大动力。市场经济不仅给基础教育带来挑战，也为其带来了发展的机遇。建立社会主义市场经济的同时，要求深化教育管理体制改革。在相关文件中提出：建立我国的国民教育和终生教育管理体制以及学习型社会，全方位推进素质教育落实，不断增强国民的就业、创新、创业能力，充分发挥人力资源优势；推动现代教育管理体制建设，优化教育结构、变革培养模式，并对教学质量提升；推动基层政府主导下的农村基础教育管理体制建设；对教师以及管理人员实施聘用制度；加强政府投入和多元化资金来源的教育经费制度，形成公办民办学校共同发展的局面；对家庭困难学生的救济制度要不断完善。党的十六届三中全会召开，确立了科学发展观的指导思想，对我国教育改革影响极其深远。以此为始点，以人为本、促进人的全面发展成为教育改革的主导价值观。与此同时，人的发展的公平性和质量成为这一阶段新教育政策的两个核心问题，并受到了高度重视。因此，促进教育公平和提高教育质量是本阶段教育改革与发展的两个核心目标。同年，国务院颁布了《国务院关于进一步加强农村教育工作的决定》，其中提出要把农村教育当作教育工作的重中之重。

2004 年初，在国务院的批准下，教育部出台了《2003—2007 年教育振兴行动计划》，其中明确了"为建立全民学习、终身学习的学习型社会奠定基础"的目标，并提倡在全国范围内要坚持贯彻"教育为人民服务"的路线方针。这一行动计划的制定标志着当代我国教育改革迈入了第三个发展阶段。这一计划关注并采纳了我国广大人民群众的意义与建议，我国政府对于教育管理体制的完善以"学习型社会"，充分贯彻落实构建社会主义和谐社会的大政方针。

2005 年国务院颁布《关于深化农村义务教育经费保障机制改革的通知》（以

下简称《通知》），其中包括建立农村义务教育经费保障新机制的决定，设立全部免除农村义务教育阶段学生学杂费，力争实现每一个农村孩子都有接受教育机会的目标。

2006 年我国对《义务教育法》进行了重新修订，在义务教育的管理体制和投入体制方面，在过去强调"以县为主"管理体制的基础上，不仅突出了基础教育统筹规划过程中省级政府的责任，同时还强调了中央政府的责任。至此，基础教育管理的权力与责任由 1985 年以来逐步下放乃至下放至乡镇，逐步回归县级政府乃至省级政府。更加值得欣慰的是，城市中的流动人口子女的入学问题越来越得到政府及相关部门重视。国家陆续出台了一系列措施，如在《关于进一步推进义务教育均衡发展的若干意见》中规定以公办学校为重要抓手，认真做好进城务工农民子女义务教育工作。

截止到 2005 年秋季，全国所有的小学、初中起始年级都已经实施了新课程；进行普通高中新课程实验的省份由 2006 年的 10 个扩大到 2007 年的 16 个。基础教育管理体制基本解决了管理主体的问题，但管理内容和管理方式两大问题尚未解决，学校内部的管理体制也没有得到有效创新。而在 2003 年党的十六届三中全会通过的《关于完善社会主义市场经济体制若干问题的决定》中在确立科学发展观的同时，提出要加快推进政府改革进程，以适应社会主义市场经济体制和科学发展观的要求。在此政策背景之下，政府改革的目标是法治政府、服务政府、责任政府，这就为进一步转变政府的教育行政职能、转变政府与学校的关系、切实深化学校内部管理体制改革奠定了良好的基础。

2007 年召开的党的十七大明确指出：教育是民族振兴的基石，教育公平是社会公平的重要基础。围绕"教育公平"这一主题，基础教育管理体制改革进一步发展完善实现全面建设小康社会和构建和谐社会的目标。如何实现教育公平和社会公平，科学合理地实现基础教育配置资源最优，以及农村基础教育事业的公平与发展等问题被高度重视。

基础教育发展激活了发展动力、扩大了办学规模，自然核心的任务就转到了优化发展结果，提高发展质量上来。这其实是从基础教育发展的外围框架逐步转向基础教育内部运作体系的一种发展。布局调整、均衡发展、标准化学校建设，包括素质教育、课程改革等，这些基础教育发展政策措施都是在试图调整优化基础教育的发展结构。

5.1.4　科学发展观指导下的基础教育制度改革阶段

早在 2003 年，教育部部长周济在多个场合阐述了"办让人民满意的教育"的基本主张。2008 年，温家宝总理在十一届全国人大政府工作报告中再次明确提出"办好人民满意的教育"。以此为起点，学术界和一线教育工作者开始针对"办好人民满意的教育"这一课题展开研究、探索和尝试，"办好人民满意的教育"逐步成为中国基础教育发展的核心任务。2010 年 7 月，第四次全国教育工作会议在北京召开，随后发布了《国家中长期教育改革和发展规划纲要（2010—2020 年)》（以下简称《规划纲要》），对中国未来 10 年的教育发展做出了基本规划。温家宝在会议中指出，一定要解决好教育领域人民群众最关心的突出问题，教育发展要顺应人民群众对接受更多更好教育的新期盼，办好人民满意的教育。《规划纲要》的制定和实施作为新的起点，为办好人民满意的教育做出了重要铺垫。2012 年党的十八大报告更是以"努力办好人民满意的教育"为标题阐述了党的基本教育主张，标志着我国基础教育发展进入了以人民满意的教育为核心的发展阶段。

此阶段，如何让人民满意是基础教育发展面临的首要问题。多元化的、与日俱增的人民群众对基础教育的需求和当下相对单调基础教育的总体供给并不能高效匹配。统观基础教育发展全局，非常明确的核心矛盾和突出问题不复存在，而复杂矛盾和复杂问题包含方方面面，处理更加棘手。这个阶段应从人民满意这个目标来看待基础教育发展，探讨怎样的基础教育发展是人民满意的。本章选用了人民群众经常使用的"上学"一词来做分析。对人民群众而言，基础教育就是"上学"，这一词中包含很多层含义。首先是适龄学生是否能够在一所适合自己的学校上学，而所谓适合的学校在通常意义上讲应是一个让人民群众抛开攀比心后，真正适合自己学习、发展的学校。其次是学生能否更便捷地从家到学校去上学。中国亿万个家庭每天都要面对孩子上学问题，其上学出行方式、时间及费用，以及是否安全等问题都关涉人民群众能否满意。最后是学校是否能够给学生提供一个安全舒适的环境学习。学校里的内部环境、外部环境、提供的教育服务水平，都是直接影响在校学生发展的核心问题，并且是最能影响人民群众对"上学"这一需求是否满意的因素。

回顾改革开放以来中国基础教育的发展路径，我国基础教育发展经历了重点解决突出矛盾、渐次实现阶段式发展的过程。首先通过进行教育管理体制改革，充分激活地方发展基础教育的热情，提供教育发展活跃的发展动力，这一阶段关注的重点是发展动力矛盾；其次是以普及九年义务教育为目标推动基础教育规模扩张，实现基础教育规模化发展，这一阶段重点解决的是教育总量供给不足的矛盾。随后则进行了布局调整、均衡发展、素质教育和课程改革为核心的教育发展结构优化，提高教育发展质量，这一阶段重点解决的是从"有学上"转变到"上好学"的矛盾。在重点关照了发展动力矛盾、总量供需矛盾和发展结构矛盾之后，中国的基础教育发展进入了一个崭新时代。今后相当长一个时期教育发展主题是解决好人民群众不断增长的丰富而多元的教育需求和现阶段相对单调的教育供给之间的矛盾，基础教育发展的核心问题是如何办好人民满意的教育。解决这些问题及矛盾需要我国教育工作者凝聚更多的智慧、付出更多的努力，以期最大程度完成预定的目标。从复杂性理论的角度来看，"问题—对策"这样简单的局部线性思维已经不能解决我国基础教育的发展问题了，基础教育发展要面临的是各基础教育相关要素间呈指数级增长的错综复杂联系，这要求我们对基础教育发展道路要有一个系统性的新设计，是我国政府、学者及教育工作者需要齐心协力解决的问题。

5.2

我国典型学区制实践模式

"学区制"是英、美等国家较为盛行的区域教育管理制度，具体做法是根据接受学前教育的青少年儿童居住的地区，划分区别于普通行政区的地方教育行政区域。我国的"学区制"发展较晚，是为解决教育资源配置不均衡，实现基础教育均衡发展采取的一种手段，即实行中小学分片划区管理。本书通过介绍我国典型学区制的实践模式，分析各模式的制度背景、实施方案及实践成效，以期为我国学区制的发展提供重要的参考价值。

5.2.1　西安的大学区管理制

5.2.1.1　制度背景

我国的基础教育资源通常集中在"省级""示范""重点""中心"等学校，绝大部分普通学校在教学设施、师资力量等诸多方面都难以望其项背。由于基本的教学条件差距，生源集中和生源不足两种现象同时出现，加速了我国基础教育的不均衡发展程度，严重阻碍了我国教育的可持续发展。

"教育不公平"现象愈演愈烈，促使我国多个省份开始推行"学区化教育管理"改革。"学区化教育管理"的目标是通过"高带动低"和"强帮助弱"的方式，构建学校共同体，实现同区域内的同级别学校之间教育水平的均衡，从而实现基础教育的均衡发展。陕西省是我国的教育大省之一，但其基础教育、教育质量相对落后。西安市基础教育存在"补课和择校收费"两个现象，社会民众对此产生极大不满并要求市教育行政部门做出改革。这两个现象是学校办学不规范、办学资源严重短缺的外部表现，反映的正是西安市基础教育均衡发展的严重问题。基础教育失衡是我国地区教育的普遍现象，早在 2016 年的全国两会期间，"学区制管理"的思想曾就被提出，而后引起我国政府及教育部门的重视，促进基础教育均衡发展逐渐成为教育大计和社会发展的战略性选择。为响应国家教育部门下达的指令，落实国家相关教育精神，促进地区基础教育均衡化发展，推动教育普及化、大众化目标的实现，西安市在全市范围内推行"大学区管理制"，在各区所中小学启动试点。

5.2.1.2　具体规定

（1）政策学习。学区内各成员学校以校领导为核心，全体教职工共同学习"大学区管理制"相关政策及文件精神。通过学习，保证教育工作者在思想上同全国教育发展形势保持一致，提高对教育均衡发展的认识。（2）机构设置。在学区长带领下各成员学校通过成立学区工作机构，构建与自身教育教学管理实际情况一致的规章制度，学区管理部门，统筹兼顾各学区成员学校情况、合理配置校际资源的执行方案，以推动学区整体发展。（3）制度安排。各成员学校遵照"大学区管理制"执行方案，以基本教学为出发点，安排教学计划教师工作量、教科研奖励措施、教师业务考核等等，切实保证"大学区管理制"顺利推行。（4）资料管理。各成员学校加强"大学区管理制"专项档案管理力度，并将有关"大学区"的方案、档案、文件、资料、记录、纪要、科研成果等认真存档。（5）活动宣传。通过有力的宣传手段，如利用媒介资源进行学区教育改革工作的宣传报道等，开展"大学区管理制"的宣传活动，推动学区内各成员学校之间的交流，同时争取普通民众、社会机构关注、认可和支持。（6）专项经费。各成员学校设立辅助实施"大学区管理制"的专项经费，保证学区教育教学工作顺利展开。（7）学区内各成员学校目标要一致、思想要一致、工作要一致，共同维护学区教育制度，实现壮大学区、教育均衡发展的目标。

5.2.1.3　实施方案

根据西安市当前的教育发展情况，西安市进一步制定了推行"大学区管理制"的实施方案。

（1）"大学区管理制"的本质内涵。政策的推行是为了将区域内优质教育资源共享，推动区域内教育均衡的快速发展。"大学区管理制"的内容涉及教育教学方方面面，包括在"大学区"内实施统一教学管理、统一共享设施、统一安排教师、统一课程资源、统一教学活动、统一组织备课、统一教师培训、统一质量监测、统一评价激励。

（2）"大学区管理制"实施方式。西安市"大学区"的设立由当地教育行政主管部门批准，报市教育局备案。"大学区"内实施学区长负责制，即对学区内各成员进行统一管理，并且负责管理学区内资金分配、人事变动、资源配置、教育计划制定等方面。

（3）"大学区管理制"考核评估制度。"大学区管理制"采取的考核评估制度是"捆绑式"考核评估制度。并且对西安市各区、县教育行政部门提出了要

求：展开"大学区"管理专项考核评价指标的设定，对所负责的学区教育教学
情况展开评价监督以及定期考察。

（4）"大学区管理制"学区经费管理。为了顺利推进"大学区管理制"改革
工作，西安市学区的经费管理也得到了政府的关注，建立了学区专项经费，便于
学区内教育教学、科研交流、教师培训活动的顺利展开，也可以作为大学区内的
日常教育管理经费。

5.2.1.4　实践成效

"大学区管理制"改革初见成效，区域教育资源逐步向均衡发展，且发展步
伐逐渐加快，学区基础教育水平有所提升，体现在两个方面：一是在办学环境和
师资力量等方面各成员学校之间的差距渐渐缩小，得益于在学区内各成员学校间
开展的"高带动低"和"强帮助弱"等措施，学区内普通学校的硬件设施和办
学水平等方面有了较大改进，各成员学校得到共同发展。二是优质教育资源在各
成员学校之间均有所增加，区域基础教育教学水平整体提升，基础教育标准化学
校和省级标准化高中、示范高中数量都在同步增加。各学区成员学校的共同发展
带来的整个教学区域的社会知名度提升，"大区域管理制"改革带来的成果直观
反映在学生的成绩及升学情况等方面。例如，2013 年西安市中考、高考在难度
不变的情况下，全市中考分数线较上年有所提高，高考中高分数段的考生比例明
显增多。

5.2.1.5　改革实施仍旧存在的问题

（1）尽管改革带来一些成果，但仍然满足不了西安民众对教育公平、优质
教育资源共享的需求，西安市政府作为全市公共服务的提供者，必须更加深入透
彻地将教育平等化、公平化的观念传达给区域政府以及学区内各成员学校。适当
转变政府职能，统筹考虑各基础教育学校的教学资源需要，制定合理政策和措施
促使公共教学资源更有效地发挥其作用，使学区内各成员学校得到更为公平的
待遇。

（2）相较于政策宣传的进度，"大学区"发展规划相对滞后。包括推行与该

制度相适应的教育整体规模布局、管理模式、运行机制、资源投入、教学特色等方面，都需要相关工作人员的进一步研究和努力，制定出针对具体地区、具体学校的实施细则和方案，以点到面推行政策改革。

（3）与发展规划的滞后情况相应，"大学区管理制"的专项考核评价指标并未进一步明确，因此，对各学区的定期监测和督导评估未达到理想的效果，那么，政府机构及社会各界对"大学区管理制"政策实施的监督机制便无法落实，学区的教学实力及社会认可度还不充足，政策有待进一步完善（高莹，2014）。

5.2.2　黑龙江"1＋1"结盟制度

5.2.2.1　制度背景

牡丹江市的教育改革措施在黑龙江省最具代表性。该市有中小学 345 所，学生 17.2 万人。牡丹江市新老城区在地理位置、经济基础、居民结构等方面的差异，造成新老城区学校师资力量、基础设施、教学质量等不均衡。主要体现在中心区域的中学数量较少，出现僧多粥少的局面，加之"小升初"考试的取消，学生对区域内师资力量较好的热点学校趋之若鹜，甚至有家长为使孩子增加入学机会可能不惜提前搬至这类学校附近，造成了热点学校大班额现象，身处其中的学生也无法更好地享受优质学校带来的优质教育资源。而那些师资相对薄弱的学校生源严重不足，造成师资极大浪费，同时也降低了教师们的授课热情（潘祺，2013）。

5.2.2.2　实施方案

牡丹江市的"学区制"改革的核心是融合和带动，即以"结盟"的方式联结两所实力悬殊的学校，建立一个办学实体（学区）由学区长负责统筹管理和调配学区内两所学校的所有资源。学区统一管理主要体现在五个方面，即资源配置、校长教师调配、教学研究和管理、财务核算和考核评价。以校长教师调配为例，"结盟"学校建立合作互动、资源共享、优势互补、共同发展的教师资源配置机制，校与校之间优秀教师数量均衡，学科之间强弱教师比例均衡，在学区内实现校长、教师的无校籍管理。

5.2.2.3　实践成效

这种调配方式不仅满足了家长和学生对于优秀师资均衡分配的要求，而且在加快实现初中教育公共服务均等化等诸多方面确实发挥了非常重要的作用。在学校合并初期，大家最担心的问题就是教师和学生间是否能够彼此适应、彼此融合，但在一年半的时间检验下，结盟收到了很好的效果，甚至完全超出了计划者的预期。同时，百姓关注的大班额、择校热等不良现象通过学区模式也得到有效解决，对黑龙江的教育均衡发展起到了十分显著的促进作用。据统计，"学区制"的推广大大提高了各个学校的综合办学水平。有资料显示，三个学区各分校优秀率由 17.09% 提高到 29.91%，及格率由 43.64% 提高到 68.49%。同时，学区模式真正打破了教师流动的校际壁垒，破除了固有的教师管理体制障碍，三个学区的 785 名教师基本实现无校籍流动，大大激发了教师队伍的活力，加速了青年教师在教学过程中成长成才。目前，通过"学区制"改革，各学校的教师已由"学校人"变成了"学区人"，而改革的最终理想状态是将其变成"教育系统人"或"职业人"，最终目的是通过老师在学校之间充分合理的流动，促进整体区域师资队伍教学水平的提高，使学生能在最近的范围内享受到相对优质的基础教育资源。

5.2.3　北京东城区的"学区化"走向"学区制"

5.2.3.1　制度背景

早在 2004 年，北京东城区就正式开始了"学区化"管理改革。十年间，改革的步伐一直在前进，从未停止。在党的十八届三中全会将"试行学区制"作为教育综合改革重要举措之一的政策背景下，东城区在新的时代要求下进一步探索区域内教育行政治理结构改革的新思路，努力实现由"学区化"到"学区制"的转变。目前，各地都在围绕公平与质量两大主题，积极寻找适合本区域推进教育综合改革、破解现实难题的思路与举措。在教育方面，人们关注的热点、难点问题有"幼升小""小升初"等，解决这些热点、难点问题无疑是当务之急。但是，如果无法按照实现教育治理体系现代化的基本精神，探索区域教育行政改革的新思路，仍然像过去一样不触动原有教育结构，不创新教育体制，不改变教育机制，不改善教育生态，那么，无论制定多少政策措施，都只能是权宜之计，而教育问题中的核心问题难以根除。而正是基于系统改变、长远发展的思路，东城区着眼教育大格局，统筹"一盘棋"，以"构建科学、民主、开放、多元的教育综合治理体系"引领"学区制"改革。此种形式的"学区制"凸显了"多元综合治理""管理一体化"等现代理念，顺应了社会的发展，既是对其以往"学区化"模式的创新，同时也为其他地区推进相关改革工作起到了重要的示范意义。

5.2.3.2 对"学区制"的解读

"学区制"是要形成一个由若干相互关联的制度组合而成的、具有立体结构的、相对稳定成熟的治理体系。它包含以下几层含义：（1）建立完整的管理体系。"学区制"管理模式将形成一个主体上从教育行政部门到学校到社区到社会，结构上实现公众共同参与、形式相对扁平而又立体化的多元治理模式。这一治理结构要从垂直、单一的"管制"，走向多元、多向、扁平的"治理"，以体现教育现代化的基本要求。（2）建立均衡发展的机制，即学区内校际间资源共享、共同发展的机制。（3）建立学区内干部、教师轮岗交流的机制，使教师的身份更加灵活，流动更加自由，实现人才校际的顺畅流转。（4）建立优质品牌共享机制，增强优势资源吸引力，促发展结构化新体制。此外，建立相对稳定的招生制度、学区内的评价机制、督学责任制度以及对学区建设的投入保障机制等。这些推进"学区制"改革的相关制度逐渐形成体系并基本"定型"后，区域教育将会形成更加良好的秩序，最终构建一个稳定、成熟、公平、均衡的发展机制与服务平台。

5.2.3.3 实施方案

为了保障"学区制"综合改革的有力推进，东城区教委专门成立了"学区制"综合改革领导小组，其主要任务是统领"学区制"改革的各项工作，项目化、责任化地分解"学区制"综合改革方案，此外，领导小组下设办公室，以协助领导小组完成工作。同时，各学区还成立了学区工作委员会（实行聘任制，每届任期三年）。由此一来，全区即形成了以学区为基本单元的新型现代化治理体系。各学区工作委员会主任由教委处级领导担任，常务副主任由学区轮值主席、牵头学校的校长担任，负责统筹协调本学区制度体系建设及各项综合改革任务的推进；成员由学区内的学校校长、责任督学、教育直属部门人员、学区所在街道社区干部、属地派出所、驻区单位代表、家长代表和学生代表以及人大代表、政协委员共同组成。学区工作委员会实行由区教委领导，学区、社区、家庭等多主体参与，共治、共建、共享的治理结构（沙培宁，2014），丰富多彩的措施为东城区发展"学区制"提供了基本保障。

5.2.4　天津河西区的"教育发展联合学区"

5.2.4.1　制度背景

河西区作为天津市传统教育强区，基础教育均衡发展的成绩骄人。但也不是尽善尽美，该区学校之间具有较大的差异性，主要体现在学校师资水平、管理水平以及教育教学质量等方面。以小学为例，优质生源仍然在原改制学校中相对集中，如上海道小学、二师附小、闽侯路小学、三水道小学等，校际发展不均衡的矛盾比较突出。对此，天津市河西区教育局为深入贯彻落实《义务教育法》，以实现基础教育区域内部均衡发展为目标，以组建"教育发展联合学区"为基本途径，通过努力实现校际联动和资源共享等方式，开创了一条促进基础教育小学阶段的均衡发展之路。

"教育发展联合学区"是一种学校之间以平等互助为原则而形成的教育教学共同体，并不属于行政性组织。该联合学区以优质学校资源均衡分布为划分原则，将全区 29 所公办小学划分为 5 个联合学区。分别以上海道小学、闽侯路小学、天津师范大学第二附属小学、中心小学和三水道小学为中心，以辐射到周边46 所学校的范围为半径，打造出数个基本覆盖全区的教育组团，如图 5 - 1 所示。

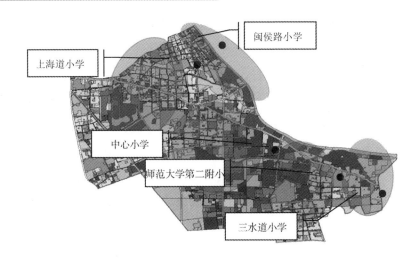

图 5 - 1 河西区小学联合区片示意图

资料来源：笔者自绘。

5.2.4.2 实施方案

（1）组建教育发展联合学区。"教育发展联合学区"是校际间以平等互助为原则形成的教育教学共同体，属非行政组织。以区域位置、办学水平和发展潜力相对均衡为划分原则，将全区 29 所公办小学划分成五大学区，每个联合学区由 4 ~7 所小学组成，每个学区有 1 所发展中心校，形成五大教育发展团组。同时指定学区发展中心校，其校长任组长，负责召集开展教育教学研究和交流工作，其他辐射学校要主动参与和协作，取人所长补己所短的同时，努力形成各具特色的发展态势，促进该学区教育教学质量的整体提高。在具体操作上，从需求出发确定课题或专题，每学期开展 2 ~3 次的研究活动，并在人员、内容、形式、时间等方面做出明确要求，确保落实；在组织机制上，分层组建由校长、副校长、学科骨干教师或优秀班主任组成的研究共同体以提高组织业务素质。

（2）打造优秀教师资源共享的平台。一是开展高水平的教学研究，在联合学区时常举办特级、小中高教师课堂教学展示活动，提高整体教学研究水平的同时促进了教师的学术交流；二是聘请区级特级教师在五个联合学区开展名师义务辅导讲座，传播优秀知识信息，提升整体的教师教学水平；三是开展专家讲座、名师讲学、心理咨询、专题培训等形式多样的培训活动，丰富教育水平的升级形式，全面整合区域内的教育资源状态。总之，通过打造和完善这个资源共享平台，优秀教师"一校独有"的局面有所改善，使优秀教师在学区内在引导下有序流动起来，促进整个学区的共同提高。

（3）政府教育部门加强对该组织的管理与指导，为联合学区工作的顺利开展提供了行政保障。通过近些年不断探索实践，该区逐步建立起了一系列措施来促进联合学区的规范和成熟。其中主要工作内容包括：①积极做好学区工作的学年规划和总结。每学年开学初各学区负责人在区教育局的召集下共同商议制定学年工作计划，并结合在实践过程中的实际情况设计活动，在期末组织各联合学区对学区整体工作进行总结和交流，并确定改进意见和下一步的发展方向；②建立优秀教师的流动审批制度，促进教师流动制度化，优化配置优秀教师资源。具体实施方法是，由河西区教育局与学校共同协议确定定向流动的教师名单，并与教师本人签署《河西区优秀教师定向帮扶流动协议书》，积极有序地推进教师流动；③制定具体"实施意见"，加强实践指导。2007 年 1 月河西区政府正式出台了《河西区小学"建立教育发展联合学区"的实施意见》，从政策层面为联合学区的管理和规范化建设提供支持，同时加强对学区工作开展的指导力度，以确保联合学区工作的公平与效益。

5.2.4.3　实践成效

河西区构建"教育发展联合学区"已成为其推进教育均衡发展的明确思路，通过区域内的校际联动、资源共享、整体推进，河西区的教育均衡发展得到了显著推进：学校办学理念更加开放，师生交流更加自由，学生的学习空间更加广阔，教育均衡发展的良好氛围得到社会普遍认可，这促使联合学区为教育均衡发展做出更多贡献。

5.2.5　广州越秀区的学区资源管理模式

5.2.5.1　制度背景

越秀区作为广州市中心城区，历届区委、区政府都坚持贯彻科教兴区、人才强区的思想，优先发展教育，大力提高区域教育综合竞争实力。尽管越秀区基础教育优势非常显著，但由于长期以来受教育投入机制等多种因素的影响，目前在经费投入、师资力量、生源质量等资源配置和教育教学质量水平方面，依然存在地域差异、校际间发展水平也不均衡，由此带来诸如择校风愈演愈烈、强校与弱校之间差距越来越大等一系列问题，从而影响到社会的和谐发展。如何进一步提升基础教育质量，最大限度地合理配置并充分利用优质教育资源，促进区域内基础教育均衡发展，成为越秀区教育发展的首要任务。2007年，越秀区申请并成功立项题为"构建学区管理模式促进基础教育均衡发展"的研究项目，该项目是全国教育科学"十一五"规划2007年度国家一般课题。通过四年的研究与实践，初步形成了学区管理模式的创新机制，为学校发展探索出了新的驱动力。同时，从理论与实践层面形成学区管理的理论体系，建立了适合南方沿海发达城市中心城区促进区域基础教育均衡发展的学区管理与行动策略，为广州市、广东省乃至全国类似地区推进基础教育均衡发展提供了有价值的理论与操作范式。

5.2.5.2　实施方案

教育均衡发展是我国教育改革的战略性任务，在全国范围内已经开展了诸多实践活动。越秀区作为广州市教育改革实验区，建立了立足于南部沿海地区中心城区、适合全国不同发展背景、发展条件地区的三种学区管理模式，即基于知识管理的"联盟模式"、基于资源管理的"集群模式"和基于品牌管理的"集团模式"。以"优势互补、资源共享、共同发展、彰显特色"为理念，以本校发展为主体，以主任学校为主导，以整合资源为主线，以内涵均衡发展为目标，在区域内实施"学区管理模式"，逐步实现"中层干部交流、骨干教师支教、教师联合培养、硬件资源融合、课题共同开发、科研与培训相结合、典型示范带动、资源共同分享、成果推广交流"的发展格局，促进区域优质教育资源均衡发展。

5.2.5.3　具体做法

以越秀区的学区管理为例，越秀区通过建立简约高效的学区管理机制实现学区高效管理。其内容有建立学区三级体系及相关管理制度，从区域层面、学区层面、学校层面建立管理体制，形成联动机制，通过建立学区信息化平台、学区成绩绩效评价机制实行学区高效管理。学区管理体系由区级、学区级和校级三级管理构成，实现从传统的科层制到三级管理制。

从学区知识资源共享方面来说，越秀区建立的学区知识资源共享管理机制具有"一体双翼"的特征。"一体两翼"即为以学区教研为主体，以区域教研和校本教研为两翼，其实质是一个知识资源共享共同体。实现"区域一体化"均衡教育，确定合理的知识资源共享管理目标，制定必要的监控手段及可实施、执行的各项制度，如调控制度、工作推进制度、评价制度、反馈制度等，集中协调和整合各种力量，充分发挥各自的优势，构建优势互补、彼此交互贯通的知识资源共享共同体，从而形成相对固定化、规范化的制度与工作规范，以能够长期地作用于学区管理主体与学校管理客体。

从学区人力资源共享方面来说，越秀区按照区域教育均衡的整体思想，合理确定人力资源共享管理的目标，以学区人力资源为管理客体，区域刚性管理和学区学校柔性管理双管齐下，要有必要的监控手段，制定可实施、执行的工作推进制度、调控制度、反馈制度、评价制度等，协调和整合各种力量，构建既能适应和谐共赢又能实现个性超越的人力资源共享体系。

从学区硬件资源共享方面来看，越秀区学区硬件资源共享体系是由同一学区内作为独立组织的学校之间，或者区域内不同学区的不同层级学校之间，因同类资源共享或异类资源互补形成的共生体，是一个完整系统。以学区内所有学校为共享主体，以学区内资源信息平台和跨学区资源互补构成双通渠道，构建互补融合的硬件资源共享体系。

5.2.6　其他地区学区制模式

5.2.6.1　石家庄主城区试点义务教育学区制

2016 年 3 月，石家庄市下发《关于在主城区义务教育学校开展学区管理制改革试点工作的意见》，提出 2016 年将在长安区、桥西区、新华区、裕华区等 4 区每区组建 3～6 个试点学区，高新区组建 1～2 个试点学区。试点一年后，根据学区运行情况，逐步在区域内全面推开。具体做法如下：

（1）优质学校牵头，组建紧凑型学区。在学区组建方面，石家庄市提出要确定优质学校，以优质学校为牵头学校，小学吸纳 2~3 所学校，初中吸纳 1~2 所学校，合理组建紧凑型学区。学区设总校长 1 名，享有对学区的统一管理权。学区内各成员学校设立执行校长，接受学区总校长的领导。学区总校长享有的对学区的统一管理权包括：教育教学活动组织权、"学区管理制"改革专项经费的管理与使用权、师资调配权、校级干部考核建议权以及其他教育教学设施资源调配权等。

（2）优质学校和薄弱学校实现"九个统一"。设立学区制后，学区内同学段优质学校和薄弱学校逐步实现"九个统一"（即统一共享设施、统一管理策略、统一师资培训、统一教师调配、统一课程规划、统一组织备课、统一教研活动、统一质量监测、统一评价机制），促进"学区管理制"向制度化、规范化发展，同时不断缩小区域内校际间的差距，以提升学校整体办学水平和教学质量。今后学区内有望实现统一组织备课、统一课程规划、统一质量监测，建立学区学科教研组，开展教师集体备课、听课评课和观摩教学等，形成教研与培训工作长效机制。此外，学区内各学校报告厅、体育馆、运动场、综合实践活动基地等教育教学设施资源也将共建共享，将学校资源变为学区资源。

（3）设立学区后教师交流更加顺畅。石家庄市提出，各区在不突破中小学教职工编制管理的前提下，根据学区内各学校班额、生源等情况，统筹分配各校教职工编制，并适当调整增加牵头学校教职工编制数。为促进学区内校际间校长、教师的交流，市、区两级设立校长、教师交流专项经费。从 2016 年起，各学区内交流的校长、教师，在职称评聘以及市级以上优秀教师、优秀教育工作者、骨干教师、特级教师评选时同等条件下优先考虑。同时，学区内每名特级教师将带 5 名市级骨干教师，每名市级骨干教师带两名区级骨干教师，每名区级骨干教师带 1~2 名中青年教师。充分发挥特级教师、骨干教师的示范引领作用，促进学区内教师队伍专业素质整体提升。

5.2.6.2　成都制定学区制招生试点方案

成都市于 2016 年将加快中考制度改革及中小学教育质量综合评价改革，拟制定学区制和九年一贯对口招生试点方案，并开创性地积极探索实践十二年制免费教育。成都市教育局印制并发行了《成都市教育综合改革 2016 年工作计划》，对全年教育综合改革工作进行了详细部署。具体做法如下：

（1）探索基础教育学区制建设。成都市 2016 年将试行学区制和九年一贯对口招生。按照计划，成都市将进行学习全国学区制改革情况的调研活动，创新性地探索学区内教育资源整合机制、学区划分形式、学区运行与管理机制等，并出台了《成都市义务教育学区制建设指导意见》。同时，还将深入贯彻《成都市教育局关于推进九年一贯制学校发展的意见》，全面推进成都市九年一贯制学校课程改革试点工作，从而进一步提高全市九年一贯制学校办学质量。成都市 2016 年内将详细调研并总结在锦江区、双流区等地实施高中免费教育情况，进一步调研论证加大对全市各圈层区（市）县实施高中免费教育现状，在综合全市普通高中办学规模、教育收费、公用经费、办学水平、财政现有保障水平等数据的基础上，推动高中免费教育在有条件的区（市）县探索实践。据悉，成都市将进行十二年制免费教育的探索实践。与此同时，成都市将大力开展公办幼儿园标准化建设提升工程，鼓励扶持公益性幼儿园发展，力争普惠性学前教育覆盖率达 85% 以上。

（2）深化综合高中改革试点。成都市将深化综合高中改革试点，其发展目标为建立以培养高素质劳动者，构建升学和就业相结合的教学模式，融合升学预备教育和职业技术教育，融通学术性课程与技术技能课程，培养具有扎实的文化基础知识和一定专业技能的综合性人才，探索融合升学预备教育和职业技术教育的人才培养新模式。成都市将以拔尖创新人才早期培养改革课题研究为重要抓手，注重核心素质培养，构建更加完善的创新人才培养体系；支持试点学校充分利用高校、科研院所、著名企业的实验室，为学生的学习研究提供广阔平台；依托优质普通高中开办空军青少年航空教育等强专业性的实验班，形成军地合作、联合培养、多元保障的高素质飞行人才培养等多种模式，进一步加强拔尖创新人才早期培养课程体系建设，探索卓越人才早期培养的高效机制。

（3）支持优质学校跨区域办学。成都市将支持优质学校跨区域办学，深入推进教育圈层融合发展，通过信息化的手段扩大优质教育资源覆盖面。按照计划，成都市将推进成都数字学校、"微师培"等微课程资源建设，稳步开展九年一贯制终身教育资源库、学校网络教育协同项目和市民终身学习服务平台建设，在"互联网+"时代下，充分利用远程教育网络扩大优质教育资源在农村学校、民族地区的辐射范围，以深入推进优质资源网络共享与应用。据悉，成都市今年将全面实施《成都市教育局关于农村寄宿制学校教育质量提升方案》，设计定向精准扶助薄弱学校的方针，同时开展第二批"新优质学校"复核评估，强化基础教育阶段扩优工作。与此同时，成都市今年还将大力推进教师"县管校聘"改革进程，积极探索建立、完善学校合理用人机制、岗位等级的教师全员竞聘工作机制，大力支持区（市）县教职工管理中心试点编制管理、岗位统管的权力，设立机动岗位用于教师有序流动，切实落实基础教育学校教师、校长交流轮岗制度，并认真落实教师退出制度，全面深化教师"县管校聘"改革。

5.3

我国基础教育制度的现状

5.3.1 我国基础教育数量规模发展现状

中国的基础教育应该是世界上规模最大的，其规模数量的发展影响着亿万中国家庭，日常生活中我们关注的许多教育热难点问题背后其实就是教育数量规模的发展问题。

本章集中于关注学前教育、小学教育、普通初中教育和普通高中教育等基础教育。这些学段对应的学校分别为幼儿园、小学、普通初中和普通高中。根据教育部网站公布的教育统计数据，本研究对比了2004年以来各学段的学校数、在校生数，并计算了各年度的平均在校生数，以此粗略反映各学段基础教育数量规模的变动态势。通过对比发现，2004年到2014年，我国学前教育在园儿童数量正急速增长，小学和初中阶段在校生数量持续减少，普通高中在校生数量由增长趋于平稳（杨清溪，2015）（见图5-2）。

5.3.1.1 学前教育数量规模正急速增长

根据教育部网站公布的统计数据，2004年全国有11.7万所幼儿园，之后，

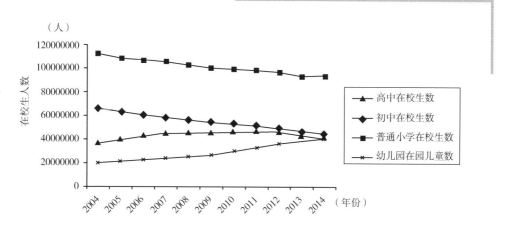

图 5 - 2 各学段在校生数量变化折线图

资料来源：Wind 数据库。

逐年小幅增加。自 2010 年开始，幼儿园数量增速加快，至 2014 年，全国幼儿园的数量已经达到 21 万所，11 年的时间里猛增了近 9.3 万所幼儿园。与幼儿园总数同步增长的是幼儿园在园儿童数量，2004 年到 2010 年是逐年小幅增加，自 2010 年开始增速加快，到 2014 年，全国幼儿园在园儿童总数已经达到 4050.7 万人，2004 年到 2014 年的 11 年里，幼儿园在园儿童数量增加了近 1961 万人（见表 5 - 2）。21 世纪以来，从整体规模看，基础教育中的幼儿教育段在各个方面都呈现了显著的扩大态势。2010 年《国务院关于当前发展学前教育的若干意见》要求各地编制和实施"学前教育三年行动计划"，许多地区的"行动计划"都提及了扩大学前教育的规模，增办幼儿园，大有普及学前一年教育的趋势。由此，未来学前教育的数量规模可能还会持续扩大。

表 5 - 2 　　　　　　　　　　全国幼儿园数量和在园儿童数量

年　份	2004	2006	2008	2010	2012	2014
在园人数（万人）	2089	2263	2474	2976	3685	4050
幼儿园（所）	117899	130495	133722	150420	181251	209881

资料来源：Wind 数据库。

5.3.1.2　小学教育数量规模持续减少

教育部网站公布的统计数据显示，2004 年小学在校生 11246.2 万人，之后逐年减少，到 2014 年小学在校生数还有 9451.1 万人，11 年的时间减少了 1795.1万，减少了近 16%。与此同时，全国的小学学校数量也在迅速减少，2004 年全国有小学 394183 所，到 2014 年全国有小学 201377 所，减少了 192806 所，少了近 50%。学校数量的减少速度超过了在校生数的减少速度（见表 5 - 3）。在进入 21 世纪后，基础教育小学阶段的规模在校生数和学校数两个方面都持续减少，尤其学校数量减少速度非常快。进一步的统计数据表明，学校的减少主要发生在农村地区，在学校布局调整中大量农村小学被撤销合并。可以预见，随着我国计划生育政策效果的显现，全国适龄入学的小学生在校生数可能还会进一步减少，分布也会越来越稀疏。

表 5 - 3　　　　　　　　　　　全国小学学校数和在校生数

年份	2004	2006	2008	2010	2012	2014
在校生数（万人）	11246.2	10711.5346	10331.5	9940.7	9695.9	9451.1
学校数（所）	394183	341639	300854	257410	228585	201377

资料来源：Wind 数据库。

5.3.1.3　普通初中数量规模持续减少

普通初中的在校生数在 2004～2014 年先是经历了短暂的增加之后进入逐年下降的阶段，下降幅度也比较大，与 2004 年相比，2014 年时初中在校生数下降了 2145.4 万，降低幅度接近 1/3。学校数也迅速减少，从 2004 年的63060 所减少到 2014 年的 52623 所，降低幅度接近 17%（见表 5 - 4）。整体来看，过去的 11 年里，初中学校数和在校生数量也呈现出下降趋势，与小学相反，学生数减少的速度快于学校数减少的速度。因为小学学龄儿童的持续减少，初中生源也受到了影响，初中的在校生规模和学校数量未来可能都将继续减少。

表 5 - 4　　　　　　　　全国普通初中学校数和在校生人数

年份	2004	2006	2008	2010	2012	2014
在校生数（万人）	6576. 3	6008. 9	5628. 3	5342. 3	4826. 1	4430. 9
学校数（所）	63060	60550	57701	54823	53216	52623

资料来源：Wind 数据库。

5. 3. 1. 4　普通高中数量规模由增趋平

普通高中阶段在校生呈现了先增加后趋于稳定的变化趋势。2004 ~ 2014 年间逐年增加，从 3648. 9 万人增加到 4170. 7 万人，增加了近 15% 。从 2009 年开始，全国普通高中的在校生规模基本稳定在 4600 万人。学校数在过去的 11 年间呈现了先增加后减少的变化趋势，但是增幅和降幅并不是很大，2014 年全国普通高中共 13253 所（见表 5 - 5）。与小学和初中不同，普通高中的数量规模呈现出由持续增长到逐步稳定的规模发展态势。

表 5 - 5　　　　　　　　全国普通高中学校数和在校生数

年份	2004	2006	2008	2010	2012	2014
在校生数（万人）	3649	4342	4576	4671	4595	4171
学校数（所）	15998	16153	15206	14058	13509	13253

资料来源：Wind 数据库。

5. 3. 2　教育制度变迁中的利益诉求

制度变迁的本质是权力与利益的再分配、再调整，涉及广泛而深刻的政治、经济、文化权益。我国基础教育领域的制度变迁，便是各利益主体在利益诉求过程中的真实写照。一般来说，根据性质与作用，教育制度变迁中涉及的利益主体可划分为两类，即行政性与非行政性。行政性利益主体，即政府与教育行政主管部门，依据国家行政链条中的位置，大体分为国家与地方两级；而非行政性利益主体，即除行政权力机构外一切能影响基础教育制度形成并受基础教育制度作用的利益主体。毋庸置疑，在教育制度的酝酿与形成中，最为重要的是行政性利益主体的影响，甚至是决定性的。审视教育制度变迁的历程，我们发现，两级行政性利益主体的利益诉求既统一又冲突；即便同一主体，其利益诉求也时而呈现前后自相矛盾的特征（刘国艳，2012）。

在国家层面，国家发展的战略意义决定了中央政府制度的决策必须保持以增强国力、社会稳定、巩固执政党统治为主要价值取向。对此，我们可以通过国家教育政策的具体呈现加以识读。例如，1985 年的《中共中央关于教育体制改革的决定》（以下简称《决定》）指出，"教育体制改革的根本目的是提高民族素质，多出人才、出好人才。"1993 年的《中国教育改革和发展纲要》（以下简称《纲要》）明确，"发展教育事业，提高全民族的素质，是我国实现社会主义现代化的必由之路。"上述目标指向在三十年的国家教育政策变迁中不断重现，这无疑标志着国家政府作为最广大社会公众利益的代表，对其自身价值追求一如既往地践行。但是，政府并非仅仅为抽象的概念，而是实体组织机构。组织学理论认为，政府作为具体的组织存在，也会有自身利益。对此，诺斯（North，1981）进一步阐释，"政府有两种职能：一是促进社会福利的最大化；二是追求自身利益的最大化"。在实践中，这两个职能是相互矛盾的，即人们通常所说的诺斯悖论。诺斯悖论也会体现在中央政府的身上。比如，一方面，作为社会公众利益的代表和维护者，中央政府始终把基础教育均衡发展、普通社会公众子女的教育过程公平作为突出的政策目标；但另一方面，由于可支配资源相对不足的现实困境，中央政府又将基础教育投入的主要责任赋予地方政府，使得自身作为投资主体的主渠道作用并没有完全落实到位，使得基础教育经费短缺现象在落后边远地区和广大农村地区依然较为严重。

从地方层面看，在科层制主导的行政体制之下，地方政府与中央政府无疑构成服从与命令的关系。换言之，地方行政人员应尽力完成上级交代的任务，以使自己职位晋升或不被淘汰，这原本是科层制行政体制下从政的生存之道。但事实上，地方与中央的行政关系并非简单、线性化的上下级关系。在行政关系之外，地方政府同教育行政主管部门与中央政府之间构成一种委托代理关系：中央政府赋予一些教育行政管理权给地方政府和教育行政主管部门。中央政府所赋予的权限，通常是相对具体的、中观形态的教育政策执行权，这是因为地方政府和教育行政主管部门更直接地占有地方和具体教育领域的资源（周雪光，2010）。这也就意味着，地方政府在执行国家教育政策时有较大的灵活性。地方行政人员的政策执行态度和政策执行行为，通常取决于其任务环境中与多重政策目标相应的各种收益和代价的总体权衡。审视教育制度的执行环节，我们经常会发现"上有政策，下有对策"的现象，其实质就在于地方政府在收益与代价的总体权衡下对自身利益的维持。例如，衡量地方教育事业发展的指标，既有学校硬件设施、升学率、示范学校数等外显指标，也有师资水平、学生素质等内在指标。显然，外显指标的进步一望可知，而内在指标的增长却难以为社会公众及上级行政部门所准确把握。所以，尽管"十年树木，百年树人"的道理人尽皆知，但地方教育行政官员把外显指标的增长视为自己任内的教育政绩。

辩证唯物主义认为，矛盾原本是推动事物发展的源泉和动力。基础教育制度变迁所呈现的种种利益主体的利益诉求冲突，正是推动教育制度变革的原点和契机，它既彰显了制度变革本身的长期性和复杂性，同时也将赋予行政性利益主体更多的思考：作为集制度设计者、执行者于一身的行政权力部门，在未来的制度设计中，应更好地履行责任政府的责任，能从社会发展、民生福祉的高度去革新与实践基础教育制度，自觉抵制制度变迁中的短视性和功利性行为。

5.3.3　教育制度变迁中的目标践行

我国长期沿袭政府主导型的教育行政管理模式，突出强调政府在公共事业中的主体地位，一方面，造成学校对上级的负责压倒了对民众的负责，对政府体系内部的责任强过了对社会的责任（刘国艳，2009）；另一方面，政府的过多干预也容易导致政府职能分散、政策失灵、管理效率低下等问题。因此，在我国近三十余年的教育制度变迁中，为给学校和教师创造适宜的发展环境，激发学校组织活力与教师个体活力始终是制度变迁的重要目标。然而，制度文本只是应然之举，而非实然之义，某些制度文本本身尚存在宏观抽象且解释空间过大、实体制度突出而程序制度不足等缺陷。所以，上述以激发学校组织与教师个体的活力为目标的理念共识在现实中的贯彻并非一帆风顺，总是在矛盾中艰难跋涉。

首先，近三十年以激发学校组织活力为目标指向的教育制度演进可谓一脉相承。例如，《决定》指出，要"改革管理体制，在加强宏观管理的同时，坚决实行简政放权，扩大学校的办学自主权"。1986年《义务教育法》的颁行旨在"逐步使中共中央的决定走上国家化、法制化的轨道"（康永久，2004）。即努力促使政府对学校进行"有法可依"的管理，以避免过度膨胀的行政权对学校办学活动的影响和干预。而1995年实施的《教育法》，则首次借助法律形式对中、小学校应拥有的权利做了相应规定，这既充分彰显了国家依法治教的决心，也更加坚定了学校管理者自主管理学校的信心。

然而，审视近三十年的学校管理实践，我们发现，虽然激发学校组织活力、推进学校自主管理的教育制度目标始终如一，并且在此目标设计下，学校亦取得了部分自主发展空间，在一定程度上也拥有教育教学、师生管理、设施管理等权利，但制度现实与制度目标之间的反差依然较大。具体来说，这种反差至少表现在以下两方面，第一，学校作为基层教育组织，在教育行政管理体系中的从属和依附地位没有得到实质性的改变。学校所依托区域的任何一个行政部门（并非仅教育行政部门）均能对学校下指令、提要求。因此，学校领导疲于应付种种外来干预，正常的教学秩序不时遭受干扰。面对学校办学的现实，有学者曾感言："就总体而言，我国中小学在正规管理系统内的生存环境较为逼仄和繁杂。"第二，学校法定的权利在内涵上缺乏具体化，某些权利形同虚设，致使学校在权利行使中处处身受茧缚。例如，对于教师的质量和规格，作为用人单位的学校自然最有发言权，因此《教师法》明确规定，学校和其他教育机构应当逐步实行教师聘任制，教师的聘任应当遵循双方地位平等的原则，由学校和教师签订聘任合同，明确规定双方的权利、义务和责任。换言之，学校是聘任教师的主体，聘任教师是学校的基本权利。但是，从现实情况看，在多数地区，学校教师的编制权和招录权仍掌握在县（区）级相关行政部门，学校所应具有的教师聘任权仍属纸上谈兵。又如，在《教育法》所规定的学校资源自主利用权中，财经权无疑是重中之重。然而，实际情况是，重点学校的存在，校际间可供支配使用的资源差距极大，使得普通学校优质师资流失而处于生源匮乏的窘境，在按学生数划拨经费的制度之下，必然导致学校在理论上可自由使用资源的先天不足。并且，部分地区为规范和加强财务管理，以致规定普通中小学校日常行政与业务费用的审批和使用，必须到县区教育局设立的财务核算点统一核算。由此可见，对于多数中小学校而言，学校"法理"上拥有的资源自主利用权，依然是有名无实。

其次，在本质上，教育是人的活动，教育活动能否顺利开展，能否取得预期效果，人是决定性因素。因此，三十年来教育制度变迁的另一重要目标指向是，如何促进学校场域中的人的变革，尤其是教师群体的变革，使其获得身心的解放，萌生改变学校的主动意识和自觉参与行为。例如，《决定》指出，"改革教育体制要调动各方面的积极性，最重要的是要调动教师的积极性。"《纲要》要求，"在分配上按照工作实绩拉开差距……运用正确的政策导向、思想教育和物质激励手段，打破平均主义，调动广大教职工积极性"。依据国家教育政策的相关规定，中小学校通过持续调整充斥平均主义特征的教师内部管理制度，逐步把教师的工作业绩与收入、荣誉、职称晋升、岗位聘任等挂钩，以达到促进教师努力投入教育教学之功效。

外在制度条件的变化，如涉及组织结构、科研奖励、薪酬待遇等方面的改革，已在一定程度上推动了教师教育观念与教学策略的变革，但教师的个体活力并未得到充分激发，尚未形成一种与之相适应的、积极的、能真正引导教师增强对自身知识、能力和专业意识关注的氛围。也就是说，在教育教学活动中，教师仍未实质性地获得应有的主体地位。具体表现为，作为履行教育教学任务的专业人员，教师并不拥有真正的专业自主权：教学决策是学校领导管辖的"势力范围"，课程编制是课程专家劳作的"专业领地"。在此情势之下，教学安排成为教师谨遵课程标准的阐释和具体化，学业评价是教师"社会代言人"角色的非本真演绎。据此，有学者曾指出，在我国中小学的管理实践中，"表面上教师似乎也参与学校的决策，或享有一些个人的选择权，但实质上还是听命于教育行政机关，听命于学校领导，表现在对课程编制无参与权，对教学安排无选择权、对教学决策无知情权、对学生学业成绩的评价无决定权等诸多方面"（姚静，2005）。

我们认为，学校与教师活力的激发，首先是一个权力下放与权力回归的问题。在当前以"有限管理"体制取代传统"垄断式全能管理"体制的国家教育制度设计之下，各级行政权力部门应认真落实法理明文规定的学校权利与教师权利；应切实对那些基于行政权威而加诸学校和教师的种种限制予以松绑和解除；应坚决杜绝对学校、教师的不当干预，使学校的办学自主性与教师的专业自主性得到充分支持与尊重。其次，激发教师活力是一个主体自觉意识培育与自主能力生成的问题。由此，学校要努力推进学习型组织建设，逐步培育和形成教师专业自我的动力机制；要提高教师对职业价值和社会责任的认识，给予他们更多的学习、合作、培训机会；要不断发展教师的专业能力，促使他们在教育教学实践中能正确驾驭和行使自己的专业权利。

5.4

我国基础教育制度发展过程中的问题

5.4.1 基础教育政策失灵问题

对于教育政策而言，某些基础教育政策的失灵使教育公平难以得到保障。在罗尔斯的《正义论》问世之后，政府和教育工作者开始将教育制度作为教育公平研究的重点。近几年，我国出台了一些促进教育公平的政策，比如修改义务教育法、师范生免费政策、实施"两补一免"政策、调整城乡和东西部地区差异政策等等，这些政策收效甚微，难以真正实现教育制度的公平（王铁群，2009）。

5.4.1.1 分级管理政策难以实现教育资源配置公平

1985 年《中共中央关于教育体制改革的决定》中规定，"义务教育事业，在国务院领导下，实行地方负责，分级管理"。这种分级管理制度使地方办学的积极性大大提升，但与此同时，也存在一定问题，如拉大了教育地区间的差异，不利于教育发展的平衡等。

第一，地区之间贫富差距较大，贫困地区的财政力量相对不足，地方政府的教育投入有限，有些地方甚至需要挪用教育经费来补给其他经费支出。我国某些地区的基础教育陷入了一个恶性循环：经济越是落后的地区，居民教育负担相应越重、公办教师比例相应越少、危房比例相应越高。地区之间的差距在实行分级管理政策之后，使基础教育发展愈发不均衡，从而扩大了教育不公平的现象。另外，城乡差距日益拉大，东西部差距也越来越明显。目前教育发展的区域失衡表征为东、中、西三个区域在教育方面的差距。随着改革开放的不断深入发展，我国东部地区和沿海地区在国家政策支持下，充分发挥自身的地理优势，使其经济获得了巨大的进步。相应地，东部基础教育的各项教育经费指标平均是中西部的一到两倍，而在各项指标中，教育公用经费差距最大（郭国强，2009）。

第二，在分级管理制度下，不同县、镇、乡之间教育资源难以共享，既造成了教育资源的浪费，也促使优质师资流向教育资源发达的地区，导致进一步的教育资源失衡。长期以来，我国处于"城乡二元"的社会经济体制，城镇教育事业的办学主体是国家，农村教育事业的办学主体主要是集体经济组织。在这种体制下，中华人民共和国成立后的教育发展始终不均衡。尽管政府为了缩小这种差距做出了大量努力，包括出台一系列的法规、制定相应政策，这些措施虽然在一定程度上发挥了重要作用，但是，随着城乡经济发展差距的持续扩大，缩小教育教学方面的城乡差距仍然是非常艰巨的任务。

第三，教育数量规模发展存在一定问题。学前教育准入门槛低，学前教育数量规模急速扩张。为迎合学生家长们对教育日益增长的需要，新建和扩建幼儿园的数量迅速扩张，其审批标准变得非常宽松，其中很多幼儿园没有通过审批就已经迫不及待地开园招生，甚至一些幼儿园完全没有办理审批手续，不得不直接开园招生；小学和初中教育发展疲于应对生源缩减，近10年来，我国小学和初中的在校生规模连续多年持续缩小，而且缩小规模比例很大，小学在校生规模缩小30%，初中在校生缩小50%。面对生源日益缩减带来的教育现实，一些中小学疲于应付自身发展方面的问题，由此引起了很多由于教育规模数量变化带来的问题；此外，基础教育不均衡会导致极端的学校和班级规模等方面问题，部分教育规模过大加重了教育资源分配的不均衡，会降低学生享有的教育关照度（和学新，2001），同时，极端的学校和班级需要在短时间内雇佣大量新教师，导致教师队伍结构大比例失衡，教师素质整体下滑，而且教师职业容易出现群体性倦怠，这种情况下，规模过大的学校校园安全隐患很多。

5.4.1.2　入学政策导致教育起点的不公平

第一，"择校"问题导致了教育起点的不公平。1986年的《义务教育法》明确规定义务教育阶段遵循"就近入学"政策，明令遏制择校，2006年修订的《新义务教育法》也对此规定做出了进一步重申。然而，在入学制度的实际操作中，政府对于违反"就近入学"原则的行为采取事实上的默许，而且随着各地政府出台"三限生"及"名校办民校"等不利于教育公平的政策，致使基础教育阶段择校风愈演愈烈。彼时"择校"制度被认为严重挑战和破坏了基础教育的公平，它从社会地位、经济实力、权利差异等方面划分出了教育权利的等级层次，强势阶层凭借地位在抢占教育资源方面更具优势，而普通家庭和贫困家庭往往由于负担不起择校费用，而处于教育资源选择的被动地位，不符合受教育权利平等的原则。造成了入学起点的不公平，入学机会的不平等，甚至最终将导致教育结果的不平等，进而加深了社会的不平等。

第二，"流动儿童入学"问题也会导致教育起点的不公平。国家政策明确提出了"两为主"原则以解决流动儿童的教育，即以流入地政府负责为主和以全日制公办中小学为主。但在实际生活中，绝大部分流动儿童并不能进入流入地的公办学校上学，其他相关的教育政策也未能得到有效落实。2006年7月初，北京取缔不合格打工子弟学校，造成一万多名民工子弟入学困难。这一现象与政策表达模糊、权责不明、政策执行力弱有着不可分离的关系，甚至有些地方政府设置隐性壁垒，或者学校设置一系列较高的门槛造成流动儿童入学政策执行困难。例如，在我国许多地方，农民工子女在流入地公办学校入学时都必须办理各种复杂的手续，不仅包括申请借读者户籍所在地乡（镇）级人民政府出具的该儿童及其父母的户籍证明、户籍所在地没有监护条件的证明，而且还包括其父母的身份证、暂住证和外来人员就业证以及具有合法固定的住所并居住满一定时间的证明等，同时还需向暂住地所属区（县）教育部门或乡镇政府、街道办事处为其子女提出的就学申请，经一系列核准同意后，开具借读批准书或借读证明。家长持借读批准书或借读证明到指定公办学校申请入学，批准后办理入学手续，如所申请学校不接收，到所属区（县）教育部门申请协调。这一系列复杂手续虽然有其存在的意义，但是对于民工来说，要办齐这些手续是十分困难的事情，任何环节出现纰漏都会遭到申请学校的拒绝。这一问题导致了流动儿童的教育情况不容乐观，而且现行的户籍管理制度难以适应与日俱增的流动人口数量，而教育部门缺乏长远规划，且政府决策的短视行为也较多，难以从根本上解决流动儿童入学难的问题。

5.4.1.3　教育财政的分权体制

我国教育发展过程中缺乏一般均衡经济学的理论指导和适当的机制设计，导致中国教育投入区域间差距越来越大，贫困地区教育投入明显不足以及地区内部出现了居民受教育机会不均等和群分等现象。中国基础教育发展中出现的一些消极趋势与基础教育的财政体制安排在不同程度上呈现相关关系。在过去人们的意识中，基础教育的财政分权体制能够有效激励地方政府对教育领域的投入，因而认为其是有效率的一项政策。在人们的传统中，还错误地认为公平和效率是一对不可调和的矛盾，并将这种矛盾视为经济学的观点。而事实上，经济学的一般原理并不包含公平和效率的矛盾，以及在长期里公平能够随着效率的实现而实现这一现象，这些现象只是在特定的制度和政策背景下可能出现的结果。然而，正是这些认识导致中国政府未能充分关注教育财政体制的资源配置问题，未能采取适当的政策以缓解与基础教育财政分权体制带来的教育机会不平等问题。另一种截然相反的观点是，人们认为将教育机会不平等问题完全归咎于教育的市场化改革和基础教育的财政分权体制（丁维莉，2005）。简单的财政分权模式将不能保障基础教育的充足投入，也难以达到教育资源的配置效率和生产效率最优。而且中央政府干预如果不注重干预政策的机制设计，而采取简单的处理方式，也难以系统实现基础教育发展的社会目标。

第一，就财政体制相关主体的目标而言，地方政府和中央政府目标差异将导致我国教育资源配置的效率降低。假设中央政府和地方政府都追求经济增长的目标，在现实情况下，如果中央政府追求的是整个社会目标，地方政府往往只追求各自地区的目标，甚至仅仅追求作为一个独立主体地方政府的私利，例如，地方政府往往追求的是财政收入最大。若仅仅简单地采取中央政府财政转移的手段以期实现教育公平，那么，地方政府则会受到激励而通过采用夸大地方教育成本的方式来争取更多的中央补贴，这样一来，便可以相应减少当地政府的支出，但当地教育投入的总量并不能够有效地增加。

第二，就行为主体家庭的教育投入行为而言，社会公众存在异质性，在一些风险规避者和短视的人群中，存在着教育投入不足的现象。行为经济学的研究发现，一般来说，人们往往更强烈地偏向于现在的收益，即通常所说的短视行为。因此，当我们研究教育投入的时候，通常教育程度相对较低的居民（家庭）在劳动力市场上面临更大的风险，而且他们更容易失业并面临收入的波动，同时，这些人在教育问题上也更加短视。在中国，家庭收入较低往往与家长教育程度较低密切相关，他们在劳动力市场上通常处于相对较弱的地位，失业风险较大，难以对其子女的教育投资进行长远规划。从农村居民的角度来说，他们来到城市工作却没有城市户口，进入城市居住并完全加入城市社会保障系统的难度较大，因此，农村家庭的人力资本投资主要目标往往集中于以农业生产或现阶段周边地区简单的制造业，而这些领域不能顺应中国工业化进程的趋势。

第三，就相关主体的预算约束而言，在现存资本市场不完善的情况下，低收入家庭或地区进行教育投资时往往面临相对更紧的预算约束，从而制约了私人部门对教育的投资。教育是一种"投资在当前，而收益则在未来"的人力资本投资，特别是对基础教育来说，通常教育投资的收益周期比较长，收效缓慢。同时，人力资本作为教育成果与可以直接作为抵押品的物质资产不同，往往难以形成实体。正是由于以上原因，基础教育贷款市场始终难以形成。贷款市场即使存在，也会由于教育贷款相对于物质资本贷款的风险较大，利率也会相应更高。另外，不完善的教育贷款市场对低收入家庭来说具有较高的进入壁垒，而这部分家庭是最需要教育贷款的。

第四，地区间的人口流动减低了基础教育投资在地区内的投资收益，大大降低了人口流出地投资教育的积极性。我们可以假定当地的教育投资所带来的回报将全部应用于当地居民。而现实的情况是，由于人口在地区之间的流动，未对流动人口进行基础教育投资的人口流入地却享有了这部分人口的人力资本回报，而人口流出地的政府和当地居民并不能充分享有流出人口的人力资本回报，这就大大降低了人口流出地的政府对于教育投资的积极性。

在综合考虑以上各种因素后，简单的教育财政分权模式便不能实现教育的高效发展了。在简单的教育财政分权体制下，地方政府作为教育的供给者，在缺乏适当的机制设计和中央政府适度干预的情况下，导致了基础教育投入的地区间不平衡，于是优质教育资源在收入的虹吸作用下向经济比较发达的地区聚集，例如东北地区的教师"南下"等现象。从消费者角度来说，消费者总会竞争这些稀缺的优质教育资源。一方面，人们会在优质学校附近定居，并且导致优质学校周围的房价上涨；另一方面，那些未能在好学校附近定居的家庭往往也愿意花费额外的成本让子女在优质学校就学，以接受理想的教育，这就是我们所说的择校行为。以上两种行为的结果都会使得收入较高和社会资源丰富的家庭在获得优质教育资源时有更强的实力，最终形成按照收入和拥有社会资源来进行不同家庭的子女教育群分的现象，并且从居住的角度体现出不同收入水平、职业和社会地位的社区之间的相互隔离（Residential Segregation），按居住地段入学的政策大大加剧了聚居和群分的现象。

在人力资本生产方面，教育的群分和教育机会的不平等缺乏边际效率，从边际角度来说，等量资源如果能够更多地投向低收入家庭中的高能力孩子，将显著提高社会总的人力资本积累，有利于实现经济可持续增长。同时，教育机会不平等也将进一步加剧社会阶层分化并有可能造成阶层固化，使某些特殊的人群始终处于社会底层，难以得到更高的回报。一些美国大城市内部贫民窟的社会问题与教育群分现象联系紧密，一些低收入的家庭（特别是黑人家庭）难以让他们的子女获得优质教育资源，已经形成了"低收入—低教育—低收入"的恶性循环。

5.4.2　基础教育市场失灵

我国教育市场管控的失灵，究其根本在于教育的公共产品属性或准公共产品属性。站在经济学理论的基础来看待教育市场失灵，可以清晰洞察出其与价格机制的失效、教育外部性、信息不完全不对称性、社会收入分配不公以及劳动力市场分割有密不可分的关系。我们从中可以得到很多启发性的答案（周继良，2009）。

5.4.2.1　教育市场均衡缺失

如果教育的价值取向完全由市场来决定，那么，教育市场有效调节教育供求关系的前提是存在教育价格，市场调节教育供求同样也需要通过教育价格及相关机制来实现，从而协调教育供求之间的不均衡。教育价格既要能反映教育产品的边际培养成本，也要能体现劳动力市场上不同人才的供求状况（陈兰枝，2003）。目前应首先需要明辨的问题是教育市场上是否存在教育价格，或者说价格机制能否在教育市场发挥核心调节作用。从前文的分析中可以看出，教育是公共产品，因此学校并不以盈利最大化为目的。学校提供的教育服务的价值不存在边际成本理论基础，甚至也不存在关于总成本的讨论。在教育服务的价值不以边际成本为基础的情况下，其收费就不是教育价格。当前，我国对非基础教育收取的学费，从数量的角度来说，实际上是用于培养人才的成本减去政府财政拨款部分的余额，因此它只是人才培养成本的一部分。而对受教育者来说，学费就是对其所要承担的培养成本，并不是由教育供求变化形成的市场教育价格。相反，学费也不可能像私人产品的市场价格一样调节教育供求关系。因而，市场的价格机制在教育领域不再起着核心的调节作用。

5.4.2.2　基础教育外部性

基础教育为全民提供基本科学知识，国民素质得到保证，为国家社会良性发展奠定基础，具有巨大的正外部性。基础教育的社会边际效益大大高于私人边际效益，如果没有政府进行调节，加大资源（资金和教育基础设施等）投入力度，基础教育的供给会达不到社会实际需求。长期以来，我国中西部地区由于财政投入不足和师资力量缺失等问题，而难以提供能够满足社会需要的高质量教育。

现代经济学认为，只要政府补贴充足，私人边际效益便会等于社会边际效益，达到教育资源最佳配置，此时学校提供的教育产量就是帕累托最优水平，这个帕累托最优水平是生产和交换同时实现市场效率条件的结果。如果收入分配不公，则只能实现生产的帕累托最优，不能实现交换的帕累托最优，因为个人收入影响着对教育的投入。我们要确立生产和交换实现帕累托最优的条件：任何两种产品在生产上的边际转换率等于消费者消费时的边际替代率。我们知道，教育消费就是人力资本投资，而其他消费品难以替代教育，这是由教育质量决定的，无法改变。因此，消费者为了得到更多更好的教育消费，宁愿将其他消费削减。如果社会收入分配不公而导致消费者收入偏少，即使他们在消费其他产品时满足产品间消费的边际替代率等于生产的边际转换率而实现最优，但在教育产品与其他产品之间也无法达到最优。根据这样的分析，我们可以得到这样一个结论：当因分配不公导致低收入群体大幅度增加时，众多消费者便无法在教育需求中有太多抉择余地，教育市场就不可能同时实现生产和交换的帕累托最优，教育资源的配置就不会达到满足市场效率条件的帕累托最优水平，收入分配公平是教育市场实现帕累托最优的一个假定前提。

5.5

总　结

本章系统梳理了改革开放以来我国基础教育制度的历史变迁，可以看出我国基础教育制度变革的过程是积极探索而不断前进的，但其中也有坎坷与不足。在详细介绍我国学区制典型模式的基础上，总结我国基础教育制度的现状，并探究其发展过程中的问题，发现其主要问题集中于基础教育政策失灵及市场失灵的问题，为我国基础教育的发展提供了重要的参考价值。

第6章

住房市场中居民对教育资源质量偏好分析

中央财经领导小组会议明确提出:"在适度扩大总需求的同时,着力加强供给侧结构性改革,着力提高供给体系质量和效率",随着社会经济转型和新型城镇化的逐步推进,我国大多数城市住房普遍从供给短缺进入存量过剩时代。中国家庭金融调查报告(2014)显示,2013年城市户均拥有住房1.22套,城市人均建筑面积为38.89平方米,人均使用面积为33.76平方米,城镇地区自有住房空置率高达22.4%。房地产市场库存严重主要不在需求,而在供给,住房供需失配、持有不均已成为当下我国住房问题的核心和焦点。完善住房刚性需求和改善性需求,因城施策化解房地产库存,从数量扩张转入到质量提升是住房市场的转型方向。

当前,住房建设和配置结构不尽合理,房地产市场区域分化严重,优质住房存在"结构性短缺"。如何准确把握住房需求,实现住房精准有效供给,对于引导我国住房市场健康发展尤为迫切和必要。微观层面的住房资源配置体现为住房与消费主体的匹配,而住房消费具有显著的空间阶层化特征,不同群体的住房需求偏好存在显著差异,同时,城市发展程度、公共设施、人均收入等的差异也可能影响城市居民对住房的需求偏好。因此,从住房消费行为的微观视角出发,探究消费者对住房房屋建筑结构、周围配套设施的偏好,厘清不同阶层城市居民住房需求结构偏好及其差异,对于调整住房供给结构,有效化解城市住房库存,提高住房资源使用效率,促进住房市场良性发展具有重要的现实意义。

以兰开斯特(1966)为代表建立的新消费者决策理论认为,消费者消费商品得到的效用源于商品所拥有的特征及其提供的服务，商品的特征属性决定了商品的市场价格。罗森（1974）从隐性市场、特征价格方程、需求结构以及福利分析等方面进行规范分析，就产品特征提出供需均衡模型，并奠定了 Hedonic 模型的理论基础。刘洪玉（2008）认为在均衡市场中，居民家庭在住房市场中的实际选择行为源于其对不同类型住房特征的偏好和支付意愿，因此可以根据在住房市场中观察到的家庭消费行为反推其住房需求偏好，并以此为基础度量住房需求结构。张兴瑞（2011）利用特征价格法模型测度了住房关键性特征对上海住房价格的影响，进而推算出上海市夹心层的住房需求结构。近期住房需求的微观实证研究受到更多的关注，例如，马井静（2011）、党云晓（2011）、段莉群（2012）等通过分析收入、房价、居住环境等对于住宅选择的影响来预测住房需求。现有关于住房需求的研究成果，提供了测算住房需求偏好的影响因素和数学模型。鉴于多数研究是对某一特殊群体的住房需求进行测算，或者对住房需求的测算仅停留在数值统计预测上，故本章将以京津冀城市群城区二手住房市场为研究对象，通过剖析住房市场社会需求特征，定量分析城市居民住房的需求偏好，探讨住房市场未来的发展方向。

6.1

Hedonic 模型构建

Hedonic 价格模型是研究异质产品特征与价格常用的方法，构建 Hedonic 模型，通过对住房特征向量和住房价格回归，建立住房特征的需求方程，分析住房特征向量对住房价格的影响，挖掘不同特征向量对消费者购房选择的影响程度，引导住房市场供给回归合理化路径促进房地产市场均衡发展。

1. 传统 Hedonic 模型

传统 Hedonic 模型在房地产市场相关研究中应用极为普遍，其表现形式主要为线性、对数线性、双对数、半对数四种形式，其中较为常用的对数线性形式为：

$$\ln P = \beta_0 + \sum \beta_i x_i + \varepsilon \qquad (6-1)$$

因该函数式中因变量采用对数形式，自变量采用线性形式，回归系数表示特征价格每变化一个单位，商品总价格变化的百分点。

2. 非线性 Hedonic 模型

在购房者对学校质量存在不同程度偏好差异的前提下，基础教育资源资本化程度是不固定的，基础教育资源以非线性方式资本化到住宅价格中，相应的 Hedonic 模型可以考虑如下方程：

$$\ln P = \beta_0 + \sum \beta_i X_i + f(\mu) + \varepsilon \qquad (6-2)$$

其中，$f(\mu)$ 代表学校质量的非线性效应。大量文献表明用高阶多项式对非线性效应进行描述具有较好的拟合程度，所以方程中 $f(\mu)$ 是用 μ 的高阶多项式构成的，即：

$$f(\mu) = \varphi_1 \mu + \varphi_2 \mu^2 + \varphi_3 \mu^3 \qquad (6-3)$$

所以，最终非线性特征价格方程为：

$$\ln P = \beta_0 + \sum \beta_i \ln x_i + \varphi_2 \mu^2 + \varphi_3 \mu^3 + \varepsilon \qquad (6-4)$$

6.2

城市层面住房需求偏好结构

随着我国城镇住房制度改革的深化和城镇化进程的加快，天津市住房市场日渐活跃繁荣，呈现出房地产开发企业数量不断增多、住房投资规模不断增大、住房价格不断上涨、住房观念与住房需求不断转变的发展态势。天津作为二线城市，其住房市场的发展相比于北、上、广等一线城市相对平稳，不存在大幅波动情况。因此，选择天津市住房市场为研究对象具有一定科学性和普遍性。

6.2.1　天津市居民住房需求偏好结构分析

本研究选择和平区、河西区、河北区、河东区、南开区、红桥区等市内六区为研究区域（6 个行政区的基本情况见表 6 - 1）。基于同质性考虑，只选择二手普通商品住宅，不涉及别墅、豪宅、经济适用房和廉租房，在户型方面不涉及复式和跃式，从而使得数据的离散程度较小，住宅价格也更具有可比性。

表 6 - 1　　　　　　　　　　2012 年天津市中心城区 6 个行政区划概况

行政区划	地理位置	人口密度	生产总值	社会消费品零售总额
和平区	市区中心	39746	653. 26	352. 87
河东区	市区东部	17907	261. 84	299. 70
河西区	市区东南部	20988	662. 85	391. 28
南开区	市区西南部	21965	529. 73	531. 18
河北区	市区东北部	20890	320. 50	174. 86
红桥区	市区西北部	24393	140. 26	137. 63

资料来源：根据《天津市统计年鉴》（2013 年）相关数据整理。

6.2.2　特征变量的选择和量化

从常见住房特征属性出发归纳出城市居民住房需求偏好结构，具体如表 6 - 2 所示。

表 6 - 2　　　　　　　　　基于 Hedonic 模型的居民住房需求偏好结构

代号	一级特征变量	二级特征变量	量化指标	预期符号
Location	区位因素满意度	CBD（中心商务区）的距离	住宅小区到最近 CBD 的直线距离，在 3 公里以内为 5 分，3 ~ 5 公里为 3 分，5 公里以上为 1 分	+
		邻近快速路	1 公里以内地铁和轻轨站数目	未知
		公交路线数量	500 米范围内公交线路数目	+

续表

代号	一级特征变量	二级特征变量	量化指标	预期符号
Structure	建筑结构满意度	建筑面积	住房的建筑面积	+
		装修程度	精装修赋值为3，简装修赋值为2，毛坯房赋值为1	+
		建筑结构	板楼为1，塔楼为0	未知
		房龄	住宅房龄（2014年的房龄为0，其他房龄用2014减去房屋建成年份）	未知
		户型	室和厅的数目相加	+
		朝向	南北方向赋值为1，其他方向赋值为0	+
		楼层	住房的楼层数除以总楼层数的结构小于1/3赋值大于1/3且小于2/3赋值为2，大于2/3的赋值为1	未知
Planning	规划设计因素满意度	容积率	社区规划容积率	+
		绿化率	社区规划绿化率	+
		开发商资质	开发商资质，国家一级为1，其余均为0	−
Facilities	生活配套设施满意度	物业管理智能化程度	小区的物业管理费（元/m² × 月）	+
		商业服务设施	小区内或周围500米内是否有超市、菜场、银行、邮局，每项记1分，共4分	+
		医疗配套	小区内或周围1000米内有1个以上三甲医院取1，否则取0	+
		教育配套	小区附近500米以内有幼儿园、小学、中学（每一项为1分，共3分）	+
Surroundings	周边环境设施满意度	环境配套	小区附近500米范围内有公园或广场，取1分，否则取0	+

　　为使研究更为深入和具体，选择2014年上半年在天津房地产综合信息网上能够查询到的235个商品房项目作为研究对象，通过搜房网随机选取每一个项目中具有完整挂牌信息的住宅作为样本，并剔除暂时不存在二手房挂牌信息的新楼盘和不在本研究范围之内的高档住宅。经过验证整理，最终得到193个完整样本。Hedonic模型中的距离数据均来自百度地图；项目价格、配套和周边环境等

数据均通过有关专业公司的资料及实地调研获取。

6.2.3　数据处理

6.2.3.1　挂牌价格和合同成交价的转换

由于在国内住宅的成交价格涉及个人隐私，难以准确获取，因此初始数据采用搜房网出示的住房挂牌价格。但住房挂牌价格并不等于其实际成交价格，有必要对挂牌价格和实际价格之间的关系进行修正。住宅挂牌价格的确定主要是出售者根据市场的参考价位，并结合住宅自身特点得出的心理价位。由于挂牌前会得到专业人员的指导和认可，因而挂牌价格和成交价格之间存在较为稳定的关系（王旭育，2006；温海珍，2004）。温海珍博士在《城市住宅的特征价格——理论分析与实证研究》中，通过对杭州市290个住宅小区4063个挂牌交易样本的挂牌价格和实际成交价格关系的研究，发现挂牌价格与实际成交价格之间存在显著线性关系，并通过线性函数的形式将挂牌价格转换为真实交易价格，其结果为：

$$成交价格 = 0.930 \times 挂牌价格 - 1.196$$

由于挂牌价格与实际成交价格的关系并非本书研究重点，故对二者之间的关系不再深入分析，而是直接采用其研究成果，以实现挂牌价格和合同成交价格之间的转换。

6.2.3.2　住宅特征变量的量化

住宅特征变量包含区位特征、建筑特征、邻里特征和其他特征4类，共15个变量，并分别采用实际数值、二元虚拟变量和分等级赋值的方法加以量化。其中，用实际数值对建筑面积、房龄、房厅数目、邻近快速路、公交线路数、容积率、绿化率和物业费进行量化；用二元虚拟变量对建筑结构、朝向、开发商资质、医疗配套和环境配套进行量化；而距CBD的距离、装修程度、楼层、商业服务设施和教育配套则采用分等级赋值的方法进行量化，具体量化方法如表6-2所示。

6.2.4 实证结果分析

住宅的成交价格为因变量，表 6－2 中的 19 个属性为自变量，分别代入以上 3 个模型，并运用 SPSS 软件进行回归测算。各模型的拟合情况如表 6－3 所示。

表 6－3　　　　　　　　　　多元回归系数分析汇总

模型序号	进入模型的自变量	模型系数					模型参数
		回归系数	标准误差	标准化系数	T 值	显著性水平	
线性	常数项	－ 68.370	13.249	—	－ 5.160	0.000	R = 0.903 R^2 = 0.815 调整后的 R^2 = 0.809
	建筑面积	2.280	0.086	0.852	26.367	0.000	
	邻近地铁或轻轨站点	12.432	2.693	0.149	4.616	0.000	
	房龄	－ 3.150	0.796	－ 0.131	－ 3.957	0.000	
	医疗服务设施	23.197	7.527	0.100	3.082	0.002	
	开发商资质	38.414	14.239	0.086	2.698	0.008	
	公交路线数量	1.059	0.506	0.069	2.094	0.038	
半对数	常数项	877.784	51.307	—	－ 17.109	0.000	R = 0.857 R^2 = 0.734 调整后的 R^2 = 0.727
	ln 建筑面积	222.847	11.117	0.769	20.045	0.000	
	邻近地铁或轻轨站点	12.936	3.248	0.156	3.982	0.000	
	ln 物业管理智能化程度	27.424	7.279	0.149	3.768	0.000	
	开发商资质	47.032	16.964	0.106	2.773	0.006	
	医疗服务设施	23.449	9.041	0.101	2.593	0.010	
对数	常数项	－ 0.269	0.182	—	－ 1.476	－ 0.629	R = 0.919 R^2 = 0.844 调整后的 R^2 = 0.839
	ln 建筑面积	1.154	0.039	0.869	29.403	0.000	
	邻近地铁或轻轨站点	0.052	0.011	0.136	4.601	0.000	
	房龄	－ 0.014	0.003	－ 0.127	－ 4.194	0.000	
	医疗服务设施	0.134	0.032	0.126	4.252	0.000	
	开发商资质	0.141	0.060	0.069	2.362	0.019	
	公交路线数量	0.006	0.002	0.083	2.760	0.002	

以上为三种函数形式的模型，其判断系数 R^2 均大于 0.5，表明各模型所能解释因变量差异的百分比均大于 50%；自变量和因变量之间的线性关系均较为显

著；解释能力较好。从表 6 - 3 中可知，大多数回归系数的 T 检验值均小于 5%，说明回归方程中相应的偏回归系数具有显著性。通过显著性水平的检验，三种模型对样本数据的拟合在统计上均有意义，回归方程有效。

通过调整后的判断系数 R^2，得出三种模型中自变量对因变量解释能力由强到弱依次为对数模型、线性模型、半对数模型，并采用对数模型对天津市城市居民住房需求进行实证分析。从该对数模型的回归方程方差分析和 F 检验来看，其显著性水平均为 0.000，见表 6 - 4，说明方程高度显著，即进入方程的各特征变量与因变量之间的线性关系能够成立。

表 6 - 4　　　　　　　　　　多元回归的方差分析

模型	项目	平方和	自由度	均方和	F 值	显著性水平
1	回归	2093723.234	6	348953.872	135.597	0.000
	残差	476089.250	185	2573.455	——	——
	总计	2569812.484	191	——	——	——
2	回归	1886642.999	5	37732.600	102.732	0.000
	残差	683169.485	186	3672.954	——	——
	总计	2569812.484	191	——	——	——
3	回归	45.578	6	7.596	167.320	0.000
	残差	8.399	185	0.045	——	——
	总计	53.977	191	——	——	——

6.2.5　基于对数模型的天津城市居民住房需求偏好结构分析

从表 6 - 3 中可知，对数模型的判断系数 R^2 为 0.844，调整后的 R^2 为 0.8379，说明自变量和因变量之间的线性关系较强。

特征价格分析：

ln 成交价格 = - 0.269 + 1.154 × ln 建筑面积 + 0.052 × 邻近地铁或轻轨站点 + 0.014 × 房龄 + 0.134 × 医疗服务设施 + 0.141 × 开发商资质 + 0.006 × 公交路线数量

从计算结果看，各影响因素均对成交价格有较大的影响：

（1）住宅特征价格的符号分析。由表 6-3 可知，在 10% 的显著性水平下，19 个自变量中有 6 个进入了对数模型。装修程度、建筑结构、户型、朝向、楼层、CBD 距离、绿化率、容积率、商业服务设施、教育配套、环境配套等自变量由于显著性水平大于 10%，从统计意义上说，其回归系数可看作零，不得进入该模型。6 个特征变量与预期符号完全一致。依据符号可定性判断住宅特征对住宅价格的影响方向，其中房龄对住宅价格存在负影响，建筑面积、邻近地铁或轻轨站点、医疗服务设施、开发商资质、公交路线数量对住宅价格存在正影响。

（2）住宅特征的价格弹性分析。在对数模型中，未经标准化的回归系数对应住宅特征的价格弹性系数或者半弹性系数，其中，价格弹性系数等于相应的回归系数，由于自变量不是连续变量，价格半弹性系数不能直接采用回归系数的数值，还需作进一步处理，参见表 6-5，计算式为：

$$半弹性系数 = 100 \times (e^{回归系数} - 1)$$

其中，连续变量建筑面积的价格弹性为 1.154，表示在其他特征不变的情况下，建筑面积如果增加 1%，该套住宅的价格将增加 1.154%。对于二元虚拟变量，开发商资质的半弹性系数为 15.14，表示在其他变量不变的情况下，拥有国家一级开发资质的开发商所建住宅其价格将上升 15.14 个百分点；医疗服务设施的半弹性系数为 14.34，表明在其他条件不变的情况下，如果在住宅小区周围 1000 米内有 1 个以上的三甲医院，则住宅的价格将上升 14.34 个百分点。其余变量均取其自然数，但都是有序变量。邻近地铁或轻轨站点的半弹性系数为 5.34，表示在其他条件不变的情况下，住宅小区周围 1 公里内地铁或轻轨站数目每增加 1 个，住宅总价将增加 5.34%；公交路线数量的半弹性系数为 0.60，表示在其他变量保持不变的情况下，住宅小区周围 500 米范围内公交线路数目每增加 1 条，该住宅的价格将相应地增加 0.60 个百分点；房龄的半弹性系数为 -1.39，表示在其他条件不变的情况下，房龄每增加 1 年，住宅总价将下降 1.39%。随着住宅建筑年龄的增加，住宅的成新率逐渐降低，使用价值也会随之衰减，从而导致住宅价格逐年降低。

表 6-5 住宅特征的价格弹性（半弹性）

特征分类	特征变量	回归系数	弹性系数（%）	半弹性系数（%）
Structure	ln 建筑面积	1.154	1.154	—
Location	邻近地铁或轻轨站点	0.052	—	5.34
Structure	房龄	-0.014	—	-1.39
Facilities	医疗服务设施	0.134	—	14.34
Planning	开发商资质	0.141	—	15.14
Location	公交路线数量	0.006	—	0.60

综上所述，可得出如下结论：

其一，消费者对于住房到 CBD 的距离并没有特别关注，而非常关心住房的交通便捷程度。产生这种现象的原因是多方面的，首先，选取的样本为普通住宅，对到 CBD 距离的关注相对较少；其次，对于普通住宅的需求阶层而言，小汽车等私人交通工具尚未普及，近年来随着天津市经济社会的快速发展，城市交通日渐拥挤，通勤时间和成本对居民需求的影响程度逐步提升，居民对公共交通需求的迫切程度也日益提高。

其二，医疗服务设施是影响天津市普通住宅价格的一个重要指标。随着天津市城市居民的生活质量提升，健康成为幸福生活第一要素，然而，目前医疗卫生条件并不均衡，大型医院作为稀缺资源，极大地影响着其周围住宅的价格。

其三，由于天津市经济的发展和居民收入水平的提高，居民住房消费升级，对于建筑质量和生活质量的关注明显提高。一方面体现为建筑面积在住房选择中影响程度上升，居民对建筑结构的要求明显提高；另一方面体现为对开发商品牌的关注程度上升，天津市普通住房消费者的住房消费水平已经达到或超过小康标准，居住环境和住房规划设计因素成为其重新置业的重要驱动因素。

从城市层面，利用 2014 年上半年天津市市内六区的二手房数据，从不同住宅特征对普通住宅价格的影响入手，构建 Hedonic 价格模型，分析了中心城区城市居民的住房需求偏好结构，并得出以下结论：（1）通过统计检验、经济意义检验和计量经济学检验，对数形式的 Hedonic 模型拟合程度最优；（2）由于天津市中心城区呈多中心的均衡分布形态，到 CBD 的距离并未成为居民在选择住房时的关键影响因素，而对于住宅附近公共汽车、地铁轻轨等公共交通站点的分布关注度较高；（3）从天津市普通住宅的消费情况来看，居民收入已普遍达到或超过小康水平，此时，居民置业的重要影响因素是住房品质的提升。一方面是由于居民对于居住环境改善和住房规划设计等细节有了更高追求；另一方面，对于医疗服务设施、开发商品牌的敏感度也较为显著。

6.3

区域层面住房结构需求分析

鉴于城市经济发展、人口总量和住房信息获取难易的考量，以京津冀地区的北京、天津、石家庄、保定四个城市的市辖区二手住房市场为研究对象，从住房消费行为的微观视角出发，通过定量分析城市居民住房的需求偏好，对比城市需求偏好的异同，总结不同类型住房市场社会需求特征，研判京津冀城市住房市场的发展趋势。

6.3.1 住宅特征变量的选择和量化

住宅特征变量包含区位特征、建筑特征、生活配套设施 3 大类，共 11 个变量，并分别采用实际数值、二元虚拟变量和分等级赋值的方法加以量化。其中用二元虚拟变量对房屋朝向、医疗配套、环境配套进行量化；用实际数值对建筑面积、房龄、房厅数目、公交线路数、距 CBD 距离进行量化；而装修程度、楼层、教育配套则采用分等级赋值的方法进行量化。具体量化方法如表 6－6 所示。

表 6 – 6   基于 Hedonic 模型的居民住房需求偏好结构

代号	一级特征变量	二级特征变量	量化指标	预期符号
Structure	建筑结构满意度	建筑面积	住房的建筑面积	+
		装修程度	精装修赋值为3，简装修赋值为2，毛坯房赋值为1	+
		房龄	住宅房龄（2015 年的房龄为0，其他房龄用 2015 减去房屋建成年份）	未知
		户型	厅、室、卫数目相加	+
		朝向	南北方向赋值为1，其他方向赋值为0	未知
		楼层	住房的楼层数除以总楼层数的结构小于 1/3 赋值为3，大于 1/3 且小于 2/3 赋值为2，大于 2/3 的赋值为1	未知
Location	区位因素满意度	CBD（中心商务区）距离	小区到最近 CBD 的直线距离	–
Facilities	生活配套设施满意程度	出行配套	小区周围公交线路数目	+
		环境配套	小区附近 1000 米范围内有公园或广场，取 1 分，否则取 0	+
		教育配套	小区附近 500 米以内有重点小学、中学（每一项为 1 分，共 2 分）	+
		医疗配套	小区内或周围 1000 米内有 1 个以上三甲医院取 1，否则取 0	+

6.3.2　实证结果分析

选取京津冀区域中北京、天津、石家庄、保定四个城市为研究对象，具体实证研究区域包括北京 16 个市辖区，天津 15 个市辖区，石家庄 8 个市辖区和保定 5 个市辖区。由于实际交易资料中包含的特征变量较少，所以采用挂牌数据进行研究。样本数据来源于搜房网 2015 年 10～12 月挂牌销售的 500 个二手商品房项目，随机选取每一个项目中具有完整挂牌信息的住宅作为研究样本，研究不涉及新开楼盘和高档住宅。经整理，最终得到 444 个完整样本，分别为北京 130 个，天津 140 个，石家庄 97 个，保定 77 个。由于所选样本的时间跨度较小，所以可以不考虑时间对住房价格的影响。

线性模型的回归结果参见表 6 – 7。

表6－7 特征价格线性模型回归结果

模型	自变量	北京	天津	石家庄	保定
		系数	系数	系数	系数
线性	（常量）	-36.394 (-0.587)	-142.683 *** (-5.620)	10.279 (0.833)	-17.032 (-1.391)
	住房面积	4.721 *** (12.68)	2.413 *** (16.289)	0.887 *** (15.212)	0.638 *** (7.738)
	装修程度	—	22.351 *** (3.729)	—	—
	朝向	—	-37.527 ** (-2.236)	—	—
	楼层	—	—	-8.214 * (-1.950)	4.969 * (1.835)
	CBD 距离	-0.008 *** (-4.793)	-0.001 ** (-2.184)	—	—
	公交线路	-8.601 ** (-2.302)	2.783 *** (2.686)	—	2.541 *** (4.4804)
	公园	113.430 *** (3.110)	19.671 ** (2.374)	12.751 ** (2.904)	—
	重点学校	158.069 *** (3.566)	14.788 ** (2.435)	—	—
	三甲医院	—	32.161 *** (2.823)	—	—
		$R = 0.805$ $R^2 = 0.648$ 调整 $R^2 = 0.634$ $F = 44.608$	$R = 0.849$ $R^2 = 0.721$ 调整 $R^2 = 0.704$ $F = 42.240$	$R = 0.854$ $R^2 = 0.729$ 调 $R^2 = 0.721$ $F = 83.547$	$R = 0.751$ $R^2 = 0.564$ 调整 $R^2 = 0.540$ $F = 23.301$

注：括号内数值为估计系数的 T 统计量，***、**、* 分别代表1%、5%、10%的水平上显著。

北京市数据整理得到的线性模型结果为：

成交价 $= -36.394 + 4.721 \times$ 住房面积 $- 8.601 \times$ 公交线路 $+ 113.430 \times$ 公园 $+ 158.069 \times$ 重点学校 $- 0.008 \times$ CBD 距离

天津市数据整理得到的线性模型结果为：

成交价格 = 142.683 + 2.413 × 住房面积 + 22.351 × 装修程度 - 37.527 × 朝向 + 2.783 × 公交线路 + 19.671 × 公园 + 14.788 × 重点学校 - 0.001 × CBD 距离 + 32.161 × 三甲医院

北京、天津住房面积、公园、重点学校对住宅价格存在正影响，其中公园、重点学校对住房价格影响都较大；CBD 距离对住宅价格存在负影响，但影响较小；与天津相反，在北京公交路线对住宅价格存在负影响。公交线路变量的系数为负，与前述理论预期不相符，原因可能受到私家车和轨道的影响，人们对公交车这一交通工具的依赖程度相对较低。另外，小区附近公交线路越多表示周边过往的公交车辆越多，带来的噪声污染和空气质量下降也会影响居民的居住生活质量，抵消了居民出行便利所带来的舒适感。

石家庄市数据整理得到的线性模型结果为：

成交价格 = 10.279 + 0.887 × 住房面积 - 8.214 × 楼层 + 12.751 × 公园

保定市数据整理得到的线性模型结果为：

成交价格 = - 17.032 + 0.638 × 住房面积 + 4.969 × 楼层 + 2.541 × 公交线路

在石家庄和保定居民对住房需求偏好回归模型中，11 个自变量中有 3 个进入了线性模型，所得结果并不理想。由模型系数符号可知，石家庄和保定城市居民对住房楼层的偏好存在差异，石家庄的数据显示楼层的高度与住房成交价格成反比，说明对于住房的选择，人们更倾向于选择较低的楼层，在保定地区居民更倾向于购买楼层较高的住房。

半对数模型回归结果参见表 6-8。

表 6-8　　　　　　　　　　特征价格半对数模型回归结果

模型	自变量	北京	天津	石家庄	保定
半对数	（常量）	- 1220.135 *** (- 4.973)	- 557.172 *** (- 6.057)	- 307.596 *** (- 10.111)	- 302.616 *** (- 6.188)
	住房面积	330.266 *** (5.121)	184.756 *** (13.041)	85.233 *** (14.074)	70.577 *** (7.694)
	户型	26.730 ** (2.148)	—	—	—

模型	自变量	北京	天津	石家庄	保定
半对数	装修程度	—	16. 279 ** (2. 404)	—	—
	朝向	—	—	—	− 16. 980 ** (− 2. 331)
	楼层	—	—	8. 286 * (− 1. 843)	5. 613 ** (2. 082)
	公园	110. 627 *** (2. 828)	20. 458 ** (2. 190)	10. 263 ** (2. 099)	—
	重点学校	71. 462 ** (2. 205)	11. 922 * (1. 718)	—	—
	三甲医院	—	25. 518 * (1. 902)	—	4. 623 * (1. 761)
半对数	CBD 距离	− 0. 009 *** (− 5. 512)	− 24. 356 *** (− 4. 084)	—	—
	公交线路	—	16. 525 ** (2. 065)	9. 401 *** (2. 916)	2. 090 *** (3. 766)
		R = 0.773 R^2 = 0.597 调整 R^2 = 0.580 F = 49. 178	R = 0.807 R^2 = 0.651 调整 R^2 = 0.632 F = 34. 359	R = 0.839 R^2 = 0.704 调整 R^2 = 0.691 F = 54. 070	R = 0.762 R^2 = 0.581 调整 R^2 = 0.552 F = 19. 707

注：括号内数值为估计系数的 T 统计量，***、**、* 分别代表1%、5%、10%的水平上显著。

北京市数据整理得到的半对数回归模型结果为：

成交价 = − 1220. 135 + 330. 266 × ln 住房面积 + 26. 730 × 户型 + 110. 627 × 公园 + 71. 462 × 重点学校 − 0. 009 × CBD 距离

天津市数据整理得到的半对数回归模型结果为：

成交价 = − 557. 172 + 184. 756 × ln 住房面积 + 16. 279 × 装修程度 + 20. 458 × 公园 + 25. 518 × 三甲医院 + 16. 525 × ln 公交线路 + 11. 922 × 重点学校 − 24. 356 × CBD 距离

半对数模型中，北京、天津的数据分析与预期结果相同，公园和重点学校均对居民住宅选择产生显著正影响。

石家庄市数据整理得到的半对数回归模型结果为：

成交价格 = － 307.596 ＋ 85.233 × ln 住房面积 ＋ 8.286 × 楼层 ＋ 10.263 × 公园 ＋ 9.401 × ln 公交线路

保定市数据整理得到的半对数回归模型结果为：

成交价格 ＝ 302.616 ＋ 70.577 × ln 住房面积 － 16.980 × 朝向 ＋ 5.613 × 楼层 ＋ 4.623 × 三甲医院 ＋ 2.090 × ln 公交线路

与线性模型相比，半对数模型中加入了公交线路的变量，这一变量的加入对石家庄市结果影响较大，居民在选择住房时更多考虑公交是否便捷，而天津市、保定市居民在选择住房时更看重住房是否临近三甲医院。

对数模型回归结果参见表6－9。

表6－9　　　　　　　　　特征价格对数模型回归结果

变量	北京 系数	天津 系数	石家庄 系数	保定 系数
（常量）	0.556 (1.104)	－ 0.078 （－0.130）	－ 0.467 * （－1.749）	－ 2.257 ** （－2.481）
住房面积	1.151 *** (10.783)	1.324 *** (14.029)	0.997 * (1.931)	1.206 *** (6.987)
装修程度	—	0.130 *** (3.048)	—	—
朝向	—	—	—	－ 0.337 ** （－2.423）
楼层	—	—	—	0.105 ** (2.045)
房龄	—	0.012 ** (2.309)	—	—
公园	0.256 ** (2.337)	—	0.129 *** (2.771)	—
三甲医院	—	0.195 ** (2.291)	—	0.087 * (1.866)

变量	北京	天津	石家庄	保定
	系数	系数	系数	系数
重点学校	0.496 *** (3.962)	—	0.028 ** (2.011)	—
公交线路	−0.020 * (−1.852)	0.186 *** (3.769)	0.065 * (1.931)	0.167 ** (2.421)
CBD 距离	−0.002 *** (−2.932)	−0.215 *** (−5.780)	—	—
	R = 0.756 R^2 = 0.572 调整 R^2 = 0.552 F = 29.086	R = 0.851 R^2 = 0.724 调整 R^2 = 0.711 F = 56.856	R = 0.888 R^2 = 0.798 调整 R^2 = 0.780 F = 85.992	R = 0.730 R^2 = 0.533 调整 R^2 = 0.494 F = 13.896

注：括号内数值为估计系数的 T 统计量，***、**、* 分别代表 1%、5%、10% 的水平上显著。

北京市数据整理得到的对数回归模型结果为：

$\ln$ 成交价 $= 0.556 + 1.151 \times \ln$ 住房面积 $+ 0.256 \times$ 公园 $+ 0.496 \times$ 重点学校 $- 0.020 \times \ln$ 公交线路 $- 0.002 \times$ CBD 距离

天津市数据整理得到的对数回归模型结果为：

$\ln$ 成交价 $= -0.078 + 1.324 \times \ln$ 住房面积 $+ 0.130 \times$ 装修程度 $+ 0.012 \times$ 房龄 $+ 0.195 \times$ 三甲医院 $+ 0.186 \times \ln$ 公交线路 $- 0.215 \times$ CBD 距离

石家庄市数据整理得到的对数回归模型结果为：

$\ln$ 成交价格 $= -0.467 + 0.997 \times \ln$ 住房面积 $+ 0.129 \times$ 公园 $+ 0.065 \times \ln$ 公交线路 $+ 0.028 \times$ 重点学校

保定市数据整理得到的对数回归模型结果为：

$\ln$ 成交价格 $= -2.257 + 1.206 \times \ln$ 住房面积 $- 0.337 \times$ 朝向 $+ 0.105 \times$ 楼层 $+ 0.087 \times$ 三甲医院 $+ 0.167 \times \ln$ 公交线路

在对数模型中，与线性模型和半对数模型相比，石家庄引入了重点学校的变量，但结果显示重点学校对住房价格的影响比重较小。

对比四个城市的线性模型可知，北京、天津以及石家庄基础设施的完善程度对住宅价格影响较大，特别是环境配套设施。在北京，重点中学对住宅价格的影响很大，居民重视学区房，相比之下，天津市居民对学区房的需求较为一般。北京和天津，人们选择住房地理位置时对是否临近 CBD 关注较少。对比半对数模型，天津、石家庄相较于保定，公交线路对住宅价格的影响程度在所有自变量中占比较大，可见，天津、石家庄居民在住房选择时对出行配套设施比较关注。其原因可能是天津、石家庄城市相对保定城市规模较大，但城市轨道交通不发达，人们更依赖公共交通。对比四个城市的对数模型，在天津和保定两个城市，人们在对住宅进行选择时，对小区周围的医疗配套的敏感程度有所不同，天津居民对三甲医院因素较为敏感，而保定居民则敏感性较差。其原因可能受城市规模影响，保定城市规模较小，人口相对较少，医院可达性较好，消费者之间的竞争较小。天津则相反，城市规模大，人口较多，对医疗配套设施的需求也更为迫切。

6.3.3　住宅特征的价格弹性分析

基于第 6.2.5 节中的价格弹性分析公式：半弹性系数 $= 100 \times (e^{\text{回归系数}} - 1)$。同样，利用上述对数模型的回归结果对北京、天津、石家庄、保定四个城市进行分析比较。计算结果见表 6-10 和表 6-11。

表 6-10　　　　　　　　　住宅特征的价格弹性（北京、天津）

北京			天津		
特征变量	弹性系数（％）	半弹性系数（％）	特征变量	弹性系数（％）	半弹性系数（％）
住房面积	1.15	—	住房面积	1.32	—
重点学校	—	64.21	装修程度	—	13.88
公园	—	29.18	房龄	—	1.21
公交线路	—	-1.98	三甲医院	—	21.53
CBD 距离	-0.002	—	公交线路	—	20.44
			CBD 距离	-0.22	—

表6-11   住宅特征的价格弹性（石家庄、保定）

石家庄			保定		
特征变量	弹性系数（%）	非弹性系数（%）	特征变量	弹性系数（%）	非弹性系数（%）
住房面积	0.997	—	住房面积	1.206	—
公交线路	—	6.71	朝向	—	-28.60
中小学数	—	2.83	楼层比赋值	—	11.07
公园赋值	—	13.77	医院距离	0.087	—
			公交线路	—	18.17

其中，北京住房面积的价格弹性为1.15，天津为1.32，石家庄为0.997，保定为1.206，表示在其他特征不变的情况下，住房面积如果增加1%，北京住宅价格将增加1.15%、天津增加1.32%，石家庄增加0.997%，保定增加1.206%。对于二元虚拟变量，医疗服务设施的半弹性系数为21.53%，表明在其他条件不变的情况下，如果在住宅小区周围1000米内有1个以上三甲医院，则天津的住宅价格将上升21.53个百分点，保定的住宅价格将上升0.087个百分点；如果在住宅小区周围1000米内有1个以上公园，那么，北京的住宅价格将会增加29.18个百分点，石家庄将会增加13.77个百分点。其余变量均取其自然数，但都是有序变量。公交线路半弹性系数分别为北京-1.98，天津20.44，石家庄6.71，保定18.17，表示在其他条件不变的情况下，住宅小区周围500米以内公交线路数目每增加一个，住宅总价将分别增加-1.98%、20.44%、6.71%、18.17%；北京重点学校的半弹性系数为64.21，表示在其他条件不变的情况下，每增加1个重点学校，住宅总价将上升64.21%。可见，教育设施配套对北京的住房价格影响较大。在保定，朝向和楼层每增加1个百分点，住宅价格分别减少28.60%和11.07%，表明朝向和楼层对保定市的住宅价格影响较大。

6.3.4 京津冀区域城市住房需求偏好分析

对北京、天津、石家庄和保定四个城市进行定量评估，探讨建筑结构、区位、生活配套等各种因素对住宅价格的影响程度，其研究结果表明：

（1）住房环境配套设施正逐渐成为居民刚性需求。从北京、天津住房需求结构数据分析中不难看出，消费者对住房到 CBD 的距离关注较少；而北京、天津、石家庄住房需求结构分析数据反映出消费者对住房小区周围的环境配套设施非常关心。这种现象产生的原因，首先，为所选择的样本为普通住宅，对到 CBD 距离的关注也就少；其次，对于普通住宅的需求阶层而言，人们对居住地周围的环境更加重视，在建筑日益密集的大城市，休闲娱乐的场地是人们迫切需要的，居民对公园的需求程度日益提高。

（2）医疗设施配置已经成为影响居民住房选择意愿的重要因素。天津住房需求结构偏好数据反映出医疗设施配套是影响普通住宅价格的一个重要指标，而保定居民在选房时对医疗设施的需求不是很大。在目前医疗卫生条件并不均衡的背景下，大城市人口密集，城市空间规模较大，大型医院作为稀缺资源，极大地影响着周围住宅的价格，在规模较小的城市这种影响较小。

（3）城市教育配套对住宅市场的资本化程度存在区域差异。教育设施的配套是北京居民在选择住宅时非常注重的因素，天津市居民重视程度相对较轻，石家庄居民选择住房区位时，教育配套因素占比重最低。从中可看出，不同规模的城市，居民对住宅小区的教育配套设施存在差异，随着城市发展水平的提高，居民对教育设施配套的要求逐渐提升，这可能与城市规模、交通以及居民思想意识等因素有关。

（4）公交站点设置对于居民住房选择意愿的影响存在区域化差异。在北京，公交线路对住宅价格影响为负，原因可能为目前北京市私家车的拥有比例较大，轨道交通比较完善，人们对公交车这一交通工具的依赖程度降低。并且小区附近公交线路越多，周边过往的公交车辆越多，带来的噪声污染和空气质量下降给居民的生活带来负面影响抵消了其给居民出行便利所带来的舒适感。在天津、石家庄、保定，居民对公交线路依赖较人，住宅小区公交线路的增加会提高住房价格。

6.4

总 结

随着居民收入水平不断提升，住房消费理念正悄然发生转变，而不同规模的城市，住房需求结构偏好也存在着差异。我国房地产市场由数量供需平衡向品质供需结构匹配转型。从需求偏好结构方面看，未来居民对房地产需求将更多从满足基本居住需求的户型面积、小区内部配套等转向公共服务配套上来。房地产开发企业应积极研判新时期房地产市场转型方向，关注住房配套设施的建设，提高住宅小区的质量，并针对不同城市采取不同的建设方案，在满足消费者最大需求的同时合理分配资源。

京津冀区域不同城市间城市住房需求结构存在差异，住房市场呈现出区域分化特点。在不同城市，由于消费者具有不同的需求结构，加上地域偏好和信息缺乏对消费者在住宅市场上的转移造成一定的障碍，区域范围内的住宅需求市场会出现住房市场分化，居民住房消费理念呈现差异化。房地产开发企业应积极研判新时期不同城市房地产市场需求方向，使产品研发更加有针对性和差异性，地方政府也应积极推进城市公共服务设施的科学规划和有序建设，缓解房地产市场目前供需不匹配问题，完善住房刚性需求和改善性需求，因城施策化解房地产库存，从数量扩张转入到质量的提升是住房市场的转型方向。

第7章

基础教育资源质量资本化实证分析

　　基础教育均衡发展是教育改革的战略性任务，保障城市居民享受优质教育资源的机会平等、权利平等，进而促进教育公平，是"十三五"期间基本公共服务均等化的重要内容。城市基础教育资源具有公共品的经济特征，在建筑品质、住宅区位、周边配套、邻里氛围等诸多因素中，基础教育资源质量一直是购房者重点考虑的因素（温海珍等，2013）。城市基础教育资源资本化程度的测度以及通过资本化程度的空间差异性显化城市基础教育资源供给的空间供需不匹配程度，是把脉城市基础教育资源供给问题，进而优化其均衡布局的重要手段。

　　Hedonic 模型是分析异质商品特征与其价格之间关系的常用模型。通过系统梳理国内外相关研究文献，对 Hedonic 模型构建的理论基础和估计、检验方法进行理论分析，总结 Hedonic 模型在各个领域的广泛应用。同时，国内关于住房市场的相关研究不断涌现，尤其是近两年大中城市房地产行业的资料统计已经日渐完善，为基于 Hedonic 模型的住房市场分析创造了条件。

　　本章主要分为两个部分。第一部分在学区视域下，选取天津市和平区热门重点小学学区内的二手房交易样本，利用个体微观住房数据，构建线性和非线性对数的 Hedonic 价格模型，测度学区房溢出价格。第二部分基于各行政区层面，利用中心城区 2012 年至 2014 年二手房成交均价的月度面板数据，采用 Hedonic 分析方法，研究城市内区域基础教育资源质量和房价的关系，识别基础教育资源在房价中的资本化效应，测度中心城区基础教育资源的溢出价值。

7.1

天津市中心城区"学区房"布局现状

7.1.1 天津市中小学阶段招生政策

7.1.1.1 本市儿童报名须"三证"齐全

全市各区县统一安排进行民办和公办小学招生工作，适龄儿童可按照学区划分要求在居住区所属学区的小学报名入学。入学报名条件包括：报名儿童年满6周岁，报名时需要户口簿（包括蓝印户口）、合法固定居所的证明、儿童预防接种证"三证"齐全，符合所有报名条件方可报名入学。适龄儿童户籍的户主、合法固定居所的产权所有人或承租人，必须是其父母、祖父母或外祖父母。

对于适龄儿童人户分离的情况，区县教育局需根据登记入学人数和学校资源分布情况，本着相对就近的原则，统筹安排入学。相关政策可按以下方式解决"人户分离"的情况：

（1）本区县内"人户分离"的适龄儿童，由所属区县教育局在本区县内统筹安排入学。

（2）跨区县的"人户分离"适龄儿童，由户籍地所属区县教育局先行统筹安排入学。

（3）跨区县的"人户分离"适龄儿童，因现行户籍政策无法实现"人户统一"且确有实际困难，需在实际居住地入学的，由实际居住地所属区县教育局统筹安排入学。

7.1.1.2 外来务工人员子女统筹就近安排进入公办校

根据天津市有关规定，从2014年起，符合条件的外来务工人员子女可由居住证注明的所属区县教育局统筹安排入学，以进入公办学校就读为主。在学籍管理、教育收费、评优评奖、考试竞赛、文体活动等方面，与本市学生享有同等待遇和政策，在学业管理上平等对待。不具有本市户口或蓝印户口的外来务工人员子女在津入学，须持有居住证、原籍户籍证明、合法居所证明、务工就业证明、随迁子女儿童预防接种证等基本材料，最终由区县教育局统筹就近安排在公办小学就读。对于定居国外的华侨，其适龄子女来津入学，需按照市政府侨务办公室、市教委有关规定要求办理入学手续。

7.1.1.3 基础教育阶段免试就近入学

天津市小升初政策集中体现在《市教委关于进一步完善义务教育免试就近入学工作的意见》的一系列文件中。2015 年天津市出台该文件，确定天津市基础教育阶段公办学校将全面推行免试就近入学，小升初招生将取消一切选拔性考试。具体措施体现在两个方面：一是合理规划学区布局。重点是强化区县政府实施基础教育的主体责任，切实保障适龄儿童少年享有相应的公办学校的学位。二是促进优质均衡发展。重点是充分发挥现有优质教育资源的辐射带动作用，形成区域共享机制。

7.1.2 天津市中心城区学区及"学区房"分布状况

7.1.2.1 中心城区小学学区分布

天津市学区房主要分为老市区房及新建小区房两类：第一类为位于老市区的房子，多建于 20 世纪 80 年代前后，房屋较为陈旧，比如位于和平区岳阳道、昆明路附近的老房子便属于学区房；第二类为大片新建小区，多建于 2010 年左右，户型样式较多，并且以大中户型为主。中心城区有十一个重点小学片，和平区作为教育强区，有四个重点小学，南开区有三个，河西区有两个，红桥区有一个，河东区有一个，河北区没有。这几个区域内的重点小学教育资源的分布极为不均衡。和平区的热门学区片为实验小学片、和平中心小学片、鞍山道小学片、岳阳道小学片。南开区的热门学区片为五马路小学片、南开中心小学片、中营小学片。河西区的热门学区包括师大第二附属小学片、上海道小学片。红桥区的热门学区为红桥实验小学片。河东区的热门学区仅有河东实验小学片（见图 7－1）。

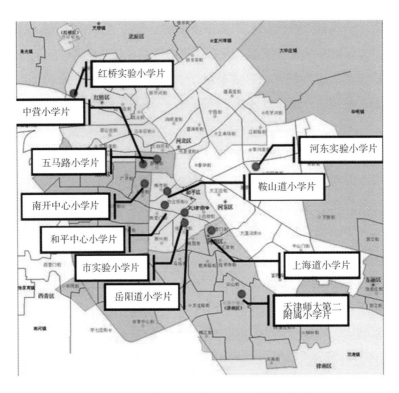

图7-1 天津市中心城区热门小学学区分布

资料来源：笔者自绘。

7.1.2.2 中心城区行政区之间学区房与非学区房价格差异

根据2012年5月的统计数据，市内六区部分学区房价如表7-1所示。

表7-1 天津市中心城区部分热门重点小学学区房和非学区房价格

行政区	学校名称	房龄（年）	产权性质	面积（m²）	学区房价格（元/m²）	非学区房价格（元/m²）
和平区	天津市实验小学	10 ~ 30	公产、私产	20 ~ 50	28000 ~ 35000	16000 ~ 17000
南开区	南开区中心小学	15	私产居多	50 ~ 60	14000 ~ 16000	11000 ~ 12000
河西区	上海道小学	15 ~ 20	公产、私产	20 ~ 50	15000 ~ 16000	11000 ~ 12000

行政区	学校名称	房龄（年）	产权性质	面积（m²）	学区房价格（元/m²）	非学区房价格（元/m²）
河东区	河东区实验小学	10～20	私产、公产	40～80	11000～12000	9000～10000
河北区	昆纬路第一小学	5～15	公产、私产	40～60	11000～12000	9000～10000
红桥区	红桥区实验小学	10～30	公产、私产	20～60	10000～11000	9000～10000

资料来源：搜房网2012年二手房挂牌价格。

7.1.2.3 中心城区各行政区基础教育资源现状

根据2012年5月的统计数据，天津市中心城区优质学区房有关数据如表7-2所示。

表7-2 天津市中心城区小学及热门学区房统计情况

	和平区	南开区	河西区	红桥区	河北区	河东区
常住人口（万人）	35.77	101.15	89.29	58.50	73.88	85.32
小学校数（所）	21	35	31	28	26	22
代表性小学校数（所）	4	3	4	3	2	3
热门学区片数（个）	4	3	2	1	0	1
重点小学学区房数（套）	23052	37164	21028	17704	11360	12290
新建学区房面积（m²）	588172	763300	765813	134234	346323	140000
二手学区房面积（m²）	284783	368718	37316	154966	144253	161578

资料来源：天津市国土房管局统计资料整理。

7.1.2.4 同一行政区内不同"学区房"价格比较

基础教育资源对房价的影响相对较大。各个学校的教育质量差异性使同一行政区内各个"学区房"价格均不同。我们所选取的和平区五所小学都位于地铁一号线沿线且处于和平区商业区内，其周边环境、商业和交通等因素差距并不明显，这样，我们通过房价的对比不难发现，由于学校质量不同，房价也表现出了差异性（见图7-2）。

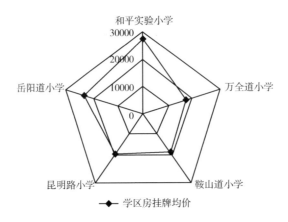

图 7 - 2 和平区五所小学片区房屋均价

资料来源：搜房网 2012 年 5 月二手房挂牌价格。

7.2

学区视域下城市基础教育质量资本化

7.2.1 研究区域概况

和平区的教育资源位列天津市之首，是天津市学区置业的最佳选择，将其作为城市公办小学质量空间溢出价格研究的样本是十分有意义的。

7.2.1.1 学校质量统计分析

学校质量量度指标主要分为投入指标和产出指标两个部分，其中投入指标主要指针对每个学生花费的教育支出，产出指标主要指小升初录取情况[①]、学生考试成绩及社会认可度等指标。通过对和平区小学进行综合评价，前十二名分别为和平区实验小学、和平区中心小学、鞍山道小学、昆鹏小学、逸阳小学、和平区

---

① 统计小升初所采用统计数据为南开中学、耀华中学、外国语大学附属中学等三所学校入围及录取人数。

模范小学、万全道小学、昆明路小学、新华南路小学、耀华小学、第二十中学附属小学和哈密道小学。

7.2.1.2　学区概况

本次研究将抽取和平区实验小学、耀华小学、新华南路小学、昆明路小学等4所市重点小学，以及区重点小学第二十中附属小学和普通小学哈密道小学。6所小学所对应的学区分布见表7-3。

表7-3　　　　　　　　　　　　　　　和平区学区概况

级别	学校名称	学校地址	学区范围
市重点	和平区实验小学	天津市和平区柳州路28号	尚友里1~17号楼、华荫东里1~12号楼、鑫东国际公寓、郑业里1号楼、世升花园1号楼、忠厚里1~8号楼、芷岳里1号楼
	昆明路小学	和平区成都道146号	犀地8号楼、金泉里、中环公寓（1~32号楼）、河沿里、四达里（1~21号楼）、新建村1号楼、朝阳里、药沿里1号楼、团圆里
	新华南路小学	和平区开封道3号	浦口道小区、广田里、孚德里、香港路国际村
	耀华小学	和平区保定道59号	诚基中心国际公1~3号楼、崇仁里1~6号楼、贵都大厦1~3号楼、树德里、树德北里、树德南里1~3号楼
非重点（部分）	第二十中学附属小学（区重点）	天津市和平区南京路86号	云峰楼、曲园、河新里
	哈密道小学	哈密道80号	春荣里、林泉里、鸿记里、浮德里

资料来源：笔者整理。

7.2.2　数据获取及整理

7.2.2.1　数据来源

本节选用住宅的二手房挂牌价格作为衡量住宅实际成交价格的数据。住宅的实际成交价格是业主与客户经过商议得到的最终价格，一般属于开发商、房地产中介公司的商业机密，其数据很难获取。另外，实际成交价格上体现了客户与业主之间的心理博弈，这种外部因素会影响模型的拟合程度。所以综合考虑之下选取住宅在搜房网①上的二手房挂牌价格。

本次研究共对六所小学所对应的 25 个学区共 100 个住宅区进行统计，最终获取 1700 个实际微观数据。数据内容包括住宅的挂牌价格、地铁开通情况、公交站开通情况、当期户数、绿化率、容积率、服务配套、建筑外观、建筑类别、建筑面积、相对楼层、朝向等属性信息。

7.2.2.2　指标确定

本次研究将从建筑自身特征、区位以及邻里环境三个方面建立影响住宅价格的变量指标体系，具体阐述如下：

（1）建筑特征。建筑特征即反映建筑物理性质的指标，主要有建筑面积（AREA）、相对楼层位置、房间数②、装修程度（DECORTION）、住宅朝向（DI-RECTION）、建筑年代（YEARS），建筑风格（STYLE）等指标。

（2）区位。距离市中心距离一直是衡量住宅区位的重要因素之一，不仅能反映出住宅所处地段经济繁华程度，也可以测度住宅位置的交通便利程度。

（3）邻里特征。邻里特征反映住宅所处区位环境，包括自然环境和社会环境，主要有容积率（PLOT）和绿化率（GREEN）、学校质量（SCHOOLQ）、住户数（NUMBER）等指标。

7.2.2.3　变量指标的处理

如上文所述，有些虚拟变量指标的数据不能够直接代入模型，需要对其进行赋值处理，具体方法如下：对于相对楼层的赋值采取"0、1"赋值法，先将楼层数除以总楼层数，并设定底层（base）和顶层（top）两个虚拟变量，然后再根据计算的结果判断，如果结果大于等于 3/5 则顶层赋值为 0，反之，则底层赋值为 1。对于朝向的赋值，只设朝向一个虚拟变量，南北朝向赋值为 1，其余朝

---

① 网站地址：http：//esf. tj. soufun. com/school/.
② 本研究把房间数量计为卧室数量和客厅数量之和。

向赋值为 0。建筑类别的赋值和朝向类似，板楼设置为 1，其余风格设置为 0。装修程度和学校质量按有序变量进行赋值。住宅装修程度通常可分为三类分别赋值，其中精装修赋值为 3，中装修赋值为 2，简装修赋值为 1。对研究区域内六所小学质量进行排名，学校质量最高者赋值为 6，依次至学校质量最低赋值为 1。根据综合评价排名结果，和平区实验小学得 6 分，昆明路小学得 5 分、新华南路小学得 4 分、耀华小学得 3 分、第二十中学附属小学得 2 分、哈密道小学得1 分。

7.2.3　模型检验及结果分析

7.2.3.1　统计变量描述

对选择的 100 个住宅的 15 个特征属性指标值进行统计，得出统计变量描述表（见表 7 - 4）。

表 7 - 4　　　　　　　　　　　　描述统计变量

变量	平均数	中位数	最大值	最小值
住宅价格	21997.31	21222	38250	9334
建筑面积	66.42	60	170	21
底层	0.57	1	1	0
卧室	1.92	2	3	1
方位	2.42	3	3	1
装修程度	0.53	1	1	0
距市中心距离	2158.80	1900	4500	440
绿化率	0.18	0.13	0.40	0.10
客厅	1.13	1	2	0
住户数	693.42	243	4501	48
容积率	1.90	2.00	3.50	1.20
建筑年份	21.84	24.50	35.00	5.00

变量	平均数	中位数	最大值	最小值
顶层	0.41	0	1	0
建筑风格	0.88	1	1	0
学校质量	3.96	4	7	1

7.2.3.2 模型检验

（1）遗漏似然比检验。采用非线性 Hedonic 模型，加入 SCHOOLQ^2 和 SCHOOLQ^3 两个变量，并对该变量进行遗漏似然比检验，见表 7 - 5。由检验结果可知 F 统计量的值为 12.69763，P 值为 0.0000；LR 统计量为 26.69437，P 值为 0。说明 5% 的置信水平下添加变量 SCHOOLQ^2 和 SCHOOLQ^3 后得出的方程是显著的。

表 7 - 5 遗漏似然比检验表

Omitted Variables：SCHOOLQ^2 SCHOOLQ^3		
F 统计量	12.69763	Prob. F（2，83）
遗漏似然比	26.69437	Prob. Chi - Square（2）

（2）模型检验。对添加变量 SCHOOLQ^2 和 SCHOOLQ^3 后得出的方程进行检验，其结果如表 7 - 6 所示。首先对自变量进行 t 检验，发现相对楼层、方位、房间数、装修程度、容积率、绿化率、建筑风格等变量的 t 统计量值小于 5% 置信水平下的临界值，不能通过显著性检验。由于 F 统计量值为 9.71，大于 5% 置信水平下的临界值，所以方程总体可以通过显著性检验。由表 7 - 6 可知，经过添加变量之后，调整后可决系数为 0.584679，相对于线性模型的 0.470367 有明显提高，由此可知非线性模型比对数线性模型的拟合程度更好。

表 7 - 6　　　　　　　　　　　模型检验结果

模型形式	线性对数模型		非线性对数模型	
变量	系数估计值	标准差	系数估计值	标准差
建筑面积	- 0.006800 *** (- 4.706323)	0.001445	- 0.451450 *** (- 4.704398)	0.001290
底层	0.227894 (1.641248)	0.138854	- 0.451450 ** (2.480608)	0.124418
卧室	0.077770 (1.566365)	0.049650	1.263841 * (1.747916)	0.045481
方位	- 0.010910 (- 0.451450)	0.024166	2.394093 (- 0.136000)	0.021552
装修程度	0.047598 (1.263841)	0.037662	1.554464 * (1.770784)	0.033766
距市中心距离	5.10E - 05 ** (2.394093)	2.13E - 05	2.101741 *** (4.788110)	2.36E - 05
客厅	0.133316 ** (1.554464)	0.085763	- 4.595012 (1.525594)	0.077872
绿化率	0.599932 ** (2.101741)	0.285445	- 3.276487 (- 0.357900)	0.290179
住户数	- 0.000133 *** (- 4.595012)	2.89E - 05	- 1.911947 *** (- 3.909813)	2.68E - 05
容积率	- 0.154714 *** (- 3.276487)	0.047219	1.432189 (0.853230)	0.058258
建筑年份	- 0.007578 * (- 1.911947)	0.003963	- 0.769003 * (- 1.804779)	0.003556
顶层	0.199144 (1.432189)	0.139049	4.557723 ** (2.229348)	0.125230
建筑风格	- 0.043793 (- 0.769003)	0.056948	- 4.706323 (- 1.237373)	0.050981
学校质量	0.055586 *** (4.557723)	0.012196	1.641248 *** (4.783953)	0.233871
学校质量平方	—	—	- 0.326221 *** (- 4.726799)	0.069015

模型形式	线性对数模型		非线性对数模型	
变量	系数估计值	标准差	系数估计值	标准差
学校质量三次方	—	—	0.027953 *** (4.846730)	0.005767
R² 系数	0.545265		0.651802	
调整 R² 系数	0.470367		0.584679	

注：括号内数值为估计系数的 T 统计量，*** 、** 、* 分别代表 1%、5%、10% 的水平上显著。

7.2.3.3 结果分析

从检验结果来看，线性与非线性模型均能在 5% 的显著性水平下通过方程的整体性检验，表明天津市和平区的住宅价格受到住宅邻里环境等因素的显著影响。对检验结果进行对比，发现非线性模型的拟合程度更高，即基础教育资源资本化途径可能更加偏向于非线性。学校质量的回归系数是 1.118826 且与房价呈正相关，学校质量平方的系数为 −0.326221 且与房价负相关，学校质量立方的系数为 0.027953 且与房价正相关。经计算，学校质量每变动一个等级，将会引起住宅价格变动 14.7132%，相对于样本平均住宅价格水平而言，学校质量每变动一个等级会导致住宅价格变动 3236.51 元，即基础教育资源资本化至"学区房"价格的现象显著。

7.3

行政区视域下城市基础教育质量资本化

7.3.1 研究区域概况

尽管天津市以全面落实基础教育均衡化为发展目标，学校间教育质量的差别依然客观存在。和平区、南开区、河西区集中了天津市大部分优质基础教育资源，是传统教育强区。河东区、河北区、红桥区优质基础教育资源则相对缺乏，其重点学校率（指市级、区级重点学校在所有中小学中所占比例）仅为 31%、

27% 和 33%，该区域居民对优质基础教育资源需求强度相对更高。

从房价走势看，传统教育资源强区与教育资源相对薄弱区之间住房价格水平差距不断扩大。传统教育资源强区如和平区、南开区、河西区，2008 ~ 2014 年二手房价平均涨幅为 15.90%，高于教育资源相对薄弱区河东区、河北区、红桥区的 13.78% 的平均涨幅，略高于天津市中心城区二手房价 15.09% 的平均涨幅。这种住房价格水平差距的扩大间接反映了学区房溢价程度的扩大（见图 7－3）。天津市整体基础教育资源配置不均衡以及优质学区房在二手房市场中的高溢价水平，使得优质基础教育资源高度集中的和平区二手房价格水平始终保持着领先全市的高增长率。

（元/平方米）

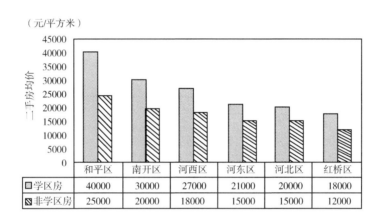

	和平区	南开区	河西区	河东区	河北区	红桥区
学区房	40000	30000	27000	21000	20000	18000
非学区房	25000	20000	18000	15000	15000	12000

图 7－3　天津市内六区 2016 年学区房与该区普通二手房价格比较

资料来源：http：//esf. tj. fang. com/ 搜房网。

7.3.2　数据与模型设定

7.3.2.1　数据来源与变量选取

本研究所使用的房价数据来源于中国指数研究院，包括 2012 年 1 月 ~ 2014 年 12 月间天津中心城区 6 个行政区域的二手房成交均价的月度数据。基于较为宏观的行政区域间房价的差异考虑，而且二手房数据比新房数据更能反映消费者对学区房的切实需求。在此基础上，从天津统计年鉴和天津教育年鉴中获得了各行政区的其他相关指标，为消除各行政区面积不同带来的公共资源的差异，本研究用区域内每平方千米公共品数量来表征其供给水平。

基础教育资源质量，即区域内中小学校的质量，是师资队伍、硬件条件、升学率等的综合体现，是学校社会声誉的整体反映。选取六个行政区域内的"重点小学率"（包括市级和区级重点小学）和"重点中学率"（包括市级和区级重点中学）作为衡量教育资源质量的代理变量，通过"重点小学数量/小学总数量"和"重点中学数量/中学总数量"计算得到，从而避免了各区地域面积不同而引起的区域之间缺乏可比性，同时，也保证该变量在引入模型时能更加准确地反映其单位变动对住房价格造成的影响。数据来源于各年的天津教育统计年鉴以及各区教育局网站。

对于其他可能影响房价的公共资源，本研究用行政区内每平方千米地铁站点数量表征交通的便捷程度，用行政区内每平方千米三级甲等医院数量表征医疗卫生水平，用行政区内每平方千米公园绿地公顷数表征绿化水平。数据来源于天津市有关政府部门网站和相关报道。

模型中变量的基本描述性统计情况如表7-7所示。

表7-7　　　　　　　　　　　各变量描述性统计情况

变量	观察值数量	均值	标准差	最小值	最大值
房价	216	12212.481	2315.251	9212	19724
重点小学率（ps）	216	0.391	0.167	0.219	0.733
重点中学率（ms）	216	0.608	0.131	0.437	0.833
地铁站点（个/km²）	216	0.235	0.089	0.000	0.333
三级甲等医院（个/km²）	216	0.170	0.216	0.025	0.700
公园绿地（公顷/km²）	216	3.320	2.130	1.553	7.615

7.3.2.2　模型的函数形式

在 Hedonic 模型的经验研究中，住房价格通常可以表示为各种特征（经过适当变换后）的线性组合，教育资源一般作为邻里变量出现。Hedonic 模型具有多种函数形式，不同的问题可选取相应的函数形式。线性函数、对数函数、半对数函数和 Box-Cox 变换函数是研究中经常被采用的四种函数形式。

考虑到本研究的数据特征以及英格（2010）、布莱克（2011）的研究成果，决定采用半对数函数，计量模型如下所示：

$$lnhp = \beta_0 + \beta_2 ps + \beta_3 ms + \beta_4 subway + \beta_5 hospital + \beta_6 park + \varepsilon \qquad (7-1)$$

其中，lnhp 表示二手房价格的对数值，ps 表示重点小学率，ms 表示重点中学率，subway 表示区域内每平方千米地铁站点数量，hospital 表示区域内每平方千米三级甲等医院数量，park 表示区域内每平方千米公园绿地公顷数，β_0 表示其他常量影响之和，β_i 表示各解释变量的特征价格，ε 是误差项。

若"重点小学率"和"重点中学率"系数的估计结果为正，并且通过显著性检验，就表明教育水平确实推升了住房价格。考虑到研究对象是基于城市内部区域间基础教育资源质量的资本化问题，于是选取了"基础教育质量"（edu）指标，通过"重点中小学数量/中小学总数量"计算得出，作为衡量各区基础教育资源综合质量的最终指标。计量模型如下所示：

$$lnhp = \beta_1 + \beta_7 edu + \beta_8 subway + \beta_9 hospital + \beta_{10} park + \varepsilon' \qquad (7-2)$$

7.3.3　实证结果与讨论

7.3.3.1　参数估计

对于 Hedonic 模型，它的参数估计大部分是运用最小二乘法原理的回归方法，Hausman 检验结果以及大部分的前人成果[①]均表明模型应使用固定效应（Fixed Effects，FE）估计。本研究首先对模型 7-1 采用最小二乘法（OLS）进行回归分析得出初步结果，作为分析的基准。对模型 7-2 分别采用 OLS 和 FE 进行估计，根据 Hausman 检验结果判断出最终结果。其中，模型 7-1 中教育资源的代理变量采用的"重点小学率"（ps）和"重点中学率"（ms）；模型 7-2 采

---

① 目前，多数文献都表明在研究教育资源对房价的影响中，固定效应模型更加合适。相关文献可参考：Figlio 和 Lucas（2004），Cellini 等（2010），冯皓和陆铭（2010）等。

用的是"基础教育质量"（edu）指标。回归结果见表7-8。

表7-8 模型回归结果

变量	模型7-1 OLS	模型7-2（1） OLS	模型7-2（2） FE
重点小学率 （ps）	0.555 *** （4.292）	—	—
重点中学率 （ms）	1.112 *** （12.489）	—	—
基础教育质量 （edu）	—	1.365 *** （5.600）	4.362 *** （7.136）
地铁站点 （subway）	0.444 *** （7.589）	0.357 *** （5.103）	0.403 *** （5.895）
三级甲等医院（hospital）	-0.338 *** （0.125）	-0.307 * （-1.799）	1.174 *** （5.975）
公园 （park）	0.003 （0.005）	0.028 *** （5.164）	0.099 （1.528）
常数	8.445 *** （112.736）	8.629 *** （85.961）	6.727 *** （22.110）
样本量	216	216	216
R^2	0.8627	0.7916	0.9327
调整 R^2	0.8595	0.7876	0.9297
F 值	263.9482	200.3377	317.1418

注：括号内数值为估计系数的 T 统计量，***、**、* 分别代表1%、5%、10%的水平上显著。

7.3.3.2 模型检验

从回归结果来看，模型7-1的判定系数 R^2 数值为0.8627，调整判定系数 R^2 数值为0.8595，方程拟合效果较为理想。特征变量回归系数的显著性检验 P 值大部分小于 0.01，说明按 $\alpha = 0.01$ 水平，大部分特征变量具有显著性意义。模型 7 - 2（1）的判定系数 R^2 数值为 0.7916，调整判定系数 R^2 数值为 0.7876，方程拟合效果较模型 7 - 1 有所下降，但是同样比较理想。特征变量回归系数的显著性检验 P 值均小于 0.1，并且所有的特征变量在 $\alpha = 0.01$ 的水平下都具有显著性意义。通过 Hausman 检验，模型 7 - 2（2）进行了 FE 估计，判定系数 R^2 数值为 0.9327，调整判定系数 R^2 数值为 0.9297，与模型 7 - 2（1）相比有明显提高，进一步证明了模型 7 - 2 采取 FE 估计后，回归结果更为理想。

7.3.3.3 结果分析

从检验结果来看，模型 7 - 1 中，重点小学率和重点中学率的上升的确会使得所在区域的房价显著上涨，这表明天津市中心城区的教育资本化现象已经十分明显。其他特征变量的回归结果也基本符合预期。模型 7 - 2 综合考量各区整体的基础教育资源质量作为教育资源的代理变量，得到的结果与表 7 - 5 类似，即基础教育质量的系数在 $\alpha = 0.01$ 的水平下显著为正。结果表明，在可能影响房价的各种因素当中，基础教育资源质量对房价上涨的推动力最强，即如果基础教育资源质量每提升 1 个单位，将使房价显著上涨 4.36%，这说明天津市中心城区基础教育资源质量的资本化现象已经显现并且程度较高。模型 7 - 1 和模型 7 - 2 采用不同的教育资源代理变量，其所得结果基本一致，即拥有更为优质的基础教育资源的确会使区域房价上涨。

本研究利用天津市中心城区的基础教育资源分布以及 2012 年至 2014 年二手房成交均价的月度面板数据，采用 Hedonic 分析方法，研究了城市内区域基础教育资源质量和房价的关系，基础教育资源在房价中的资本化效应已经通过实证检验得到有效证实：基础教育资源不断"资本化"到房屋价格之中，并逐渐由公共品转变为消费品，优质教育资源的增加会显著推升所在行政区的二手房交易价格。

7.4

总 结

本章通过分析特征价格变量，将基础教育资源单独作为影响房价三大因素之外的第四大因素进行细分，并对教育资源的构成进行划分，确定了教育资源的研究内容。进一步基于天津市学区和行政区两个层面，分别通过抓取学区房的个体微观住房数据和市内六区二手房均价的月度面板数据，测度基础教育资源的溢出价值，证实天津市基础教育资源已经部分资本化到住房价格中。

第 *8* 章

基于 GIS 技术的天津市基础教育资源研究

　　地理信息系统（geographical information system）于 20 世纪 60 年代产生，至今已发展了 50 多年。GIS 系统具有获取、存储、管理、统计与分析地理空间数据的功能，是综合性管理与分析地理空间实体数据的一种技术系统。

　　GIS 具有强大的数据分析功能，并广泛应用于城市规划管理、石油和天然气、教育、国土资源调查、环境评估、灾害预测、交通运输、电信电力、军事公安、公共设施管理、农林牧业等众多领域。从基础教育资源、公共服务设施的研究现状来看，技术的欠缺，使大部分的研究更偏重于空间实体本身或各个因素的分析，而 GIS 的主要优势是能够对空间实体数据进行运算以派生新的数据信息，并可以通过叠加及合并功能分析数据间的纵向关系，能将更多的空间要素进行综合系统、多样化的分析，使研究成果不再局限在单因子静态分析，而是趋于多因子动态分析的过程（许建伟，2006）。

　　GIS 作为一门空间技术，有着对空间地理信息独特的处理和分析能力，在研究基础教育资源分布状况中，能为实现基础教育资源的分布状况研究提供很好的有效的技术手段，从居民的角度出发对学校的可达性进行评价分析，深入分析当前基础教育资源的分布状况，并将基础教育资源分布现状以可视化方式直观地表达出来，赋予了传统的研究方法新的活力。

8.1

GIS 简述

　　GIS 是 geographic information system 的缩写，即地理信息系统。20 世纪 60 年

代 GIS 作为一门新的信息分析技术开始迅速发展起来，在计算机软硬件支持下，对整个或者部分地球表层空间中的有关地理分布数据进行采集、存储、管理、运算、分析、显示和描述。GIS 处理和管理的对象是多种地理空间实体数据及其关系，包括空间定位数据、图形数据、遥感图像数据、属性数据等，用于分析和处理一定地理区域内分布的各种现象和过程，解决复杂的规划、决策和管理问题（汤国安，2012）。

8.1.1　GIS 组成和特点

信息系统（IS）是指将数据输入，经过相关的处理，输出信息，且该信息具有反馈和控制功能的系统。一般来说，信息系统都是以计算机为基础，随着计算机技术的快速发展，计算机硬件、计算机软件、系统操作人员和数据四大要素组成了现代意义上的信息系统。地理信息系统作为信息采集、存储、管理、描述、分析地球表面及空间和地理分布有关的数据的信息系统，同样也是由计算机硬件、计算机软件、系统操作人员和数据组成（刘丽，2009）。

8.1.1.1　硬件系统

计算机硬件系统是电子的、电的、磁的、机械的、光的元件或装置，是计算机系统中的实际物理装置的总称，是 GIS 的物理外壳。系统的规模、速度、精度、功能、形式、使用方法甚至软件都与硬件有极大的关系，受硬件指标的支持或制约。由于其任务的复杂性和特殊性，GIS 必须由计算机设备支持。计算机硬件系统的基本组件包括输入/输出设备、中央处理单元、存储器等，这些硬件组件协同工作，向计算机系统提供必要的信息，使其完成任务；保存数据以备现在或将来使用；将处理得到的结果或信息提供给用户。

8.1.1.2　软件系统

GIS 运行所需的软件系统如下：

（1）计算机系统软件。计算机厂家提供的、为用户使用计算机提供方便的程序系统，通常包括操作系统、汇编程序、编译程序、诊断程序、库程序等，是GIS日常工作所必需的软件。

（2）地理信息系统软件和其他支持软件。包括通用的GIS软件包，也可以包括数据库管理系统、计算机图形软件包、计算机图像处理系统、CAD等，用于支持对空间数据输入、存储、转换、输出和与用户接口。

（3）应用分析程序。是系统开发人员或用户根据地理专题或区域分析模型编制的用于某种特定应用任务的程序，是系统功能的扩充与延伸。在GIS工具的支持下，应用程序的开发应该是透明的、动态的，随着系统应用水平的提高不断优化和扩充，而与系统的物理存储结构无关。应用程序作用于地理专题或区域数据，构成GIS的具体内容，这是从空间数据中提取地理信息的关键，也是用户最为关心的真正用于地理分析的部分。用户进行系统开发的大部分工作是开发应用程序，而应用程序的水平在很大程度上决定系统应用性的优劣和成败。

8.1.1.3　系统开发、管理与使用人员

人是GIS中的重要构成因素，地理信息系统从其设计、建立、运行到维护，整个生命周期都离不开人的作用。仅有系统软硬件和数据还不能构成完整的地理信息系统，还需要人进行系统组织、管理、维护和数据更新、系统扩充完善、应用程序开发，并灵活地采用地理分析模型提取多种信息，为研究和决策服务。对于合格的系统设计、运行和使用来说，地理信息系统专业人员是地理信息系统应用的关键，强有力的组织则是系统运行的保障。

8.1.1.4　地理空间数据

地理空间数据是以地球表面空间位置为参照的自然、社会和人文经济景观数据，可以是图形、图像、文字、表格和数字等。它是由系统的建立者通过数字化仪、扫描仪、键盘、磁带机或其他系统通讯输入GIS，是系统程序作用的对象，也是GIS所表达的现实世界经过模型抽象的实质性内容。不同用途的GIS其地理空间数据的种类、精度均不相同，一般情况下包括如下三种数据：

（1）已知坐标系中的位置。即几何坐标，标识地理景观在自然界或包含某

个区域地图中的空间位置，如经纬度、平面直角坐标、极坐标等，采用数字化仪输入时通常采用数字化仪屏幕直角坐标或直角坐标。

（2）实体间的空间关系。实体间的空间关系通常包括：度量关系，如两个地物之间的距离远近；延伸关系（或方位关系），如两个地物之间的方位；拓扑关系，如地物之间连通、邻接等关系，这是 GIS 分析中最基本的关系，其中包括了网络结点与网络线之间的枢纽关系，边界线与面实体间的构成关系，面实体与岛或内部点的包含关系等。

（3）与几何位置无关的属性。即非几何属性或简称属性，是与地理实体相联系的地理变量或地理意义。属性分为定性和定量两种，前者包括名称、类型、特性等，后者包括等级和数量；定性描述的属性如土壤种类、行政区划等，定量的属性如面积、长度、土地等级、人口数量等。非几何属性一般是经过抽象的概念，通过分类、命名、量算、统计得到。任何地理实体至少有一个属性，而地理信息系统的分析、检索和表示主要是通过属性的操作运算实现的。因此，属性的分类系统、量算指标对系统的功能有较大的影响。

GIS 不同于其他一般的计算机辅助设计系统（CAD）或管理信息系统（MIS），无论从概念、功能和应用上，GIS 都具有自身鲜明的特点（汤国安，2012）：

（1）GIS 是一种空间信息系统。地理信息系统中的"地理"即空间之意，因此也可理解为"空间信息系统（spatial information system）"。在系统中的各种实体、关系与过程都可以用地理坐标或空间位置加以描述和表征。所以，GIS 在数据组织、功能算法、表达形式等方面都有自己的特点。

（2）GIS 具有独特的空间信息处理功能。GIS 是能够对系统中各种数据进行存贮更新、综合分析、模型运算，进而产生出大量新鲜、有用信息的一种信息生成系统。这种能够由表及里、由浅入深、由此及彼的信息生成能力，是 GIS 不同于许多 MIS 和 CAD 的最明显之处。

（3）GIS 是认识、利用和改造客观世界且具有明确具体任务目标的一种应用系统。特别是专用的 GIS 系统，它与系统用户的关系是相当密切的。

8.1.2　GIS 应用领域

地理信息系统技术在近些年内取得了惊人的发展，总结起来，GIS 在城市、规划领域的应用主要有以下方面：

（1）资源配置：GIS 在城市内各种公共设施布局、救灾减灾中物资的分配、全国范围内能源保障、公共机构在各地的配置等都是资源配置问题。GIS 在这类应用中的目的是保证资源最合理的配置并使其发挥最大效益（张凌菲，2015）。

（2）城市规划和管理：城市空间规划是 GIS 的一个重要应用领域，城市规划和管理是空间规划的主要内容。例如，在大规模城市基础设施建设中如何保证绿地的合理分布和比例，如何保证公共设施、服务设施、运动场所、学校等能够得到最大服务范围等城市资源配置问题（陈卫林、郑礼全、沈亨，2016）。

（3）生态、环境管理：区域生态规划、环境现状评价、环境影响评价、污染物削减分配的决策支持、环境与区域可持续发展的决策支持、环保设施的管理、环境规划等多方面应用，可以达到区域生态环境保护规划的目的（徐庆勇、黄玫、陆佩玲等，2011）。

（4）商业与市场：商业服务设施的建立需要充分考虑其市场潜力。例如，大型商场的建立如若不考虑其他商场的分布、待建区周围居民区的人数和分布，建成之后就可能无法达到预期的市场和服务范围。更进一步，商场销售的商品品种和市场定位都必须与待建区的人口结构性别构成、年龄构成、文化水平、消费水平等结合起来考虑。地理信息系统的空间分析和数据库功能可以根据数据分析来解决这些问题。此外，在房地产市场的开发和销售过程中也可以通过 GIS 数据挖掘进行分析和决策（丁鹏飞，2006）。

（5）基础设施管理：城市的地上地下基础设施，如道路交通、电信、自来水管道、天然气管线、排污设施、电力设施等广泛分布于城市的各个角落，而且这些设施明显具有地理参照特征。这些设施的管理、统计、汇总都能够借助 GIS

完成，并极大地提高工作效率（乔彦友、李广文、常原飞等，2010）。

（6）选址分析：根据区域地理环境的特点，综合考虑各种影响因素，在区域范围内选择最佳位置，是 GIS 的一个典型应用领域，充分体现了 GIS 的空间分析功能，如中学、大型超市的选址等（张静，2010）。

（7）网络分析：通过 GIS 建立交通网络、地下管线网络等的计算机模型，研究交通流量、进行交通规则、地下管线突发事件爆管、断路等应急处理。此外，消防和医疗救护的最优路径选择、车辆导航等也是 GIS 网络分析应用的实例（袁熠，2015）。

（8）可视化应用：GIS 以数字地形模型为基础，建立城市、区域、大型建筑工程、著名风景名胜区等的三维可视化模型，实现多角度浏览，可广泛应用于城市和区域规划、大型工程管理和仿真、旅游等领域（李国瑞、车明、王琳慧，2015）。

8.2

GIS 中的空间分析方法

空间分析可以理解为，在对地理空间中的实体研究对象进行形态结构定义与分类的基础上，描述实体研究对象的空间关系，为研究对象的数据查询与分析提供参考，也为更大层次的空间决策体系提供建议。空间分析能力是地理信息系统的核心技术，该功能具体可以分为空间数据的查询分析、空间数据的提取与存储、空间数据的综合分析、数据信息的挖掘与知识发现等。空间查询方法主要是侧重于实体研究对象的图形数据与属性数据的交互查询。信息提取的主要目的是提取与传输研究对象的空间位置和形态特征的数据信息（彭剑楠，2008）。

8.2.1 空间叠加分析

常用的几种 GIS 软件，包括 ArcGIS、MapGIS 等，都是按照空间地理要素的特点，通过点、线、面等要素将其进行分层表达和存储。一定区域内所有地理要素和地理景观都能通过数据集来储存和表达，但对于一个确定的地理要素只能存储于一个图层中。图层的格式既可以是点、线、面等矢量文件，如城市交通线路、行政区域、城市道路网络等，也可以是栅格结构的图层文件，如分析水系网络、地面高程的数字高程模型等。

GIS 的空间叠加分析方法是了解与提取数据内部或数据之间隐含信息的重要途径，其基本原理是通过一定的数学模型对新数据属性进行计算分析，即输入数据的几何图形与属性数据的几何学交集，从而将不同类型图层叠加。合并的结果以一个新的数据图片呈现，最终计算得出的新数据图层是多个图层属性合并的结果。

GIS 中不同属性的数据通常是分层存放的。空间叠加分析是建立在空间拓扑关系的基础上，实现数据输入特征属性在空间上的连接以及特征属性的合并。空间叠加分析的实体对象是点与多边形之间，线与多边形之间，或者多边形与多边形之间的关系。空间叠加分析又分求交、求并、分离、删除、剪切、粘贴等多种操作，以满足不同的分析需要。

GIS 叠加分析方法主要应用于选址分析、土地适宜性评价、空间特征因素分析。比如利用 GIS 空间分析功能为一个超市选择适宜的区位时，首先要选出满足建设商业设施条件的因素，如土地利用性质、坡度要求、到达娱乐场地的距离、现有该超市的距离要求以及该区位居住区和居民数量等条件的要求，通过对这些因子缓冲分析所得出的各单因子的分析数据图层，并给这些因子赋予权重，最后通过叠加分析工具将这些数据集合并，构造一幅显示超市适宜位置的地图（汤国安，2012）。

8.2.2　缓冲区分析

GIS 中最基本的空间分析功能之一是缓冲区分析，它是在一个或多个地图要素的周围，根据给定的距离或半径产生一个带状区域，包括点要素周围的缓冲带、直线或曲线要素周围的缓冲带、面要素周围的缓冲带等。这一功能在许多领域的研究分析中有着独特的作用，对其恰当地运用可以大幅度提高工作效率，有效解决许多空间信息的提取与分析问题。例如,在选取某所适宜新建学校的区位时,GIS 中的缓冲区分析就可以根据该学校建设选址中的设计要求进行分析,从而找到符合其特定要求的区域。

8.2.3 网络分析

空间分析的一个重要方面是网络分析,依据网络拓扑关系(线性实体之间、线性实体与结点之间、结点与结点之间的连接、连通关系),并通过考察网络元素的空间、属性数据,对网络性能特征进行多方面的分析计算。

网络是由若干线性实体互连而成的一个系统,资源由网络来传输,实体间的联络也由网络来达成。网络数据模型是真实世界中网络系统(如交通网、通讯网、自来水管网、煤气管网等)的抽象表示,上述线性实体以及这些实体的连接交汇点是构成网络的最基本元素。前者常被称为网络链接(link),后者一般称为结点(node)。网线构成网络的骨架,是资源传输或通信联络的通道,可以代表公路、铁路、航线、水管、煤气管、河流等;结点是网线的端点,又是网线汇合点,可以表示中转站、交叉路口、河流汇合点等。除了上述基本网络元素之外,网络还可能有若干附属元素,如在路径分析中用来表示途经地点可以进行资源装卸的站点(stop);在资源分配中用来表示资源发散地点或资源汇聚地点的中心(center),对资源传输或通信联络起阻断作用的障碍(barrier)等。

针对网络分析的需要,作为网络基本元素的网线或结点除自身的常规属性外,还要具有一些特殊的属性数据。比如,为了实施路径分析和资源分配,网线数据应包含正反两个方向上的阻碍强度(如流动时间、耗费等)和资源需求量(如学生人数、水流量、顾客量等),而结点数据也应包括资源需求量。特别是在有些 GIS 平台(如 ARC/INFO,MAPGIS)中,结点还可以具有转角数据,从而能够更加细致地模拟资源流动时的转向特性。具体地说,每个结点可以拥有一个转向表(turntable),其中的每一项说明了资源从某一网线经该结点到另一网线时所受的阻碍强度。由于通用性的不同以及网络分析功能的侧重点不同,各个地理信息系统的网络模型也不尽相同，差异主要体现在对网络附属元素的分类和设定上。对于附属的网络元素，与中心相联系的数据包括该中心的资源容量、阻碍限度（资源流出或流向该中心所能克服的最大累积阻碍），有些 GIS 系统还允许赋予中心一定的延迟量，来表达该中心相对于其他中心进行资源分配的优先程度。与站点相关的数据一般有传输量（即资源装卸量）、阻碍强度。障碍一般无须任何相关数据（汤国安，2012）。

　　常规的网络分析功能主要包括路径分析、资源分配、联通分析、流分析和选址问题。路径分析是 GIS 中最基本的功能，其核心是对最短路径和最佳路径的求解。从网络模型的角度看，最佳路径求解就是在指定网络的两结点间找一条阻碍强度的最小路径。最佳路径的产生基于网线和结点转角（如果模型中结点具有转角数据）的阻碍强度。例如，如若要找最快的路径，阻碍强度要预先设定为在结点处转弯或通过网线所花费的时间；如果要找费用最小的路径，阻碍强度就应是费用。当网线在顺逆两个方向上的阻碍强度同是该网线的长度，而结点转角数据或无转角数据都是 0 时，最佳路径就成为最短路径。某些情况下，用户可能要求系统可以一次求出所有结点对间的最佳路径，或者要了解两结点间的第二、第三乃至第 K 条最佳路径。另一种路径分析功能是最佳游历方案的求解。网线最佳游历方案求解，是给定一个网线结点和一个集合，求解最佳路径，由指定结点出发使之至少经过每条网线一次而回到起始结点。结点最佳游历方案求解，则是给定一个起始结点、一个终止结点和若干中间结点，求解最佳路径，使之由起点出发遍历全部中间结点而达终点。资源分配就是为网络中的网线和结点寻找最近（这里的远近是按阻碍强度的大小来确定的）的中心（汇聚地或资源发散地）。例如，资源分配能为城市中的每一条街道上的学生确定最近的学校，为水库提供其供水区等。资源分配是模拟资源如何在中心（学校、消防站、水库等）和它周围的网线（街道、水路等）、结点（交叉路口、汽车中转站等）间流动的。根据中心容量以及网线和结点的需求将网线和结点分配给中心，分配是沿着最佳路径进行的。当网络元素被分配给某个中心时，依据网络元素需求的该中心拥有的资源量就会缩减，当中心的资源耗尽，分配就停止。用户可以通过赋予中心的阻碍限度来控制分配的范围。人们常常需要知道从某一结点或网线出发能够到达的全部结点或网线。这一类问题称为连通分量求解。另一连通分析问题是最少费用连通方案的求解，即在耗费最小的情况下使得全部结点相互连通。所谓流分析，就是将资源由一个地点运送到另一个地点。流分析的问题主要是按照某种最优化标准（时间最少、费用最低、路程最短或运送量最大等）设计运送方案。为了实施流分析，就要根据最优化标准的不同扩充网络模型，要把中心分为收货中心和发货中心，分别代表资源运送的起始点和目标点。这时发货中心的容量就代表待运送资源量，收货中心的容量代表它所需要的资源量。网线的相关数据也要扩充，如果目标是使费用最低，则要为网线设定传输费用（在该网线上运送一个单位的资源所需的费用）；如果最优化标准是运送量最大，就要设定网线的传输能力。选址功能涉及在某一指定区域内选择服务性设施的位置，例如市郊商店区、消防站、工厂、飞机场、仓库等的最佳位置的确定。在网络分析中的选址问题一般限定设施须位于某个结点或位于某条网线上，或者限定在若干候选地点中选择位置。选址问题种类繁多，实现方法和技巧也多种多样，不同的 GIS 系统在这方面各有特色。造成这种多样性的原因主要在于对"最佳位置"的解释（即用什么标准来衡量一个位置的优劣），以及要定位的是一个设施还是多个设施（汤国安，2012）。

8.2.4 空间统计分析

空间统计分析主要是对空间实体对象进行计算分析，得出该事物的整体特征与发展趋势，了解其规律。它是建立在概率论与数理统计学理论基础上的一类地理数学方法，通过空间统计分析可以对空间数据进行综合性评价。为了能够更加深入透彻地了解所分析数据的特征，可以对空间实体的某些属性进行横向或纵向的比较，然后在统计分析结果的基础上进行综合评价。常用的地理学统计分析方法有很多，其中主要包括相关性分析、回归分析、主成分分析、系统聚类分析、趋势面分析等。空间统计分析结果的表现形式也多样化，有列表、云图、直方图、回归曲线图等多种形式，空间统计分析除了能分析数据样本的整体态势外，还能对数据采集样本的合理性进行评估（何学洲，2008）。

8.3

GIS 在基础教育资源布局分析中的应用

8.3.1　基础教育资源空间分布概述

8.3.1.1　基础教育资源的概念

教育资源是教育经济学中常用到的一个概念，它是指教育活动的展开所涉及的所有要素，主要包括教育的人力资源、财力资源和物力资源。教育的人力资源是能动的教育资源，因而也是最重要的教育资源。教育活动需要进入劳动年龄的受教育者和从事教育的劳动者，他们是教育发展的载体，包括教师和学生两个最重要的群体财力资源，说到底就是一个经费投入的问题，它是教育得以顺利开展的经济基础。同时，教育活动还必须有一定的物质条件，如校舍、图书、仪器设备等，这些是教育发展的物质基础。这些用于教育活动的人力、物力和财力统称为教育资源。本书所指的基础教育资源主要是指用来进行基础教育，主要包括学校教师数量、学生数量、学校面积、办学条件等。它是每个学生可以获得良好教育的基础条件，其分布状况直接影响着每个学生能否在公平的环境下接受教育（陈莹，2008）。

8.3.1.2　基础教育资源布局研究的必要性

推进基础教育的均衡发展是一项长期复杂的、全局性的工作，有效利用、开发和配置教育资源，包括人力、财力、物力等资源，是走向教育均衡发展的重要途径之一，而有效地规划好学校资源的分配则是关键。其合理规划的前提是决策部门要很好地掌握和了解基础教育资源的分布状况，从而有的放矢，合理有效地进行资源的配置。各地教委必须不断对教育资源进行统计、比较、评价，找出教育资源薄弱地区，为优化教育资源配置，提高办学效益和教育质量，促进基础教育均衡快速发展做出努力。由于城市建设的步伐不断加快，在短时间内城市空间和人口规模、结构、布局剧烈变动，使得基础教育资源需要不断进行调整，教育部门需根据不同的需求做出相应调整。

8.3.2 教育资源基础设施选址的研究

选址问题在生产生活、物流运输甚至军事中都有着非常广泛的应用，如仓库、急救中心、消防站、垃圾处理中心、物流中心、导弹仓库的选址等。基础设施的空间选址就是在满足空间上分散性地点的要求下，确定一定的生活、经济和社会活动设施的空间场所的过程，选址的好坏直接影响到基础设施服务方式、服务成本、服务质量、服务效率等方面的问题。它包括两个层次的问题，其一是选位，即宏观上选择在什么区域范围设置设施；其二是定址，即在选定的区域内，具体确定在该区域的什么位置设置设施，这可以称作建筑设施空间选址的微观决策问题。传统定性方法与定量方法结合使用，是实现设施布局规划合理、科学的基础。

经过多年的实践，GIS 在城市规划、基础设施选址等问题上具有明显的优势。

（1）规划设计科学合理化。GIS 把地理学发展中的现代理论、方法与计算机结合在一起，具有强大的空间和属性分析能力，是传统分析工具和手段无法比拟的。

（2）规划布局的可视化。GIS 为分析、评价和规划的全过程提供了一个可视化的环境，可以形象直观地表达空间实体的客观状况。系统把空间位置信息与相关属性建立起逻辑关系，大大扩展了空间查询、分析和评价等功能。系统不但可以显示出规划对象的空间分布，而且可以通过属性查询和图层叠加功能，透视某一区域、某一点的任何图像及其相应的属性，包括文字、音像等多媒体信息。

（3）实现数据的动态显示。在 GIS 的辅助下，各种规划方案可以直接在计算机屏幕上进行模拟显示，使人们可以预先得知规划的设计效果。对于 GIS 支持下的分析、评价和规划，当因数据变化或其他原因需要修改时，只需调整相应的数据库或相关的模型即可，不必全部重新再来进行规划，规划图件的修改也只需要修改相应部位的符号或内容。

通过 GIS 空间数据处理、模型建立与运算、图形图像交互操作等功能，可以方便灵活地调整评价模型中的实现目标、约束条件、模型参数和模型结论的输出，并且可以为决策者提供多种分析规划方案，也为最佳区位选择和最优资源配置提供可靠的科学依据。在实际应用中，用户需要把 GIS 技术与其他相关技术方法相互渗透集成。同样，与规划专业技术相结合是城市中小学布局规划应用的发展趋势。中小学的空间布局和选址是城市规划的基本任务，通过空间分析和模型的结合，实现规划在空间上的定量、定性分析，使学校布局规划更加科学、更加合理。借助布局模型，可以达到优化公共设施布局的目的；与选址模型的结合，为解决区位选址布局最优问题提供了方法。

8.3.3　教育资源空间分布的研究

为了使基础教育均衡、可持续发展，了解基础教育资源的空间分布现状，是分析问题的基础。针对基础教育资源的空间分布问题，将地理信息及其空间分析技术引入到数据分析与信息挖掘当中，在基础教育资源数据基础上，分析教育资源分布状况，建立分析模型，对基础教育资源进行资源空间分布的分析评价，定性分析结合定量分析计算教育资源分布的空间差异，对教育资源的优化配置提供决策支持。

8.3.3.1　学校教育服务区的分析

在传统的学校服务区划分过程中，大多数教育管理者只考虑行政边界上的划分，从空间上、学生上学距离远近的角度考虑较少，导致部分学区划分不甚合理，给学生上学带来了诸多不便。应用 GIS 技术，从空间分布的角度研究学校的服务区范围，利用空间分析和泰森多边形，结合学校的服务范围，从空间上进行学区划分，尽可能满足每个学生近距离、便捷上学，同时最大限度保证教育资源的均衡分布，帮助城市、区域更好地配置教育资源，为城市基础教育均衡发展提供帮助。

GIS 能够根据选定的研究对象，利用服务区划分模块中基于缓冲区的服务区分析模型进行学校服务范围的计算。基于缓冲区的服务半径来划分服务范围，可以找出相对学校的密集、稀疏区域，即在一定服务半径下学校的覆盖度，同时也可以得到在指定半径下可以服务的居民区域。但是，这样划分会使得一些居民单元不在划分的教育服务区内。当然，服务半径是不可能无限扩大的，所以，可以根据学生就近入学的上学原则和多边形自身的特点相结合，用多边形来进行学校服务范围的划分（邵艳，2012）。

8.3.3.2　教育资源可达性的评价分析

一般来讲，可达性是指通过一定的交通方式到达特定区域的便捷程度。它是分析、衡量各种服务设施空间布局优劣及其服务范围大小的重要指标之一。教育资源的可达性，是指学生从家（居住地）到学校（教育资源）的难易程度，它可以反映学生在指定范围内可获得的教育资源的多少。教育资源的可达性可以很好地量化衡量特定地区的教育资源分布状况。作为研究城市区域中一定空间范围内基础教育资源的区位配置合理性的重要评价因子，可达性指标反映了服务区位和人口对服务需求之间的联系。具体而言，基础教育资源的空间可达性反映了学龄人口及其所需的教育服务之间的重要联系，通过对基础教育资源供给与居住人口需求空间分布差异性的研究，可以评估区域内各部分学生上学的便捷程度。从学生的角度出发，研究学生获得教育资源的方便程度，从而反映学校的空间布局状况，找出学校教育资源的薄弱环节，实现对学校资源的合理分配，为政府职能部门制定基础教育资源的区域规划提供参考（张霄兵，2008）。

8.3.3.3　城市教育资源空间布局优化

中小学是城市为居民享受均等教育资源所提供的公共设施。合理地布局中小学位置，能够使居住在城市各处的居民都能够享有比较均等的教育资源，避免城市教育资源配置失衡的现象，从而实现教育的均衡发展。同时，政府投资教育类的公共设施——中小学，在实现教育均衡发展的同时，也应考虑经济成本，不能一味地为了追求公平而造成资源的闲置、浪费，这也是实现教育资源合理布局的原则之一。

近年来，中小学空间布局优化的问题一直都是教育领域的热点问题。优化调整学校空间布局，合理配置教育资源，是我国当前基础教育改革与发展过程中的重要内容之一。城市教育资源公共设施布局既要满足资源高效利用，又要满足其公平性，一般来说，需要综合考虑多方面的因素，根据城市居民的平均出行距离进行公共设施数量和规模的设计是比较合理的。因此，应用 GIS 技术，根据所设定的优化目标，结合相关的 LA 模型、区位—配置模型（Location Allocation Model、）、重力模型等，遗传算法（Genetic Algorithms，GA）、泰森多边形法等，对研究区域进行计算分析，以网络分析为基础，通过实际出行距离计算出小学服务区、小学服务人口等要素，进而推算出小学建筑规模，并对学龄人口进行预测，为中小学布局调整提供空间数据支持和科学分析方法，优化城市中小学教育资源在空间上的配置，为设施布局提供解决方案是十分必要的（陈莹，2008）。

8.3.3.4　学校空间分布的可视化表达

在地理信息系统中，利用 GIS 影像数据的现实性和直观性，可以为教育资源空间分布和属性查询提供很好的可视化手段，系统展示教育资源真实分布的影像景观，以展现实际位置的真实场景。影像数据、电子地图数据与各类教育资源数据的无缝集成并支持地理信息系统中的空间检索、空间分析和空间查询功能，可以直观地显示处理结果。空间数据信息的可视化有效提高了空间地理环境信息的表达能力，借助直观、形象、系统的符号以及三维图像等表达效果，直观、鲜明地在地图中展示了教育资源的空间分布状况。同时，也可以通过系统的交互操作，显示查询结果和计算结果，直观清晰地展示教育资源空间分布的实际地理区位和模拟、优化后的显示效果，为教育资源优化配置提供可视化数据信息。

8.4

天津市基础教育资源现状概述

8.4.1　天津市基础教育发展及特点

自"十一五"以来，天津市先后实行了一系列促进教育资源合理配置的政策和建设项目，其中包括中小学装备升级工程、"两免一补"政策、免费提供教科书政策、"校安工程"、现代化标准学校建设等，此外，还推出了教育经费向农村学校和教育资源薄弱学校倾斜的财政政策。这些政策在一定程度上促进了城市和农村间教育资源的合理配置，但是，市内教育资源优质区域和教育资源薄弱区域间的均衡问题仍存在很大的提升空间。

近年来，天津市先后推行了优质高中招生名额向区域初中合理分配的制度，以及对改制学校的清理整顿工作，妥善解决了外来务工子女义务教育问题，实现了外来务工人员子女享有与本市居民子女同等权利，有力促进了天津市基础教育高位均衡发展。在市区，为促进校际间硬件资源方面的均衡配置，天津市采取了学校布局规模调整和规范化学校建设的政策。同时，天津市还采取就近入学、清理整顿改制校和采用联合学区等一系列措施，保证了校际间软资源和软实力的均衡发展。

目前，天津市基础教育已基本实现较为均衡的发展。随着大力推进"义务教育学校现代化建设标准"项目的实施，评估验收了首批所学校；完成了所有农村中小学校舍的安全加固；扎实推进了图书配送工程、新增基础性教学仪器设备达标工程、265 农村骨干教师培养工程。截至 2015 年末，全市共有普通高校 55 所，中等职业教育学校 108 所，普通中学 509 所，小学 849 所。普通中学招生 13.21 万人，在校生 42.70 万人，毕业生 14.23 万人。小学招生 11.09 万人，在校生 60.21 万人，毕业生 8.03 万人。成人高校招生 3.13 万人，在校生 6.89 万人，毕业生 3.32 万人。特殊教育学校 20 所，在校生 3279 人。幼儿园在园幼儿 25.25 万人[①]。

具体来讲，天津市基础教育均衡发展的特点可总结为以下几个方面：

8.4.1.1 加强学校管理，提升学校总体办学水平

加强学校管理主要包括以下三个方面：一是增强骨干教师队伍建设，通过"跨世纪园丁工程"的实施，天津市共培养市、区县两级学科带头人 2000 余名，与此同时，还输送大批中小学市级骨干教师到国家培训基地接受培训。同时，狠抓加强

---

① 资料来源：2015 年天津统计公报。

中小学校长的培养，优选多名校长攻读硕士学位，选派中、青年校长分批赴日、美、欧等国进行业务深造。二是深化人事制度体制改革。近几年来，天津市以人事制度改革为突破口，按照"按需设岗、平等竞争、择优聘任、严格考核、科学管理"的原则，严格实施了教师资格和人员聘任制度。大批业务能力强、发展潜力大的教师走上了教学岗位。三是强化教师深造，大力提高教师的教学能力和业务层次。教师的业务能力普遍得到提高，深造教育已纳入依法治教的轨道。

8.4.1.2　借助信息技术推动优质资源共享

根据天津市政府提出的"以信息化带动基础教育现代化"的战略要求，大力加快实施"校校通"工程，从 2002 年起的 3 至 4 年中，市财政每年拨款 5000 万元，区县财政相应配套 7500 万元，超过 5 亿元的总投资额全部用于实现中小学教育设备的信息化。"十五"期间，配备了 1500 间高规格配置的多媒体网络教室，建成了覆盖超过五百所中小学的规范化校园网络。充分发挥市教委信息资源中心和高速宽带网的辐射作用，构建了一个由市、区县、学校相互联通、服务于高质量教育教学的宽带多媒体城域网，建设了一支理论与能力相结合的教师队伍，推进了信息、技术与学科教学资源的整合，实现了"以信息化带动基础教育现代化"的战略目标。

8.4.1.3　学校数目减少，教育资源一定程度上实现了整合

纵观近五年的教育统计（见表 8-1），不难发现，无论是普通中学还是小学，学校的数目都呈逐年递减的趋势，一方面和近五年学生的数目逐年递减相关；另一方面是天津市推进校舍合并的结果，以此实现教育资源整合和优化升级。

表 8-1　　　　　　　天津市小学相关情况统计

年份	学校数（所）	毕业生数（人）	招生数（人）	在校生数（人）	教职工数	
					专任教师数（人）	合计（人）
2006	1023	106075	82102	536993	39951	47916
2007	1003	105340	86424	537134	38725	46304
2008	993	88171	89027	520997	38474	45850

年份	学校数（所）	毕业生数（人）	招生数（人）	在校生数（人）	教职工数	
					专任教师数（人）	合计（人）
2009	983	91481	81303	507835	37942	44999
2010	956	87178	82550	505895	37317	43990
2011	874	84602	100097	518531	37457	41825
2012	843	86548	102514	532282	37769	41626
2013	838	86133	107372	552116	38275	41939
2014	842	86653	110186	573187	38968	42301

资料来源：天津市教育委员会官网——政务公开——教育统计。

8.4.1.4 基础教育区域间不均衡较为明显

尽管总体上天津市基础教育发展水平实现了大幅提高，也成为其他省，市学习的榜样，但是，如果仔细思考其基础教育区域均衡发展的现实和特点，还可以发现市内六区之间仍存在较大的教育不均衡现象。主要表现在：优质学校空间分布不均衡；教育资源投入不均衡；师资队伍水平不均衡；生源不均衡。

8.4.2 市内六区基础教育均衡发展概况

和平区、河西区、南开区囊括了天津市大部分优质学校，而和平区又在这几个区中位居榜首。和平区拥有全市最好的生源、师资和学校，从2010年天津小学的排名情况来看，三校录取总人数的50%来自和平区，且总人数的45%又来自和平区排名前7名的学校。和平区不但在总分上遥遥领先于其他各区，而且还拥有7所评分超过50的学校，由此可见，和平区依然是天津市学区置业的首选。这与长期以来和平区区委、区政府坚持把全面实施素质教育作为基础教育改革的主题是有着深刻关联的。新形势下，和平区区委、区政府把进一步促进实施素质教育向深度发展，构建区域性素质教育和谐发展的框架体系，作为教育系统和全社会一项十分重要的任务，在学校、家庭、社会教育"三位一体"的实践中，使学校、家庭、社会三方面形成育人合力，不断把实施素质教育推向新的阶段。

学校、家庭、社会三结合举措的落实不仅促进了学校的开放和发展，健全了合力育人的组织体制，进一步完善了学校与家庭、社会的互动机制，同时，学校教育资源还可以向社区辐射，更好地为社区和家庭提供教育服务，促进了社区以及社会的和谐发展。

河东区人口较多，但区县生产总值较低，教育经费支出也就相应较少。近几年为了便于该区学生就学大规模调整了中小学布局，学校总数由 110 所调整为 42 所，逐步形成了规模适度、分布合理的教育布局，但是，也有生源逐渐流向河西区或其他区域的现象，这与该区优质教育资源的缺乏和重点学校数量较少有关。同时，河东区政府坚持将推进义务教育高水平均衡发展作为全面提高基础教育现代化水平、着力促进教育公平的着力点和突破口，坚持"以发展促进均衡，以改革推进均衡"的发展思路，不断探索完善"面向整体，均衡发展；面向全体，全面发展；依法办学，自主发展；遵循规律，可持续发展"的教育发展理念，义务教育均衡发展水平逐年提高。

河西区早在 2002 年就确立了均衡化、个性化、信息化、国际化和终身化的教育发展目标，并将教育结构布局更加合理、个性特色更加鲜明、育人质量更加优化、队伍建设更加完善、教育对区域发展的贡献更加突出、率先实现教育现代化写进《河西区"十一五"教育发展规划》。近年来，河西区以本市"双高普九"规范化学校建设工作和河西区"现代化学校先进校"建设为载体，着力改善每一所学校的办学条件，强化内涵发展，整体提升了教育发展的综合实力。2008 年底，市政府又启动了全市义务教育学校现代化建设标准项目，河西教育乘势而上，确保资金、措施落实到位，在教育现代化的支撑下，尽全力推动义务教育的高水平均衡发展。

2003 年南开区教育局提出创办南开优质均衡基础教育。十多年以来，南开区发展了超过百所优质达标学校，吸收并培养了大批年富力强的教学名师在南开区扎根，4 万余名中小学生得以享受到优质均衡的基础教育所带来的优势。全区中考保送生比例和高分段学生比例全市最高、低分段考生人数全市最少。目前，南开区优质均衡的基础教育已经在整个天津市处于领先地位，树立了自己的品牌。最近几年，南开区抓住了老城厢改造、海河开发、道路建设以及危房改造的重要机遇，撤销合并、改扩建和新建了大量的中小学。2010 年年初，南开区首批启动了 26 所中小学的达标建设，共投入了 3000 万元对学校的硬件环境进行了升级改造，投入 1500 万元为这些学校更新购置教学设备仪器、多媒体教室和书籍等。截至目前，全区中小学中西部地区学校的办学条件得到了明显改善，成为全市基础教育均衡发展的典范。

河北区虽然不是传统的文化强区，但近几年却作为后起之秀表现突出。这至少表现在三个方面：一是教育经费的投入。根据 2009 年各区教育经费支出的统计中，河北区以 69215 万元紧跟和平区位居第二。根据河北区教育事业"十一五"发展规划中提到的"教育优质均衡发展行动计划"，河北区首先实施基础教育布局结构调整项目，根据该区城市建设布局和生源预测，结合市教委对各类学校编制要求，将该区学校数量调整为：7 所普通高中、15 所初中、25 所小学和 14 所幼儿园；其中恢复打造历史名校 2 所，再创建示范性幼儿园 1～2 所、优质高中 1～2 所，新建中小学 3～4 所，形成功能完善、布局合理的基础教育体系。二是实施政策支持、情感关注项目，重视"机制、师资、投资"三个环节，给予基础相对薄弱的学校政策倾斜和多角度关注，注重学校的均衡发展、内涵发展和特色发展，提高每所学校的办学质量。三是实施义务教育学校现代化标准建设，力图在学校管理、教学装备、师资队伍等方面达到现代化标准。实施示范性高中综合实力建设，进一步提高办学水平，增强辐射力和影响力，更好地发挥示范性引领作用，使该区高中示范校教育质量达到全市一流水平。

红桥区作为天津教育事业的发源地，肩负着传承历史优良传统的重任。但由于受制于经济发展，近些年其基础教育发展相对其他区较为落后，教育经费的投入也位居各区末位，但也不能忽视该区在基础教育均衡发展方面取得的进步。在最近几年，红桥区基础教育实现了跨越发展，基础教育各项指标均处于全市领先地位：残疾儿童入学率达到 100%，高中阶段教育普及率达到 100%，义务教育入学率达到 100%，3～6 周岁儿童入园率达到 87.22%。此外，红桥教育局还率先设立了新闻宣传科，在每个学校设立了通讯员，及时加强学校与外界的沟通学习。通过让每个学校承办以节日为主题的活动，加强学校的特色化建设，增强每个学校的自信心和发展动力，促进区域教育优质均衡发展，并通过加强学校文化内涵建设，大力实施"三杯一奖""三名工程""千百十"骨干教师培养工程，设立特级教师工作室，分科室、突出重点、分层次地培养优秀教师、优秀班主任和优秀校长。鼓励在职教师接受继续教育，深入推进素质教育，师资队伍整体素质不断提高，全面提升了红桥区教育的综合实力。

表 8 – 2   2014 年天津市市内六区基本情况

指标	和平区	河东区	河西区	南开区	河北区	红桥区
常住人口（万人）	37.81	98.85	101.52	116.91	90.84	58
户籍人口（万人）	41.08	74.65	81.88	86.14	62.65	51.82
区县生产总值（亿元）	720.37	280.10	702.82	544.22	383.69	174.89
区县生产总值增速（%）	9.40	6.90	8.00	7.60	9.20	9.80
区级一般财政支出（万元）	74.88	59.88	64.88	54.95	57.68	38.04
教育经费支出（万元）	23.08	15.88	22.24	13.03	17.33	12.21
小学数量（所）	21	23	32	31	23	21
小学在校学生数（万人）	2.61	2.27	3.37	3.22	2.26	1.52

资料来源：2015 年天津统计年鉴。

8.5

基于泰森多边形的天津市南开区小学学区重划研究

8.5.1 泰森多边形

泰森多边形，又叫冯洛诺伊图（Voronoi diagram），得名于 Georgy voronoi，由一组连接两相邻点直线的垂直平分线组成的连续多边形组成。1908 年荷兰气候学家泰森（Thiessen，1908）提出了一种根据离散分布的气象站的降雨量来计算平均降雨量的方法，即将所有相邻气象站连成三角形，作这些三角形各边的垂直平分线，于是每个气象站周围的若干垂直平分线便围成一个多边形。用这个多边形内所包含的一个唯一气象站的降雨强度来表示这个多边形区域内的降雨强度，并称这个多边形为泰森多边形。它有三条特性：第一，每个泰森多边形内仅含有一个离散点数据；第二，泰森多边形内的点到相应离散点的距离最近；第三，位于泰森多边形边上的点到其两边的离散点的距离相等。泰森多边形可用于定性分析、统计分析、邻近分析等，参见图 8 - 1。

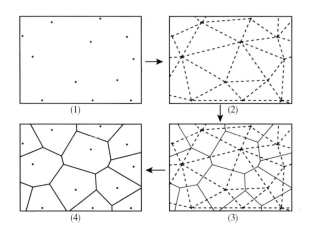

图 8 - 1　泰森多边形

8.5.2　学区重划的思路与方法

　　基础教育资源的均衡化体现了教育公平思想的内在要求。合理划分学区片，有利于以教学资源学区片为单元有效进行合理配置，开展教育管理，从而有利于提高教育整体效益并最终实现基础教育均衡化发展的目标。目前的学区片划分大多是依据学校所在的行政区划，很少考虑学校师资、教学质量以及其他教育资源所造成的差异。由于没有考虑优质学校的资源优势，现有的学区划分方法容易造成优质教育资源得不到充分利用而产生资源浪费，同时较为落后的学区更加难以发展。通过对学区重新进行划分有助于解决上述问题（邵艳，

2012）。

空间可达性、效率和公平是学区重划的三个基本评估要素，同时也是划分学区的目标和准则。空间可达性指标可以反映学校及其设施分布的公平性，但在体现学校规模效益特性方面有所欠缺，所以仅仅考虑可达性还是不够的。区域间教育资源，尤其是优质教育资源空间分布不均衡是既成现实，在短期内难以改变。因此，在进行学区重划时需要以优质教育资源均衡分布的思想为指导，兼顾经济学、社会学的一些基本的常识性原理来进行学区重划。此外，政府、学校、教师、学生、学生家长等相关利益群体间还需要达成共识，在此基础上借助技术手段，计算最优的学校数量、最佳的学校位置以及公平的资源分配方案。

本节所用的学区重划方法是空间分析方法和土地利用规划学制图的方法。主要步骤如下：

（1）导入南开区的卫星图作为参考底图（见图 8 - 2）。

图 8 - 2　南开区卫星图

（2）基于该底图定位出南开区的行政边界、南开区小学学校的位置并根据各学校招生简章提取相应的学区片，以此作为后续分析的基础资料（见图8-3）。

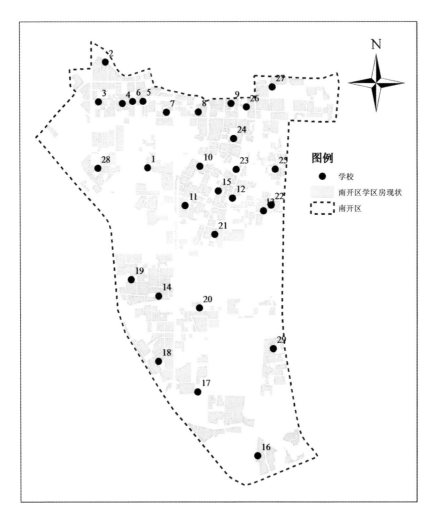

图8-3　南开区学区片及学校位置

（3）使用GIS邻域分析工具中近邻分析功能，依据小学及学区片两个图层，模拟按照出行距离最短选择小学的情况（见图8-4）。这一功能将计算出距离每一个学区片最近的小学位置，与学校图层相对应，并保留相关属性数据；通过近

邻分析这一过程依据就近入学的原则对学区进行初步划分，图中每一处序号对应
的区域代表一个学校的学区。可以看出由于学校空间分布的不均衡，学区大小相
应存在较大差距。

图 8 - 4 基于就近入学原则的学区划分

注：每一处序号代表一所小学。

（4）在地理处理菜单中选择"环境设置"选项，设置处理范围（见图 8 - 5）。

（5）在 Arc Toolbox 中选择 Analysis Tools—邻域分析—创建泰森多边形，选
择之前创建的学校图层作为输入要素（见图 8 - 6）。

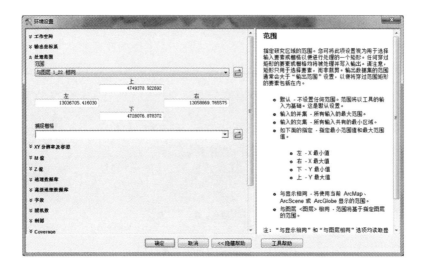

图 8 - 5　GIS 中的环境设置

图 8 - 6　泰森多边形参数设置

（6）将创建完成的泰森多边形以南开区的行政边界进行剪切，模拟按照服务范围最大化原则划分小学服务范围的情况。通过泰森多边形划分学校服务范围（见图 8 - 7）。

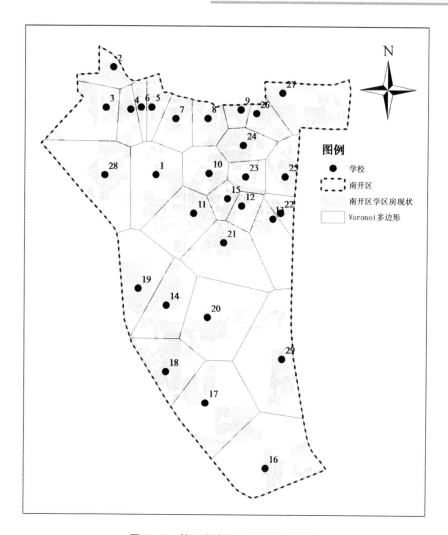

图 8 - 7　基于泰森多边形划分的学区

（7）将学区片与学校服务区进行叠加分析，根据实际情况对生成后的学区进行调整，参考邻近分析中对不同学区片最近学校的分析，同时避免一个学区片被两块泰森多边形分割的情况。最终得到较为合理的学校学区划分，此时，每一个学区片都被划分到最近的学校服务范围内（见图 8 - 8）。

图 8-8 南开区公办小学学区重划构想

注：每一处序号代表一所小学。

8.5.3 基于 GIS 的学区重划整合构想

由于历史及经济发展水平等各方面原因，天津市市内六区基础教育资源的空间分布并不平衡，传统行政区划对区域间教育资源分布的影响非常明显。教育空间集聚理论也很好地验证了这一点：教育的空间集聚功能可以促使城市空间布局优化，不断推进城市各生产要素合理配置，使布局结构更趋于合理高效的状态。

基于这一理论本书尝试利用 GIS 这一地理信息系统工具,以南开区为例,尝试打破原行政边界,以期重划各学校之间的教育边界,使优质教育资源通过学区划分在空间上得以均衡分布。

南开区区公办小学学区现状如图 8-9 所示。

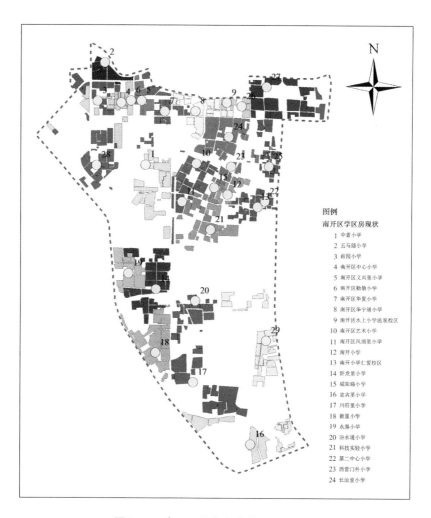

图例
南开区学区房现状
1　中营小学
2　五马路小学
3　前园小学
4　南开区中心小学
5　南开区义兴里小学
6　南开区勤敏小学
7　南开区华夏小学
8　南开区华宁道小学
9　南开区水上小学温泉校区
10　南开区艺术小学
11　南开区风湖里小学
12　南开小学
13　南开小学仁爱校区
14　卧龙里小学
15　咸阳路小学
16　宜宾里小学
17　川府里小学
18　新星小学
19　永基小学
20　汾水道小学
21　科技实验小学
22　第二中心小学
23　西营门外小学
24　长治里小学

图 8-9　南开区公办小学学区划分现状

由图 8-9 可知,目前的学区划分存在着诸多不合理的地方。首先,部分学区与对应的学校距离过大,甚至要跨越其他学校的学区;其次,现有的学区划分往往将同一个小区划分为同一所学校的学区，这样变相加剧了教育资源的集中，并表现为部分小区的房价长期居高不下，小学优质教育资源分布在传统划分方式下并不均衡，需要对学区重新划分来促进优质教育资源的均等化。

基于此，本章提出通过学区重划促使小学教育资源均等化的构想。利用 Arc-GIS 平台构建出打破传统划分方式的教育重新分区图（见图 8 - 10）。在该图中，

图 8 - 10 南开区公办小学学区重划构想

注：每一处序号代表一所小学。

学区的划分没有受行政区划或是居住小区边界的影响，决定学区划分的主要因素是区域内各学区片到各个学校的距离远近及学校服务范围。根据泰森多边形的几何特性，同一个学区内的学区片到相应的学校的距离最近，由此完成对整个市内六区的划分。

8.6

总　结

　　促进天津市基础教育资源的均衡配置是天津市构建和谐社会的重要基础，同时也是事关民生的重大问题。天津市政府十分重视基础教育均衡发展工作，也提出相应的改革方案和发展目标。可是，作为改革方案实施的前提，准确有效地评估基础教育资源配置情况现状，是一个十分复杂的过程。

　　本章立足于区域基础教育均衡发展的理念，以教育资源均等化为切入点，以天津市市内六区为研究区域，对区域内基础教育资源配置空间均衡化进行研究，分析了各区在教育资源、投入总量、师资队伍以及生源等各个方面的差异；同时，利用 GIS 空间分析的功能，选取天津市南开区区公办小学为例对其学区进行重新划分，探索通过学区重划促进教育资源均等化的方法。

第9章

基础教育资源资本化成因及外部效应分析

探讨我国城市基础教育资源资本化成因，是寻找解决城市基础教育资源资本化问题的逻辑起点，为解决资本化问题提供方向。对其所产生的负外部性进行剖析，从侧面反映解决城市基础教育资源资本化问题的必要性。学区房价格高企是资本化所带来的负外部性的最直观表现，高房价背后的社会问题往往更加值得引人深思。

本章的第一部分从公共产品理论出发，界定了基础教育的公共产品属性，决定了基础教育制度的设计原则和教育资源的供给方式。第二部分，通过对基础教育制度的梳理，探究基础教育资源资本化的制度成因。第三部分，从市场因素考虑基础教育资源的资本化成因。第四部分，深入分析基础教育资源资本化负外部性引发或加剧的社会现象。

9.1

基础教育的产品属性界定

对基础教育产品属性的讨论是建立在公共产品理论基础上的。美国著名经济学家萨缪尔森在1954年最先系统地论述了公共产品理论，此后在经济分析（特别是公共选择和公共经济学领域）中被广泛运用。

全部社会产品可以划分为三类：公共产品、私人产品、准公共产品。按照萨缪尔森（1996）的解释，"公共产品是这样一些产品，不论每个人是否愿意购买它们，它们带来的好处不可分开地散布到整个社区里。相比之下，私人产品是这样一些产品，它们能分割开并可分别地提供给不同的个人，也不带给他人外部的收益或成本。公共产品的有效供给通常需要政府行为，而私人产品则可以通过市场进行有效分配"。根据公共产品的定义，可以归纳出公共产品的两个特征：一是消费的非竞争性，即增加一个消费者的边际成本为零，或增加新的消费者后不会减少原有消费者的消费水平；二是消费的非排他性，即受技术或成本的限制无法排除任何人（包括不付费者）的消费。同时具有这两个特征的产品（包括服务）就属于公共产品，典型的公共产品有国防、社会治安等。与公共产品相反，私人产品是同时具有消费的竞争性和排他性的产品，如食品、衣物等生活用品。介于公共产品与私人产品之间的产品，即消费上具有部分的竞争性和排他性的产品，属于准公共产品。必须强调的是，按公共产品理论对产品属性的分类，是从产品的消费特性出发的。

西方经济学家大多将教育视为准公共产品，因为许多类型的教育，增加受教育者的数量会产生拥挤的现象并且导致师资、教学设备不足等，使边际成本大于零，而且从技术上（如提高收费）也可以实现排他。我国学者厉以宁（1999）、袁连生（2003）等将教育产品分为五类：一是纯公共产品性质的教育服务，如义务教育、特殊教育等；二是基本具有公共产品性质的教育服务，如高等教育、中等专业教育、高中教育、职业技术学院教育、学前教育等；三是准公共产品性质的教育服务，如社会团体、集体组织、协会建立的各种学校、培训班、补习班等；四是基本具有私人产品性质的教育服务；五是纯私人产品性质的教育服务。为了清楚地认识教育的公共产品属性，首先将教育分为义务教育和非义务教育，再将非义务教育分为普通高中教育和高等教育。在全世界范围内，各国都通过立法规定义务教育是全体适龄儿童享受的基本权利，将义务教育视作政府的责任，是政府提供的一项基本公共服务，并把义务教育所需经费纳入政府财政预算中，以保证政府财政对义务教育的充分供给。由此看来，义务教育在各国均属于一种制度安排，使义务教育具有了纯公共产品的两个特征（孙国英等，2002）。各国义务教育阶段学校从设立到运行的费用都是由政府承担，不存在将任何一个适龄儿童排斥在义务教育范围之外的现象，具有纯公共产品的非排他性特征。此外，义务教育的一个基本原则是实现教育的公平，一部分学生接受义务教育并不妨碍其他学生同时接受义务教育，具有纯公共产品的非竞争性特征。对于基础教育阶段来说，是否接受教育，接受哪一级的教育不再是个人和家庭的一种私人选择，而是全体适龄儿童应有的权利，是国家、学校和家庭应尽的义务和责任，此时，个体的教育需求已成为全社会整体教育需求不可分割的组成部分。

外部效应是与公共产品密切相关的一个概念。当外部效应存在时，市场进行资源配置就不一定有效，需要政府干预。基础教育具有更多纯公共产品的特性，具有很强的正外部性，由政府提供是合理的选择，但并不是唯一主体。政府作为社会公众和公共利益的代表，有责任促进公共产品品质的改善和公平分配，增进整个社会的福利水平，改善公众的生活环境和生活质量，为了公共利益对市场进行规制等等。但政府基础教育的供给比例却是衡量基础教育供给结构是否合理的关键，为了保证基础教育的公平性，政府应是供给的主体部分。基础教育的非财政供给在各国也是非常普遍的，但各国政府基础教育出资的比例有所不同。一些发达国家已经普及了高中教育，发展中国家即使在基础教育的供给上也面临着国家财力的制约。因此，对基础教育产品的供给，如果完全由政府提供，当政府因财力不足导致其达不到预期的数量和质量时，就会限制社会释放对基础教育的需求。人们对教育的需求还取决于其收入水平和需求偏好，如果收入水平高又对高质量教育有强烈需求，在单纯由政府提供的制度下，这种需求就无法满足，从而产生了政府免费提供教育反而有可能减少教育消费的悖论，导致资源配置的低效率（孙国英等，2002；朱萍，1999）。

9.2

基础教育资源资本化制度溯源

基础教育资本化源于优质教育资源的稀缺和配置不均以及不同区域教育资源的差异性和排他性。基础教育资源作为一项重要的公共产品，政府通过行政权力对其进行配置。区域间、城乡间、校际间、不同群体间的基础教育发展不均衡现象，除了受到经济社会、教育投入、师资质量等因素的影响外，更多的研究认为，制度因素是最主要的原因（袁振国，2005；陈初越，2005；陈心慧，2006）。我国基础教育发展政策、资源配置政策以及重点校政策等一些重大教育政策都存在着明显的城乡差异，直接导致了城乡教育差距的不断拉大（袁振国，1999；

张家军、杨浩强，2012）。杨东平（2000）等的研究表明：除历史原因外，传统的"以中央为主、忽视地方差距"的"城市中心"价值取向的资源配置模式以及"地方负责、分级管理"的运行体制是导致基础教育资源差距的制度根源。谈松华（2008）指出，基础教育资源配置差距主要原因在于教育管理与财政体制的错位、重点学校制度和地方政府的政绩工程以及教育资源配置不公等方面。

9.2.1　实行"分级办学、分级管理"的基础教育体制

"分级办学，分级管理"体制，是适应改革开放以来经济和社会发展需要的产物，作为一种竞争性的制度安排，表现出明显的"效率"倾向。1978 年改革开放以来，基础教育投资体制逐渐由中央统一拨款过渡为中央和地方"分级包干"的拨款模式。其标志就是 1980 年国务院颁布的《关于实行"划分手指、分级包干"的预算管理体制的暂行规定》。1985 年的《中共中央关于教育体制改革的决定》提出了基础教育的要求与内容应该因地制宜的政策框架，并将全国分为三类地区，对一二类地区提出了在 1990 年和 1995 年普及的时间表。显然，在对待基础教育普及的问题上选择的是一种"好的积极先上，差的慢慢跟上"的思路。因此，早在十几年前，全国已经有 40% 的地区普及了基础教育，而现在我国西部等贫困地区仍然在对基础教育工程进行攻坚。在基础教育管理的问题上，该文件还明确了"基础教育管理权属于地方，实行分级办学、分级管理"的原则。此外，1986 年《中华人民共和国义务教育法》规定"实施义务教育所需事业费和基本建设投资，由国务院和地方各级人民政府负责筹措，予以保证。"我国"三级办学、两级管理"（乡、县、村三级办学，县、乡两级管理）和"以乡为主"的基础教育制度由此得以形成，并一直持续到 2001 年。这种制度安排的长期实施，在带来地方基础教育快速发展的同时，也带来了一系列的衍生问题。基础教育发展水平受制于地方经济发展程度，各地的教育投入不同、制定的教育政策差异，导致基础教育发展程度参差不齐，形成了各地教育资源的差距。

实行"以县为主"是我国基础教育调整管理制度的一次重大变革。2001 年

颁布的《关于基础教育改革与发展的决定》，将基础教育财政体制由"以乡为主"改为"以县为主"。为了进一步解决基础教育资源配置差距问题，教育部于2005年印发了《关于进一步推进义务教育均衡发展的若干意见》，随后国务院又发出了《关于深化农村义务教育经费保障机制改革的通知》（简称"新机制"）。"新机制"的实行是对"以县为主"政策的进一步补充。2010年，教育部更进一步印发了《关于贯彻落实科学发展观进一步推进义务教育均衡发展的意见》，并提出了实现基础教育均衡发展的路线图和时间表，即"力争2012年实现区域内义务教育初步均衡，到2020年要实现区域内义务教育基本均衡"。但这些政策的出台都只是"以县为主"政策的补充和微观调整，并没有跳出"以县为主"背景下基础教育投入的整体格局。

9.2.2 效率优先下的"重点制"

1978年十一届三中全会以来，我国的建设与发展逐渐形成"以经济建设为中心"的发展路径，经济、社会、文化等方面的发展，要求大量的精英人才为现代化建设服务。面对当时我国经济衰退、资源有限的现实条件，为了迅速培养人才，就必须集中有限的教育资源，有重点地发展基础教育。1977年，邓小平在尊重知识、尊重人才的讲话中谈道："办教育要两条腿走路，既注重普及、又注重提高；要办重点小学，重点中学，重点大学"。在邓小平对"重点制"主张的推动下，教育部颁发了一系列促进"重点制"发展的政策性文件，在实施路径、经费投入等方面加以指导和保障。1978年，教育部颁发了《关于办好一批重点中小学的试行方案》，要求各地集中力量切实办好一批重点中小学。同时，对以后的重点中小学建设做出长期规划：全国重点中小学形成"小金字塔"结构，并在经费投入、办学条件、师资队伍、学生来源等方面向重点学校优先倾斜，由此形成了国家级、省级、地级、县级"层层重点"的重点学校格局。此后，教育部于1980年与1983年，分别颁布《关于分期分批办好重点中学的决定》《关于进一步提高普通中学教育质量的几点意见》，强调办好重点中学的必要性与积极作用。这两项政策性文件确立了重点中学在中学教育中的骨干地位，把办好重点中学视为迅速提高中学教育质量的一项重要战略措施。办好重点中学，不仅能够更快更好地培养人才，而且能起到示范作用，辐射并带动一般学校前进，从而提高中学教育的整体质量。"重点校"政策一直延续到 20 世纪 90 年代中期，随着国家教育委员会做出在全国建立示范高中决定的提出与落实，大批重点小学、重点中学在全国各省、市、自治区乃至县先后兴建与发展，标志着基础教育阶段"重点制"政策达到顶峰，"重点校"格局最终形成。

1993 年，中共中央、国务院印发并实行《中国教育改革和发展纲要》后，"重点校"格局逐步发生改变。《中国教育改革和发展纲要》提出 20 世纪 90 年代在我国基本实现九年义务教育的目标，指出，"在地区发展格局上，从各地经济、文化发展不平衡的实际出发，因地制宜、分类指导，鼓励经济、文化发达地区率先达到中等发达国家年代末的教育发展水平，积极支持贫困地区和民族地区发展教育"。《中国教育改革和发展纲要》强调了大力加强基础教育的重大意义，确立了基础教育在我国整个教育事业中的重要地位。同时，对贫困地区与弱势学校做出资源倾斜，旨在进一步缩小教育差距。此后，我国相继颁布一系列法规与政策，从缩小生源差距、资金与政策扶持、加强薄弱学校建设三方面，完成由"重点制"转向"教育均衡发展"的基础教育政策路径转变。然而，"重点校"通过择优录取学生和长期受到政府资源的有限倾斜，已经积累了深厚的基础和良好的社会声誉，基础教育发展不均衡格局已经形成。

9.2.3　利益主体博弈

某一经济主体的决策不但受到其他经济主体决策的影响，而且还会反过来影响其他经济主体的决策。一个制度得以顺利实施的必要条件就是该项制度安排是当时约束条件下社会主体的博弈均衡。而通过博弈建立的制度也往往是服务于对于新制度具有谈判能力的社会主体。因此，现实中许多制度并非都是有效率的，而且制度变迁也必然是社会主体之间不断博弈的过程和结果。制度变迁虽然根源于制度供求的非均衡，但非均衡并不一定导致制度变迁。新的制度供给能否实现取决于多种因素，不仅取决于制度变迁的收益与成本的对比，还受相关利益主体的博弈格局的影响，而后者往往起着关键性作用。

我国基础教育制度变迁过程也在很大程度上受相关利益主体博弈因素的影响。新制度经济学研究认为，只要是推动制度变迁或对制度变迁施加了影响的单位，都是制度变迁的供给主体。由此而论，在基础教育中，影响制度变迁的相关利益主体主要有：家长或学生、教师、学校、政府及其相关决策者。其中，政府是利益博弈的主导力量，因而是制度变迁的主要供给者，尤其是各级政府之间的博弈在很大程度上决定了我国基础教育制度的变迁。

承担不同的基础教育投资责任，就意味着该级政府及其决策者成本和收益对比会发生变化，最终影响到各级政府的边际效用。这里的成本包括制度成本和决策者的私人成本，收益也包括社会收益和决策者的私人收益两个方面。在改革开放之初，中央政府为了减轻财政负担，充分利用地方政府的财力，改变了原来"大包大揽"的基础教育投资体制，将投资责任层层下放给了地方政府，直到下放到"县、乡"两级最基层政府为止，最终形成了"地方负责、三级办学、两级管理"的基础教育体制。

事实上，地方政府难以承担如此大的财政压力，却又必须承担基础教育投资责任，以至于纷纷负债运行。一些地方甚至通过乱收费的办法又将投资责任转嫁给受教育方。同时，受教育者及家长群体之间、教师群体之间的博弈也影响到基础教育的制度变迁和地方政府对各类学校投入的多寡。城市学校及其教师代表着市民包括政府决策者的利益，城市学校教师也较农村学校教师更具发言权，因而在博弈过程中处于强势地位，这就逐渐演化形成了城乡不同等的二元教育投资体制。

随着这种博弈结果引致的种种社会矛盾和负面影响，例如，地方政府负债实在太重、农村教师工资拖欠严重、学校办学差距扩大等等，不仅制约了基础教育均衡健康发展，导致教育质量和资源配置效率低下，还使得社会矛盾不断激化，既影响到社会和谐，也威胁着经济社会的可持续发展。在这种背景下，中央政府对基础教育投入体制调整为"以县为主"。这一制度变迁实际也是前面各利益主体继续博弈的结果。然而，其仅仅是中央政府对原来制度所作的最低边际调整，对原制度所导致的问题和矛盾只是稍有缓解作用，并未能从根本上加以解决。

9.3

基础教育资源资本化的市场因素

9.3.1　"学区房"供给无弹性

赫尔伯和迈耶（Hilber and Mayer，2009）认为由于土地资源的稀缺性致使教育资源溢价难以确定。布拉辛顿（2002）认为在 Hedonic 模型框架内学校的资本化程度也取决于住宅是否处于学区内部或边缘地带。

在市场交易中，对于教育水平有更高偏好的购房者更加愿意为高质量学校的"学区房"付出更高的价格，由于短期内学区范围内的住宅供应量是固定的，可以假定短期内"学区房"供给是完全无弹性的。基于此理论，随着学校质量的提高，购房者之间的竞争会造成住房市场供给不足，从而抬高价格。

9.3.2　消费者偏好差异性

购房者对学校质量和邻里特征是存在偏好差异性的，对此大量文献展开了论述和研究，例如拜耳等（Bayer et al.，2007）认为在学校和邻里特征的偏好程度上购房者存在着很大的差异性。

如果把较高的学校质量看作一种奢侈品，对于相同的学校质量边际增量，购房者愿意为高学校质量的边际增量支付更多。在较低水平的学校质量区间内，由于边际效应递减规律，学习质量的非线性效应对应的曲线斜率递减，在学校质量超过一定水平后，曲线斜率是递增的（如图 9 - 1 所示），所以基础教育资源会以非线性方式资本化至"学区房"价格中。

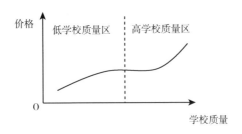

图 9 - 1　学校质量非线性效应图

9.4

基础教育资源资本化的负外部性

一方面，基础教育资源质量差异和教育制度背景一定程度上决定着教育资源资本化程度；另一方面，基础教育资源资本化反过来又会加深教育资源的不均衡发展并产生强烈的负外部性，引发或加剧了诸多社会问题。

9.4.1　加剧基础教育资源配置不均衡

看似公平的"就近入学"制度直接导致了教育资源的资本化，进一步加深了基础教育资源配置的不均衡，主要体现在三个方面：第一，城市教育可获得性的不均衡。教育资源资本化使得优质学区内房价远远高于普通学区房价，许多购房者对于优质学区只能"望房兴叹"。对于高收入人群而言，高房价则不会成为他们享受优质教育的障碍。所以教育质量溢出价值导致了不同收入水平的人群在教育资源获取上存在差异。第二，"级差收益"错配。在就近入学制度背景下，教育质量溢出价值实际上将原先相对公开透明的择校费转移到了住宅价格中。高企的优质学区房价格对弱势群体的挤出效应凸显，优质基础教育资源往往被社会强势阶层获取，教育资源的溢出价值本应转换为政府的教育投入，现实情况则是绝大部分的"级差收益"被房东和开发商攫取。第三，教育寻租问题。基础教育资源质量过度资本化带来的高企房价，成为众多普通家庭享受优质教育资源的壁垒，迫使部分家长通过"教育寻租"让孩子能够享受高质量教育。

9.4.2　对学区内住宅价格产生辐射效应

城市公办小学由于其办学质量和交通便捷程度等差异，对其片区内住宅价格的辐射程度不同。由于基础教育的强制性特点和家长对教育的重视，以及基础教育资源分配不均衡，引起优质教育资源供不应求。然而，片区入学政策的招生限制，使得家长只能通过选择居住区来间接择校。基础教育资源的差异引起学区内住宅价格的空间差异并通过供需理论达到均衡。反过来，住宅价格的差异某种程度上反映了基础教育质量的差异，通过反馈作用，住宅价格的差异性又加剧了对优质教育资源的竞争。其辐射效应机理如图 9－2 所示。

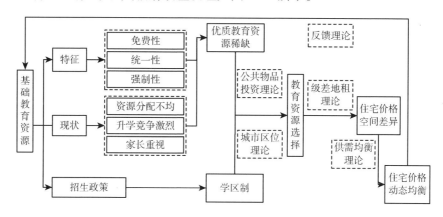

图 9－2　基础教育资源对学区内住宅价格辐射效应机理

资料来源：笔者整理。

9.4.3　加剧软消费挤兑效应

随着社会就业竞争加剧，更多的城市居民把子女教育列为消费意向第一位。在收入有限的情况下，高价购买"学区房"引起居民其他消费支出的减少，进而影响其他产业的发展，会对经济发展产生负面影响。另外，大多数"学区房"年代已久且处于老城区，其具有的超高价格活跃了市场，然而高昂的拆迁成本使政府很难将其进行功能性改造和拆迁，影响了旧城改造和城市规划进程。

9.4.4　对居住空间分异产生影响

城市居住空间分异是家庭择居行为结果的统一体现。择居行为的市场化，使得不同特征的人群在选择住房时表现出自主性，形成居民择居意愿和行为上的多样性和复杂性。不仅表现为城市中不同地域居住空间质量、实体形态的差异，更体现为收入状况、置业背景、文化取向等特征相近的居民趋于聚集，而相异的居住空间分布则趋于分化、隔离。我国现行的住房制度改革一定程度上加剧了社会阶层分化下的居住空间分异程度，而基础教育学区制的实施，助推了以教育质量差异为层级，以家庭收入差异为壁垒的居住空间分异的形成。

9.4.4.1　助推学区进入壁垒的形成

在我国，以小学为代表的基础教育资源配置仍不均衡，"就近入学"政策衍变出"以房择校"的变相择校方式，"学区房"成为获得教育资源的"通行证"。由于教育资源以非线性的方式资本化至"学区房"价格中，拥有优质教育资源学区的资本化程度明显高于教育质量相对较低的学区，致使不同学区形成以学区房价格为显化形式的进入壁垒。在目前房价高企的背景下，低收入家庭子女大多进入壁垒较低的学区，享受不到优质教育资源，一定程度上加剧了教育不公平现象。

9.4.4.2　加剧了社会分层和区域藩篱的形成

教育质量的溢出价格主要从两个方面加剧了社会的分层：一方面，教育溢出价格进一步扩大了居民收入的差异。众多研究显示，教育质量与居民收入呈显著正相关，即更高的教育质量会带来更高的居民收入水平，由上文所述可知，教育质量溢出价格会造成因收入不同的教育资源可获得性差异，而这种差异则会进一步扩大收入差距，产生"马太效应"。另一方面，教育溢出价格会造成区域分层。从区域环境角度看，教育质量空间溢出价格使得优质学区是高收入人群集聚地，为满足该类群体需求，区域配套设施建设必然会得到迅速发展，整体区域社会环境会优于其他区域。从区域经济角度看，教育质量的空间溢出价格带来了房地产市场的繁荣，拉动了该区域的经济增长。该区域经济的增长又会促进该区域教育的发展，如此形成区域内的良性循环，随着经济的发展，区域间差距不断扩大，最终形成区域经济藩篱。

9.5

总　　结

本章从制度根源与市场因素两个方面对基础教育资源资本化进行成因分析，研究发现影响教育资源高度资本化的关键因素，主要包括初始追求效率的教育制度安排、"学区制"配套政策不完善、"学区房"供给无弹性以及消费者偏好差异性。具体而言，即追求效率的教育制度安排导致基础教育资源差距的形成，奠定了现今教育发展不均衡的格局；"学区制"相关政策配套不完善容易造成弱势学区得不到良好发展，教育不均衡状况难以有效改善，从而限制其资本化程度；短期内"学区房"供给完全无弹性的前提下，随着学校质量的提高，购房者之间的竞争会造成住房市场供给不足，从而抬高价格；除此之外，购房者对学校质量和邻里特征的消费偏好差异性也会致使基础教育资源资本化。

在上述关键因素的影响下，基础教育资源资本化产生并出现各种负外部性。教育资源的资本化通过对城市居住空间分异的影响，对学区内住宅价格产生辐射效应等作用，导致诸如加剧基础教育资源配置不均衡、软消费挤兑效应、社会分层和区域藩篱等负外部性。总之，通过对基础教育资源资本化成因及外部效应的分析，可以较为全面地认识与理解基础教育资源资本化。在此基础上，有利于针对"学区制"推行过程中如何有效均衡布局基础教育资源等问题提出治理对策与建议。

第 *10* 章

基础教育资源均衡布局策略探讨

基础教育资源的配置不均衡与居民对优质教育资源需求之间的矛盾是制约我国教育事业发展的主要问题，本书通过测度城市公办小学质量资本化程度，分析基础教育资源空间布局均衡性，为缓解基础教育资源配置不均衡问题提供了一个新视角。

基础教育资源配置不均衡，不利于我国推进基本公共服务均等化，难以发展更高质量更加公平的教育。随着教育改革的深化，为促进基础教育资源均衡布局，完善基础教育资源配置机制、调整学校规划布局、加强教育督导和考核、加大对教育薄弱区的经费支持，是实现基础教育高水平均衡发展的有效途径。

10.1

改革基础教育资源管理机制，完善"学区制"

随着新型城镇化的不断推进以及房地产市场的逐渐发育，基础教育等公共品对房价的影响逐渐增大。"学区制"等政策的有效实施，前提是基础教育优质均衡发展。当前，优质基础教育资源不足且配置失衡，"学区制"难以完全实现其设计初衷。因此，需要充分考虑房地产市场在基础教育资源配置过程中的作用，并且对现行的各类教育均等化政策进行重新评估。通过创新教育资源管理模式，实现教育资源的交流与共享，将有效缓解学区之间的教育差异化程度，促进"学区制"政策制定初衷的实现。

10.1.1　以民办学校为抓手，规范教育市场发展

当前我国教育市场发展不充分，需要加快民办学校建设，完善教育市场体系，以此更加有效率地均衡配置资源，这需要健全的制度体系来规范市场主体尤其是民办学校的行为。在缺乏充分制度和法规约束的情况下，民办学校以逐利为目的面向富裕家庭广泛招生，收入较低的家庭则成为一般公立学校的服务对象，两者之间形成教育市场分割，最终未能形成实质性的竞争。政府需保障社会力量办学主体的平等地位，为民办学校发展创设良好环境，努力形成促进民办教育发展的强大合力。一是加大政策扶持，在学校基本建设、师资力量、税费优惠等方面予以支持；二是加强规范管理，重点监督民办学校公开办学信息、健全财务管理、防范办学风险等方面；三是细化招生办法，放开民办学校自主招生权利，满足不同层次生源的差异化需求。

10.1.2　加大薄弱区教育投入，探索住房增值反哺机制

地方教育的筹资机制和支出体制的变革，旨在保证地方的教育投入。一方面，在中央地方分税制的基础上，加强中央对地方财政的监督并制定相应的激励政策，保障地方政府的教育支出。例如，根据各地方经济发展水平，制定最低教育经费支出标准，差额部分可由省级财政负担。另一方面，"学区房"的溢出价值部分来源于政策对基础教育资源的大力投入，因此应开展基础教育资源资本化水平测度、优质基础教育资源带来的住房增值识别工作，探索住房增值收益合理分配机制，用地方政府转移支付的方式投入教育，均衡各地教育经费的投入。

10.1.3　合理放松"禁止择校"政策

择校现象的普遍存在，是当前优质教育供求关系矛盾的直接反映，具有一定的合理性和必然性。政府不应当"一刀切"地全面否定择校现象，而是需要对

其进行合理引导。从招生标准角度看，学校在保证所属学区内人群都享有就近入学权利后，就应当考虑招收择校生。从择校费用角度看，其一，政府应对不同学校进行评级，根据评级结果制定相应的择校费用征收标准。其二，择校费用不应全部交由学校管理，可以使其作为一种财政反馈机制交由地方政府统一支配，通过转移支付手段向弱势学区或学校进行补贴，促进学区间和学校间的均衡发展。

10.1.4 推行名校集团化办学模式

"学区房"价格高企的根本原因还是基础教育资源分布不均衡和优质教育资源短缺，调整学区是使优秀教育资源合理分布的有效途径。为使各学区优质教育资源均衡分配，需将部分优质教育资源从原来的区域分出来补给到弱势学区，保证每个学区有1~2个重点小学。在学区管理模式方面，可采用教育集团化模式，强校并弱校模式等方式；在学区资源管理方面，搭建教师流动平台，逐步完善教师资源的填补和流动工作，并有意向薄弱学校倾斜。

所谓名校集团化，是指办学模式以行政指令为主，尊重学校共同的办学意愿，将一所名校和若干所学校组成学校共同体，以名校为龙头，在教育方法及理念、学校管理等方面统一管理，共享管理、师资、设备等优质教育资源。在办学体制上，该模式的办学形式灵活多样，吸纳了一些社会资金来投资办学，缓解了政府办学的经费困难；在教育资源配置上，该模式盘活了教育资源，使名校这种优质教育资源成为大众普及的公共资源，逐步实现了公共教育资源效益的最大化；在学校管理机制上，借鉴现代企业的管理制度和运行机制，名校集团化办学逐步建立了符合集团化发展的内部管理制度，缩短了新校的发展周期，成功实现优质教育资源的快速扩张。

10.2

调整学校规划布局，优化教育资源结构

要提高一个地区乃至全省的教育水平，必须对教育资源进行科学规划，大力调整学校布局，整合城区教育资源，实现标准化、规范化办学，为全面实施素质

教育奠定坚实的物质基础。

10.2.1 推进城市公办小学标准化建设

小学作为基础教育的开端，每所学校所承担的义务和责任是相同的，不应当对其划分等级，这种从计划经济遗留下来的评估体系已经不适应当前经济发展。学校布局分散，规模太小，往往影响了学校的办学效率，也影响了区域内教育的整体水平。完善学校硬件基础设施标准化制度，保证所有适龄人拥有相对公平的受教育环境是至关重要的。在教育投入不足的情况下，要提高一个地区以至全省的教育水平，必须大力调整学校布局，推进城市公办小学标准化建设，将有限的教育资源集中使用，着力扩大优质基础教育资源。对教育资源进行科学规划、合理布局，撤并一批规模过小、布局太散、效益不高的中小学，重点建设一批示范性小学、初中和省、市一级高中。逐步缩小欠发达地区的教育差距，使经济发展落后地区及农村学校站在较高的起点上。对于农村基础教育，要加强示范性小学建设，扩大学校规模，改善学校办学条件，配备优秀师资队伍，然后将乡镇中心小学或周边的小学高年级学生集中到示范性小学上来学习，使学生较早地享受到较好的教育资源，缩小地区之间、学校之间学生学习起点上的差别，特别是信息技术教育和英语教育上的差距，为全面提高基础教育的水平奠定基础。

10.2.2 优化基础教育学校布局

一些薄弱学校，特别是农村学校，规模小、布局分散是制约教育质量和效益提高及教育均衡发展的主要障碍之一。本着充分提高教育资源利用效率的宗旨，结合"改薄""创优"和实施教育现代化工程，对经济发展较为落后的区县及农村中小学布局进行调整是非常必要的。对学校布局的调整可采用以下方式：一是全面推进九年一贯制，把几所较为落后的小学与中学进行合并，一个街道或者乡镇建设一所标准的九年一贯制的学校，逐步解决中小学遍地开花、校额或班额过小、资源浪费、办学条件太差等问题，众多"麻雀学校"的存在会耗散办学的物力、财力，导致办学条件标准降低。二是兼并薄弱学校，将一所相对薄弱的学校与另一所强大优质的学校合并，实现以强扶弱，共同发展的目的。三是重构学区布局，打破行政边界约束，统筹配置基础教育资源，扩大优质学校辐射范围，促进区域基础教育发展均衡与融合。同时，为加强教育资源精准有效供给，结合学校承载力、生源数量及密度等基础数据，充分利用空间信息分析技术，不断优化教育资源结构与空间布局。

10.2.3 提升教育资源配置层级

基础教育具有的公共属性及其正外部性，使得政府对教育的投资不仅会使个人、家庭受益，更重要会使社会和国家受益。政府作为公共生活的管理者和维护者，必须明确其职责，以行政干预的形式介入基础教育领域，对基础教育资源进行统筹配置。而在县、乡、村三级办学，县、乡两级管理的办学体制下，我国县级及以下政府承担了过多的投入和管理责任，又因为基础教育的长期性特征以及地方政府有限的财力，特别是在分税制改革后，地方基层政府对基础教育资源的投资更是处于"危机"状态（吴玲、刘玉安，2012）。随着新型城镇化的推进，城乡间、区域间劳动力流动规模不断加大，政府对教育的投资与收益分离，导致流出地与流入地政府对基础教育投入和管理的矛盾不断加深。因此，提升政府配置层级，由中央及省级政府承担我国基础教育资源配置的主要职责，是解决现有问题的有效途径。

10.3

加强教育督导和考核，提升教学质量

提高教育教学质量是实现基础教育资源均衡的关键，也是一个学校生存和发展的前提。要以"科学发展观"为指导，以"质量立校，质量兴校"为办学宗旨，切实抓好学校常规管理，做到科学管理，以人为本，营造一个良好的"人人重视质量，人人关心质量，人人做好质量"的教育教学氛围，全面贯彻党的教育教学方针，大力推进素质教育。

10.3.1　切实加强教育督导与问责力度

要确保基础教育均衡发展工作有序开展，必须对整个基础教育改革目标、路线、方针有明确、翔实的把握。这需要政府能针对国家教育现状，从不同层面树立以公平为核心的基础教育改革战略性目标与阶段性目的，即从国家层面上确立各地区、城乡之间的均衡发展目标，从省级层面上确立各县、市间的均衡发展目标，从县级层面上确立各学校间的均衡发展目标，将教育均衡发展纳入经济社会发展的整体规划中。此外，还需要各级政府不断将发展目标进行细化，并由此形成各类可进行量化测算和监控的发展指标与标准。在客观、全面的教育发展标准上建立科学有效的监测评估机制、问责奖惩机制、信息公开机制，使改革实施情况能得到各级政府、广大民众的共同监督。

10.3.2　推进教育"管办评"分离

《教育部 2016 工作要点》中指出，"深化教育行政审批制度改革，进一步规范教育行政审批行为，推进教育行政审批网上平台建设；加快完善国家教育标准体系；做好教育管办评分离改革试点工作"。逐步推进教育质量的监测从教育行政机构中分离出来，成为独立的个体。教育质量监测不受行政制约后，更能体现评价的公平与客观，提升信度，其评价的结果应该更为社会和家长看重，而不仅仅成为教育行政部门评价学校和教师的依据。因此，政府必须革新现有的教育决策与管理体制，改变以往单一由政府进行教育决策和管理的垄断模式，通过民主的参政议政机制合法保障所有教育利益相关者尤其是弱势群体利益集团参与到政策的制定当中，弱化城市利益集团对教育决策的偏颇影响，逐渐形成多元参与政策博弈的生态机制。

为此，政府应极力拓宽参与教育决策的公众范围，确保公众教育利益的真实表达；规范公众决策的参与程序，确保公众能有序、合法地参与到决策过程；加强信息沟通与服务机制的建设，确保公众能获得公正、公开的政策信息和平等、通畅的沟通；提供专家咨询渠道，使决策过程中可以汇集多领域专家的意见，确保公众决策的科学性。只有当所有教育利益相关者能平等地参与到教育决策中，教育政策的实施才能得到积极的响应与参与、广泛的理解与支持。在教育政策实施上，应使各级政府、学校、教师回归本位，即政府作为"裁判员"制定规则，通过调控和激励市场与社会各界的共同参与和管理，减少单一管理的越位与缺位，充分提升公共教育资源的使用效率；学校则作为"运动员"，遵循教育和教学发展规律，对教育、教学活动进行自主管理。

10.4

实施教育补偿，保障基础教育资源均衡配置

解决我国当前基础教育资本化过程中教育资源配置失衡的问题，要求政府加大对教育发展薄弱地区的补偿和支持力度，不断提升教育水平，维护弱势群体的利益，实现社会的公平与正义。

10.4.1 加大教育经费投入补偿

中央和省级政府应积极承担基础教育投入的责任，从"精英配置"向"弱势补偿"转变，加大对薄弱地区和弱势群体的教育财政投入，防止财政投入进一步向城市、重点学校倾斜，确保教育经费的合理配置。从短期来看，当前"学区制"的相关政策并不完善，应逐步向"严禁择校"过渡，合理收取择校费，通过公开化、透明化的手段将其纳入教育财政体系，统一收支，专款专用，支持弱势学区的发展，达到均衡教育资源的目的。从长期来看，"学区制"财税体制的完善应当与房产税征收挂钩，"学区房"的增值部分来源于政府对优质教育的投入，因此"学区房"所有者缴纳的房产税应当部分作为教育财政收入，由政府进行资源再分配，均衡基础教育的发展（王振坡等，2014）。

10.4.2 实施教育弱势群体补偿

政府在确保基础教育资源均衡配置的同时，应注重维护教育弱势群体的基本

权利，保证每位适龄儿童都有机会接受基础教育。因此，针对因经济困难无力负担教育支出的家庭，政府应保障其子女获得均等教育资源机会，同时，还应给予一定的生活保障。对农民工子女，考虑到流动性这一特点以及农民工为流入地经济社会发展做出的巨大贡献，中央政府和流入地政府应承担起农民工子女入学的主要责任。具体来说，中央和流入地政府应积极承担农民工子女的学杂费和生均公用经费，并通过"教育券"的形式划拨经费，以减少中间环节的经费划拨，提高教育资源利用效率。此外，设立农民工子女专项经费，由中央和流入地政府协调分担比例并保证实行专款专用。而针对城市公共教育资源短缺的情形，政府应统筹安排，协调公共教育资源的配置同时，对社会办学提供资金支持和政策支持，以确保农民工子女获得受教育机会。

10.4.3　重视教师资源流动与建设

在我国，教师在地区、学科等方面都出现严重的结构性矛盾，中西部的农村地区严重缺乏外语、音乐、美术、信息技术等学科教师。为此，我国应强化教师在管理和待遇两方面的制度建设。

在教师管理方面，一是完善教师资格标准，从教师职业的起点把握教师的水平差异。教师资格证制度不能是一种终身制度，其标准应随着时代需求的变化、教育发展目标的变化而不断更新和提升，进而促进教师专业不断发展、能力不断提升，如美国中小学教师资格证书有效期通常为 4 年。同时，教师资格制度应为不同教师需求建构多样化的、阶梯式资格体系。教师资格证书应该是多层次、多类别的，这样可以更好地满足不同学科、不同水平教师的职业发展，对教师职业生涯也具有指导功能。二是加强对教师编制的管理，这是教师资源合理配置的核心。应科学、合理地构建我国中小学教师编制标准，重点向农村地区和薄弱学校倾斜。在难以实现优秀教师在各个地区均衡调配的情况下，加大偏远落后地区的教师编制，缩减当地学校班额是提升教育的有效途径。三是加大中小学教师培养力度，提升教师专业整体水平，缩小城乡、校际间的师资水平差距。教师的专业培养应根据教育发展的总体目标、未来教师的教育需求以及当地教师的现状进行整体布局规划，建立以师范院校为主体、综合大学参与的职前教育体系以及国家、省、市三个级别，多样化、多元式的职后培训体系，形成包括职前、入职、在职的一体化教师教育体系。四是建立教师流动机制，促进师资良性流动。教师良性流动有利于教师队伍建设和教育质量提升，可分为市场主导与行政主导两种类型。采取适当的形式和措施可以有效促进教师在城乡、校际间良性流动，如鼓励新增师资向农村落后地区、薄弱学校流动，鼓励骨干教师、专家到农村学校进行指导或支教等。五是加大对教师队伍的督政和督学力度，确保各项教师管理政策能具体转化为各级政府部门、学校和教师的具体行动。

在教师待遇方面，首先，应为教师创造一个良好的职业环境，推崇尊师重教的社会风尚。这要求政府大力宣传和营造重视教育、尊重教师的社会舆论氛围，影响人们对于教师职业的价值观念；加强教师在政治和社会中的决策参与，充分鼓励教师在教育政策制定中的参与权、发言权和决策权。其次，应提升教师的工资待遇，加大落后地区的教师职业吸引力。提高工资待遇，尤其是落后地区、薄弱学校的教师工资是解决教师短缺的主要途径。再次，应为教师职业发展进行合理指导、激励和规划。针对教师专业发展不同层次、类型进行梯次培养，设立具有激励性的职称和荣誉体系，将教师的职业发展、工资福利与专业技能、农村支教经历等各项指标紧密联系，激发教师的专业积极性。最后，对不同学校、地区教师实施"积极差别待遇"政策。针对教师的医疗问题、住房问题、儿女教育问题等主要需求分地区、分步骤地予以解决，并重点向落后地区或薄弱学校给予政策倾斜。

10.4.4 以信息化促进教育资源补偿与共享

打造教育资源公共服务平台和教育管理公共服务平台。实现教育资源的共享，使薄弱学校的学生借助教育信息化平台，站在与经济发达地区以及发达国家学生相同的起跑线上，享受到优质教育资源，从而促进教育的均衡发展和教育质量的提高。加快区域内学校之间的联网和地区之间的信息技术教育网络建设，覆盖全市公办、民办学校和教育管理机构，实施优质教学资源管理应用平台建设，实现优质资源班班通；以加快教育现代化和基础教育均衡发展的切入口，加快网络教育教学资源的开发，并将光纤延伸到各地级市、各区县和学校，实现所有地区和学校网络连接，以促进全省基础教育在新的起点上的全面、均衡发展。

10.5

总　　结

一方面，城市公办小学质量差异和教育制度背景条件一定程度上决定着教育资源资本化程度；另一方面，教育资源资本化反过来又会加深教育资源的不均衡发展并产生强烈的负外部性，引发或加剧了诸多社会问题。从改善基础教育资源管理机制、调整学校规划布局、加强教育督导和考核以及实施教育补偿等不同层面探讨基础教育资源均衡布局路径及对策。

参 考 文 献

［1］Anselin L. (1988). "Spatial econometrics: methods and models". Studies in Operational Regional Science, 85 (411), pp. 310 – 330.

［2］Anselin, L. and N. Lozano-Gracia (2009). "Errors in variables and spatial effects in hedonic house price models of ambient air quality". Spatial Econometrics, 34 (1), pp. 5 – 34.

［3］Anselin, L. (2010). "Thirty years of spatial econometrics". Papers in Regional Science, 89 (1), pp. 3 – 25.

［4］Barrow, L. and C. E. Rouse (2004). "Using market valuation to assess public school spending". Journal of Public Economics, 88 (9), pp. 1747 – 1769.

［5］Bayer, P. , F. Ferreira and R. McMillan (2007). "A unified framework for measuring preferences for schools and neighborhoods". Journal of Political Economy, 115 (4), pp. 588 – 638.

［6］Black, S. E. and S. Machin (2011). "Housing valuations of school performance". Hand book of the Economics of Education, vol. 3, pp. 485 – 519.

［7］Black, S. E. (1999). "Do better schools matter? Parental valuation of elementary education". The Quarterly Journal of Economics, 114 (2), pp. 577 – 599.

［8］Bogart, W. T. and B. A. Cromwell (2000). "How much is a neighborhood school worth?". Journal of Urban Economics, 47 (2), pp. 280 – 305.

［9］Bogdon, A. S. and A. Can (1997). "Indicators of local housing affordability: comparative and spatial approaches". Real Estate Economics, 25 (1), pp. 43 – 80.

［10］ Box, G. E. P. and D. R. Cox （1964）. "An analysis of transformations". Journal of the Royal Statistical Society, 26 （2）, pp. 211 – 252.

［11］ Brasington, D. M. （1999）. "Which measures of school quality does the housing market value? Spatial and non-spatial evidence". Journal of Real Estate Research, 18 （3）, pp. 395 – 413.

［12］ Brasington, D. M. （2002）. "Edgeversus center: finding common ground in the capitalization debate". Journal of Urban Economics, 52 （3）, pp. 524 – 541.

［13］ Brasington, D. M. and D. R. Haurin （2006）. "Educational outcomes and house values: a test of the value-added approach". Journal of Regional Science, 46 （2）, pp. 245 – 268.

［14］ Brasington, D. M. and D. R. Haurin （2009）. "Parents, peers, or school inputs: which components of school outcomes are capitalized into house value?" Regional Science and Urban Economics, 39 （5）, pp. 523 – 529.

［15］ Brunner, E. J. , J. Murdoch and M. Thayer （2002）. "School finance reform and housing values: evidence from the Los Angeles metropolitan area". Public Finance and Management, 2 （4）, pp. 535 – 565.

［16］ Butler, R. V. （1982）. "The specification of hedonic indexes for urban housing". Land Economics, 58 （1）, pp. 96 – 108.

［17］ Can, A. （1992a）. "Residentialquality assessment: alternative approaches using GIS". Annals of Regional Science, 26 （1）, pp. 97 – 110.

［18］ Can, A. （1992b）. "Specification and estimation of hedonic housing price models". Regional Science & Urban Economics, 22 （3）, pp. 453 – 474.

［19］ Cellini, S. R. , F. Ferreira and Rothstein, J. M. （2010）. "The value of school facility investments: evidence from a dynamic regression discontinuity design". Quarterly Journal of Economics, 125 （1）, pp. 215 – 261.

［20］ Cheshire, P. and S. Sheppard （2004）. "Capitalizing the value of free schools: the impact of supply characteristics and uncertainty". Economic Journal, 114 （499）, pp. 397 – 424.

〔21〕 Chiodo, A. J., R. Hernandez-Murillo and M. T. Owyang (2010). "Non-linear effects of school quality on house prices". Federal Reserve Bank of St. Louis Review, 92 (3), pp. 185 – 204.

〔22〕 Clapp, J. M., A. Nanda and S. L. Ross (2008). "Which school attributes matter? The influence of school district performance and demographic composition on property values". Journal of Urban Economics, 63 (2), pp. 451 – 466.

〔23〕 Clark, D. E. and W. E. Herrin (2000). "The impact of public school attributes on home sale prices in California". Growth and Change, 31 (3), pp. 385 – 407.

〔24〕 Clauretie, T. M. and H. R. Neill (2000). "Year-round school schedules and residential property values". Journal of Real Estate Finance and Economics, 20 (3), pp. 311 – 322.

〔25〕 Court A. T. (1939). "Hedonicprice indexes with automotive examples". The Dynamics of Automobile Demand, New York: The General Motors Corporation, pp. 99 – 117.

〔26〕 Davidoff, I. and A. Leigh (2008). "How much do public schools really cost?" Estimating the relationship between house prices and school quality. Economic Record, 84 (265), pp. 193 – 206.

〔27〕 Dee, T. S. (2000). "The capitalization of education finance reforms". Journal of Law and Economics, 43 (1), pp. 185 – 214.

〔28〕 Dhar, P. and S. L. Ross (2010). "School quality and property values: re-examining the boundary approach". Department of Economics Working paper 2009 – 37R, University of Connecticut.

〔29〕 Dills, A. K. (2004). "Do parents value changes in test scores? High stakes testing in Texas". Contributions to Economic Analysis & Policy, 3 (1), pp. 1 – 32.

〔30〕 Dowding, K., P. John andS. Biggs (1994). "Tiebout: a survey of the empirical literature". Urban Studies, 31 (4 – 5), pp. 767 – 797.

［31］ Downes, T. A. and J. E. Zabel (2002). "The impact of school characteristics on house prices: Chicago 1987 – 1991". Journal of Urban Economics 52 (1), 1 – 25.

［32］ Dubin, R. A. (1988). "Estimation of regression coefficients in the presence of spatially auto correlated error terms". Rev Econ Stat, 70, pp. 466 – 474.

［33］ Dubin, R. A. (1992). "Spatial autocorrelation and neighborhood quality". Regional Science & Urban Economics, 22 (3), pp. 433 – 452.

［34］ Edel, M. and E. Sclar (1974). "Taxes, spending, and property values: supply adjustment in a Tiebout-Oates model". Journal of Political Economy, 82 (5), pp. 941 – 954.

［35］ Epple, D. and H. Sieg (1999). "Estimating equilibrium models of local jurisdictions". Journal of Political Economy, 107 (4), pp. 645 – 681.

［36］ Epple, D. and R. E. Romano (1998). "Competition betweenprivate and public schools, vouchers, and peer-Group effects". American Economic Review, 88 (1), pp. 33 – 62.

［37］ Epple, D. , A. Zelenitz and M. Visscher (1978). "A search for testable implications of the Tiebout hypothesis". The Journal of Political Economy, 86 (3), pp. 405 – 425.

［38］ Epple, D. , T. Romer, and H. Sieg (2001). "Interjurisdictional sorting and majority rule: an empirical analysis". Econometrica, 69 (6), pp. 1437 – 1465.

［39］ Fack, G. and J. Grenet (2010). "When do better schools raise housing prices? Evidence from Paris public and private schools". Journal of Public Economics, 94 (1), pp. 59 – 77.

［40］ Figlio, D. N. and M. E. Lucas (2004). "What's in a grade? School report cards and the housing market". American Economic Review, 94 (3), pp. 591 – 604.

［41］ Fingleton, B. (2006). "A cross-sectional analysis of residential property prices: the effects of income, commuting, schooling, the housing stock and spatial interaction in the English regions. " Papers in Regional Science, 85 (3), pp. 339 – 361.

［42］Fiva, J. H. and L. J. Kirkeboen (2008). "Does the housing market react to new information on school quality?" CESifo Working Paper No. 2299.

［43］Fligo, D. N. and M. E. Lucas (2004). "What's in a Grade? School Report Cards and the Housing Market". The American Economic Review, 94 (3), pp. 591 – 604.

［44］Gibbons, S. and S. Machin (2003). "Valuing English primary schools". Journal of Urban Economics, 53 (2), pp. 197 – 219.

［45］Gibbons, S. and S. Machin (2006). "Paying for primary schools: admission constraints, school popularity or congestion?". Economic Journal, 116 (510), pp. 77 – 92.

［46］Gibbons, S. , S. Machin and O. Silva (2013). "Valuing school quality using boundary discontinuities". Journal of Urban Economics, 75 (3), pp. 15 – 28.

［47］Hamilton, B. W. (1975). "Zoning and property taxation in a system of local governments". Urban Studies, 12 (2), pp. 205 – 211.

［48］Hanushek, E. A. (1986). "The economics of schooling: production and efficiency in public schools". Journal of Economic Literature, 24 (3), pp. 1141 – 77.

［49］Hanushek, E. A. (1997). "Assessing the effects of school resources on student performance: an update". Educational Evaluation & Policy Analysis, 19 (2), pp. 141 – 164.

［50］Hayes, K. J. and L. L. Taylor (1996). "Neighborhood school characteristics: what signals quality to homebuyers?". Economic Review, 4, pp. 2 – 9.

［51］Hilber, C. A. L. and C. J. Mayer (2009). "Why do households without children support local public schools? Linking house price capitalization to school spending". Journal of Urban Economics, 65 (1), pp. 74 – 90.

［52］Jud, G. D. and J. M. Wattes (1981). "Schools and housing values". Land Economics, 57 (3), pp. 459 – 470.

［53］Kane, T. J. , D. Staiger, and G. Samms (2003). "School accountability ratings and housing values". Brookings-Wharton Papers on Urban Affairs, 4, pp. 83 –

137.

[54] Kane, T. J. , S. K. Riegg and D. O. Staiger (2006). "School quality, neighborhoods, and housing prices". American Law and Economics Review, 8 (2), pp. 183 – 212.

[55] Lancaster, K. (1966). "Anew approach to consumer theory". Journal of Political Economy, 74 (2), pp. 132 – 157.

[56] Leech, D. and E. Campos (2003). "Is comprehensive education really free? A case-study of the effects of secondary school admissions policies on house prices in one local area". Journal of the Royal Statistical Society, 166 (1), pp. 135 – 154.

[57] Mathur, S. (2008). "Impact of transportation and other jurisdictional level infrastructure and services on housing prices". Journal of Urban Planning and Development. 134 (1), pp. 32 – 41.

[58] Mcconnell, K. E. and T. T. Phipps (1987). "Identification of preference parameters in hedonic models: Consumer demands with nonlinear budgets". Journal of Urban Economics, 22 (1), pp. 35 – 52.

[59] Muth, R. F. (1969). Cities and Housing. Chicago: University of Chicago Press.

[60] Nguyen-Hoang, P. and J. Yinger (2011). "The capitalization of school quality into house values: A review". Journal of Housing Economics, 20 (1), pp. 30 – 48.

[61] Oates, W. E. (1969). "Theeffects of property taxes and local public spending on property values: an empirical study of tax capitalization and the Tiebout hypothesis". Journal of Political Economy, 77 (6), pp. 957 – 971.

[62] Oates, W. E. (1973). "Theeffects of property taxes and local public spending on property values: a reply and yet further results". Journal of Political Economy, 81 (4), p. 1004.

[63] Pace, R. K. , R. Barry, O. W. Gilley, and C. F. Sirmans (2000). "A method for spatial-temporal forecasting with an application to real estate prices".

International Journal of Forecasting, 16 (2), pp. 229 – 246.

[64] Pace, R. K. and J. P. LeSage (2009). "Omitted variable biases of OLS and spatial lag models", in Páez, A., J. L. Gallo, R. N. Buliung and S. Dall' Erba (Eds.), Progress in Spatial Analysis: Methods and Applications, Berlin: Springer, pp. 17 – 28.

[65] Reback, R. (2005). "House prices and the provision of local public services: capitalization under school choice programs". Journal of Urban Economics, 57 (2), pp. 275 – 301.

[66] Rehm, M. and O. Filippova (2008). "The impact of geographically defined school zones on house prices in New Zealand". International Journal of Housing Markets and Analysis, 1 (4), pp. 313 – 336.

[67] Ridker, R. G. and J. A. Henning (1967). "The determinants of residential property values with special reference to air pollution". Review of Economics and Statistics, 49 (2), pp. 246 – 257.

[68] Ries, J. and T. Somerville (2010). "School quality and residential values: evidence from Vancouver zoning". Review of Economics and Statistics, 92 (4), pp. 928 – 944.

[69] Rosen, H. S. and D. J. Fullerton (1977). "A note on local tax rates, public benefit levels, and property values". Journal of Political Economy, 85 (2), pp. 433 – 440.

[70] Rosen, S. (1974). "Hedonicprices and implicit markets: product differentiation in pure competition". Journal of Political Economy, 82 (1), pp. 34 – 55.

[71] Rosenthal, L. (2003). "The value of secondary school quality". Oxford Bulletin of Economics and Statistics, 65 (3), pp. 329 – 355.

[72] Ross, S. and J. Yinger (1999). "Sorting and voting: a review of the literature on urban public finance". in Cheshire, P. and E. S. Mills (Eds.), Handbook of Urban and Regional Economics, vol. 3 Applied Urban Economics, North Holland, pp. 2001 – 2060.

［73］ Sedgley, N. H. , N. A. Williams and F. W. Derrick (2008). "The effect of educational test scores on house prices in a model with spatial dependence". Journal of Housing Economics, 17 (2), pp. 191 – 200.

［74］ Seo, Y. and R. Simons (2009). "The effect of school quality on residential sales price". Journal of Real Estate Research, 31 (3), pp. 307 – 327.

［75］ Tiebout, C. M. (1956). "A Pure Theory of local expenditures". Journal of Political Economy, 64 (5), pp. 416 – 424.

［76］ Waugh, F. V. (1928). "Qualityfactors influencing vegetable prices". Journal of Farm Economics, 10 (2), pp. 185 – 196.

［77］ Weimer, D. L. and M. J. Wolkoff (2001). "School performance and housing values: using non-contiguous district and incorporation boundaries to identify school effects". National Tax Journal, 54 (2), pp. 231 – 254.

［78］ Yinger, J. (1982). "Capitalization and the theory of local public finance". Journal of Political Economy, 90 (5), pp. 917 – 943.

［79］ Yinger, J. (1995). "Capitalization and Sorting: a Revision". Public Finance Review, 23 (2), pp. 217 – 225.

［80］ Yinger, J. (2010). "Hedonic markets and explicit demands: bid-function envelopes for public services and neighborhood amenities and commuting costs". Center for Policy Research Working paper No. 114, Syracuse University.

［81］ Zahirovic-Herbert, V. and G. Turnbull (2008). "School quality, house prices and liquidity". Journal of Real Estate Finance and Economics, 37 (2), pp. 113 – 130.

［82］ Zahirovic-Herbert, V. and G. Turnbull (2009). "Public school reform, expectations, and capitalization: what signals quality to homebuyers?". Southern Economic Journal, 75 (4), pp. 1094 – 1113.

［83］ Zheng, S. Q. and M. E. Kahn (2012). "Does Government Investmentin Local Public Goods Spur Gentrification? Evidence from Beijing". Real Estate Economics, 41, pp. 1 – 28.

[84] 阿隆索 W. 区位和土地利用 [M]. 梁进社等译. 北京：商务印书馆，2007.

[85] 鲍忠和. 基于 Hedonic 模型的地价评估修正体系建立研究 [D]. 浙江大学，2006.

[86] 蔡菊花，贾士军. 基于 Hedonic 模型的住宅租赁价格影响因素分析 [J]. 经济研究导刊，2010，(30)：150 - 152.

[87] 陈伯庚. 商品住宅资产价格特性及其波动规律探索 [J]. 价格理论与实践，2006 (6)：42 - 43.

[88] 陈登福. 中国基础教育管理体制改革研究 [D]. 武汉大学，2010.

[89] 陈兰枝. 从"市场失灵"看市场调节教育供求的失效 [J]. 教育科学，2003 (5)：5 - 7.

[90] 陈卫林，郑礼全，沈亨. 基于 GIS 的城市绿化管理系统的研究——以江门市为例 [J]. 北京测绘，2016 (1)：73 - 76.

[91] 陈莹. 基于 GIS 的基础教育资源空间布局研究 [D]. 首都师范大学，2008.

[92] 单中惠. 当代英国基础教育政策及其影响浅析 [J]. 外国教育究，2007 (2)：30 - 34.

[93] 党云晓，张文忠，武文杰. 北京城市居民住房消费行为的空间差异及其影响因素 [J]. 地理科学进展，2011 (10)：1203 - 1209.

[94] 丁鹏飞. GIS 商业网点分析与规划研究 [D]. 华东师范大学，2006.

[95] 丁维莉，陆铭. 教育的公平与效率是鱼和熊掌吗——基础教育财政的一般均衡分析 [J]. 中国社会科学，2005 (6)：47 - 57.

[96] 丁战，李晓燕. 基于 Hedonic 模型的沈阳市住房价格属性分析 [J]. 新西部 (下半月)，2007 (4)：8 - 9.

[97] 段莉群，王宏波，徐鹰. 城镇住房需求结构及其应用分析 [J]. 西安交通大学学报 (社会科学版)，2012，32 (5)：89 - 95.

[98] 范允奇，武戈. 房价、地价与公共支出资本化——基于我国省际动态面板数据的分析 [J]. 当代财经，2013 (8)：34 - 41.

［99］冯皓，陆铭．通过买房而择校：教育影响房价的经验证据与政策含义［J］．世界经济，2010（12）：89－104.

［100］傅勇，张晏．中国式分权与财政支出结构偏向［J］．管理世界，2007（3）：4－22.

［101］高淑萍．我国城市住房市场供求平衡与发展研究［D］．华中农业大学，2005.

［102］高兴海．北京商品住宅市场供需关系研究［D］．浙江大学，2006.

［103］高莹．均衡发展视阈下的"大学区管理制"研究［D］．陕西师范大学，2014.

［104］郜智贤．城市住宅一级市场供需及发展研究［D］．华中农业大学，2005.

［105］郭国强．教育公平视野中的基础教育发展失衡问题之研究［D］．上海师范大学，2009.

［106］郭小东，陆超云．我国公共产品供给差异与房地产价格的关系［J］．中山大学学报（社会科学版），2009（6）：177－186.

［107］郭晓宇．基于住房服务和类别选择的住房需求研究［D］．浙江大学，2008.

［108］郭晓宇．住房需求动态模型的演进［J］．技术经济与管理研究，2007（5）：119－120.

［109］郝前进，陈杰．到CBD距离、交通可达性与上海住宅价格的地理空间差异［J］．世界经济文汇，2007（1）：22－34.

［110］郝前进．特征价格法与上海住宅价格的决定机制研究［D］．复旦大学，2007.

［111］何剑华．用hedonic模型研究北京地铁13号线对住宅价格的效应［D］．清华大学，2004.

［112］何学洲．基于GIS的人口空间统计分析研究与实现［D］．首都师范大学，2008.

［113］和学新．班级规模与学校规模对学校教育成效的影响——关于我国中

小学布局结构的思考 [J]. 教育发展研究, 2001 (1): 18 - 22.

[114] 洪岩璧, 钱民辉. 中国社会分层与教育公平: 一个文献综述 [J]. 中国农业大学学报, 2008 (4): 64 - 76.

[115] 胡洪曙. 财产税、地方公共支出与房产价值的关联分析 [J]. 当代财经, 2007 (6): 23 - 27.

[116] 胡磊. 西安市商品住宅价格变化研究 [D]. 西北农林科技大学, 2008.

[117] 康永久. 知识输入还是制度重建 [D]. 上海: 华东师范大学, 2004.

[118] 李锋. Hedonic 模型在建筑经济分析中的应用 [D]. 太原理工大学, 2010.

[119] 李国瑞, 车明, 王琳慧. 基于三维 GIS 的环境信息动态可视化 [J]. 计算机与现代化, 2015 (4): 47 - 53 + 60.

[120] 李祥, 高波, 王维娜. 公共服务资本化与房价租金背离——基于南京市微观数据的实证研究 [J]. 经济评论, 2012 (5): 78 - 88.

[121] 李祥云. 美国基础教育财政政策演变及启示 [J]. 比较教育研究, 2009 (2): 44 - 48.

[122] 李信儒, 马超群, 李昌军. 基于 Hedonic 价格模型的城镇基准地价研究 [J]. 系统工程, 2005 (12): 115 - 119.

[123] 厉以宁. 关于教育产品的性质和对教育的经营 [J]. 教育发展研究, 1999 (10): 9 - 14.

[124] 联合国教科文组织国际教育发展委员会. 学会生存——教育世界的今天和明天 [M]. 北京: 教育科学出版社, 1996.

[125] 梁若冰, 汤韵. 地方公共品供给中的 Tiebout 模型: 基于中国城市房价的经验研究 [J]. 世界经济, 2008 (10): 71 - 83.

[126] 刘国艳. 三十年来我国基础教育制度变迁的回望与分析 [J]. 河北师范大学学报 (教育科学版), 2012 (8): 40 - 43.

[127] 刘国艳. 试论学校变革的实践条件 [J]. 中国教育学刊, 2009 (10): 40 - 42.

［128］刘国艳．制度视野中的学校变革［M］．长春：吉林大学出版社，2010．

［129］刘京焕，王宝顺．公共支出配置中的竞争［J］．财贸经济，2012（6）：26－35．

［130］刘丽．基于 GIS 的城镇地籍管理信息系统设计与实现［D］．合肥工业大学，2009．

［131］刘如俊．浅析教育与社会分层之间的关系［J］．科教导刊，2011（10）：16．

［132］刘振聚．城镇居民住房需求研究［D］．天津大学，2007．

［133］娄永红，马国丰，吕静静等．影响住房需求因素的实证分析——以嘉善县为例［J］．上海管理科学，2010（6）：86－88．

［134］楼裕胜．房地产价格指数的若干问题探讨［J］．统计与决策，2005（12）：46－48．

［135］陆铭，张爽．"人以群分"：非市场互动和群分效应的文献评论［J］．经济学（季刊），2007（3）：991－1020．

［136］罗宁．财政视角下的基础教育服务均等化研究［D］．西南财经大学，2011．

［137］马井静，段宗志．安徽省城镇住房需求影响因素的实证分析［J］．安徽农业大学学报（社会科学版），2011（4）：56－59．

［138］孟凡丽．杭州市商品住宅需求弹性分析及占用模式研究［D］．浙江大学，2009．

［139］潘祺．打破校际藩篱，遏制"择校热"也不难［N］．新华每日电讯，2013－05－21，006．

［140］彭剑楠．GIS 空间分析方法研究［D］．吉林大学，2008．

［141］平新乔，白洁．中国财政分权与地方公共品的供给［J］．财贸经济，2006（2）：49－56．

［142］乔宝云，范剑勇，冯兴元．中国的财政分权与小学义务教育［J］．管理世界，2005（6）：37－46．

[143] 乔彦友，李广文，常原飞等．基于 GIS 和物联网技术的基础设施管理信息系统 [J]．地理信息世界，2010 (5)：17 - 21.

[144] 任放，吴璟，刘洪玉．住房需求结构的度量方法研究 [J]．建筑经济，2008 (12)：47 - 50.

[145] 沙培宁．从"学区化"走向"学区制"——北京东城区推进"学区制"综合改革，凸显"多元治理"理念 [J]．中小学管理，2014 (4)：25 - 26.

[146] 山东省基础教育考察团．德国、英国基础教育的改革发展及启示 [J]．当代教育科学，2004 (5)：14 - 17.

[147] 邵挺，袁志刚．土地供应量、地方公共品供给与住宅价格水平——基于 Tiebout 效应的一项扩展研究 [J]．南开经济研究，2010 (3)：3 - 19.

[148] 邵艳．基于 GIS 的天津市基础教育均衡发展研究 [D]．山东大学，2012.

[149] 孙国英，许正中，王铮．教育财政制度创新与发展趋势 [M]．北京：社会科学文献出版社，2002.

[150] 孙克军．基于享乐分析的城市住宅价格研究 [D]．西安建筑科技大学，2010.

[151] 孙喜亭．基础教育的基础何在 [J]．教育科学论坛，2006 (9)：1.

[152] 汤国安，杨昕．ArcGIS 地理信息系统空间分析实验教程（第 2 版）[M]．北京：科学出版社，2012.

[153] 王琴．英国中小学入学政策研究 [J]．基础教育参考，2007 (11)：39 - 42.

[154] 王铁群．论制度化教育下的教育公平诉求——基于对基础教育阶段教育制度、学校管理、教学行为的事理分析 [J]．教育科学，2009 (3)：1 - 5.

[155] 王廷山．德国基础教育的特点与政策动向 [J]．社会科学论坛，2003 (4)：77 - 78.

[156] 王文斌．我国房地产价格波动形成机制及影响因素研究 [D]．南开大学，2010.

[157] 王轶军，郑思齐，龙奋杰．城市公共服务的价值估计、受益者分析和

融资模式探讨 [J]．城市发展研究，2007（4）：46-53.

[158] 王瑜．公平视域下美国义务教育改革研究 [D]．西南大学，2013.

[159] 王振坡，梅林，王丽艳．基础教育资源资本化及均衡布局对策研究：以天津为例 [J]．现代财经（天津财经大学学报），2014（7）：92-102.

[160] 王振坡，梅林，王丽艳．教育资本化视角下"学区房"空间布局研究——以天津市中心城区为例 [J]．中国房地产，2014（10）：18-24.

[161] 王振坡，王丽艳．中国城市住房问题的演变和求解——基于经济学视角的分析 [J]．未来与发展，2008（1）：63-68.

[162] 温海珍，杨尚，秦中伏．城市教育配套对住宅价格的影响：基于公共品资本化视角的实证分析 [J]．中国土地科学，2013，27（1）：35-37.

[163] 温海珍．城市住宅的特征价格——理论分析与实证研究 [D]．浙江大学，2004.

[164] 吴玲，刘玉安．我国基础教育资源配置问题研究 [J]．中国行政管理，2012（2）：64-67.

[165] 小岛喜孝，吴遵民．日本学校选择制度初探 [J]．基础教育，2009（2）：12-15.

[166] 徐庆勇，黄玫，陆佩玲等．基于 RS 与 GIS 的长江三角洲生态环境脆弱性综合评价 [J]．环境科学研究，2011（1）：58-65.

[167] 许建伟．基于 GIS 的军事通信网络资源管理信息系统的研究 [D]．重庆大学，2006.

[168] 杨东平．中国教育公平的理想与现实 [M]．北京：北京大学出版社，2006.

[169] 杨冬宁．住宅价格的多因素动态分析研究 [D]．复旦大学，2009.

[170] 杨建平．新时期我国基础教育均衡发展的对策研究 [D]．电子科技大学，2008.

[171] 杨清溪．合理发展：基础教育发展新路径研究 [D]．东北师范大学，2015.

[172] 杨小微．风雨兼程30年——改革开放以来中国基础教育的改革与发

展评述 [J]. 基础教育, 2009 (1): 7 - 13.

[173] 姚静. 论教师专业自主权的缺失与回归 [J]. 课程·教材·教法, 2005 (6): 70 - 74.

[174] 姚艳杰. 英国义务教育入学政策现状、问题及对策 [J]. 湖南科技学院学报, 2010 (9): 179 - 182.

[175] 叶澜. "新基础教育论"——关于当代中国学校变革的探究与认识 [M]. 北京: 教育科学出版社, 2006, 30.

[176] 郭春梅, 施芳. 30 多所打工子弟学校被关, 万余民工子弟无处就学 [N]. 人民日报, 2006 - 8 - 8 (5).

[177] 尹虹, 朱虹. 县级财政生产性支出偏向研究 [J]. 中国社会科学, 2011 (1): 88 - 101.

[178] 尹鸿祝. 改革开放以来的三次全国教育工作会议 [N]. 人民日报, 2010 - 7 - 12 (2).

[179] 尹志东. 成都市主城区住房需求结构分析 [D]. 电子科技大学, 2007.

[180] 袁连生. 论教育产品属性、学校的市场化运作及教育市场化 [J]. 教育经济, 2003 (1): 11 - 15.

[181] 袁熠. 基于 GIS 网络分析的北京市城区公园绿地可达性研究 [D]. 济南: 山东大学, 2015.

[182] 袁振国. 缩小差距: 中国教育政策的重大命题 [M]. 北京: 人民教育出版社, 2005.

[183] 袁振国. 缩小差距——中国政策的重大命题 [J]. 北京师范大学学报 (社会科学版), 2005 (3): 5 - 15.

[184] 张家军, 杨浩强. 我国教育政策的城乡差异及其伦理反思 [J]. 教育理论与实践, 2012 (19): 16 - 20.

[185] 张静. 基于 GIS 的配送中心选址问题研究 [D]. 天津大学, 2010.

[186] 张军, 高远, 傅勇等. 中国为什么拥有了良好的基础设施? [J]. 经济研究, 2007 (3): 4 - 19.

［187］张凌菲 . 基于 GIS 的城市社区老年公共服务设施空间分布特征及配置优化研究 ［D］. 西南交通大学，2015.

［188］张涛，王学斌，陈磊 . 公共设施评价中的异质性信念与房产价格 ［J］. 经济学（季刊），2007（10）：111 - 124.

［189］张霄兵 . 基于 GIS 的中小学布局选址规划研究 ［D］. 同济大学，2008.

［190］张兴瑞，陈杰 . 住房价格的特征法分析与"夹心层"住房需求的实证估测 ［J］. 中国房地产，2011（10）：11 - 19.

［191］赵爱荣，张有龙 . 德国基础教育教师队伍建设的经验及借鉴 ［J］. 渭南师范学院学报，2014（4）：16 - 19.

［192］郑立捷 . 基础教育：创新型人才培养的优先领域 ［J］. 经济，2011（7）：31 - 34.

［193］郑思齐，刘洪玉 . 房地产市场有效性研究——以北京和上海为例 ［J］. 商业研究，2006（7）：191 - 195.

［194］郑思齐 . 公共品配置与住房市场互动关系研究述评 ［J］. 城市问题，2013（8）：95 - 100.

［195］中央教育科学研究所 . 中华人民共和国教育大事记 ［M］. 北京：教育科学出版社，1984.

［196］周继良 . 我国教育市场失灵的若干理论分析——一个经济学的视野 ［J］. 教育理论与实践，2009（29）：16 - 20.

［197］周金玲 . 基础教育制度变迁的经济学分析 ［J］. 学术月刊，2003（11）：38 - 44.

［198］周京奎 . 政府公共投资对住宅价格的影响效应研究 ［J］. 经济评论，2008（5）：50 - 58.

［199］周丽萍，李慧民，路鹏飞 . Box-Cox 变换在构建房地产特征价格模型中的应用 ［J］. 西安科技大学学报，2009（2）：240 - 243.

［200］周雪光 . 多重制度逻辑下的制度变迁 ［J］. 中国社会科学，2010（4）：132 - 152.

［201］朱萍. 关于教育的提供及其提供方式的探析［J］. 财经研究，1999（12）：10－14.

［202］朱永新. 新中国60年教育历程及反思［J］. 中国教育学刊，2009（11）：7－12.

后　记

　　几经风雨，终于在结尾画上了重重的句号。本书是教育部人文社会科学研究项目"城市公办小学质量的空间溢出价值度量研究"（10YJAZH084）和天津市教育科学"十三五"规划项目"天津市基础教育'学区'布局优化与管理创新研究"（BE3253）的主要研究成果，得益于"十三五"天津市高等学校创新团队"新型城镇化与城市可持续发展研究"（TD13－5001）成员们的辛勤付出，课题组围绕课题相关研究，在国内外学术刊物公开发表多篇高水平学术论文，在此谨向课题组成员以及陪伴和关心我们的同事、朋友和亲人们表示由衷的感谢。

　　感谢教育部人文社会科学项目与天津市教育科学"十三五"规划项目的资助，感谢天津城建大学科研处、天津城建大学经济与管理学院的关心和支持，感谢天津城建大学经济与管理学院诸位同仁提出的宝贵意见，使得本书的研究成果更加饱满，感谢经济科学出版社王冬玲编辑和杜鹏编辑对本书顺利出版的大力协助，感谢李锦、张颖、黄玉洁、韩瑞青、王营营、奚奇、杨楠、崔燊、苗婧弘、王瀚林、张新洲等硕士研究生为书稿的完成和校对所做出的大量工作。

　　最后，感谢默默奉献支持我们的家人，家庭的稳定和谐以及孩子的健康成长是对我们能够全身心投入到写作中的最大支持。

　　谢谢您们！

王振坡　王丽艳

2019 年 6 月